"十二五"普通高等教育本科国家级规划教材

U0873958

高等学校经济管理类核心课程教材

资产评估学教程

第八版

主　编　乔志敏　王小荣
副主编　孙会霞　陈　思

中国人民大学出版社
·北京·

出版说明

改革开放以来，中国的经济走上了高速发展的通道，获得了前所未有的发展。顺应这一形势，我国大部分高校也开始重视经济管理类人才的培养，开设了经济管理类专业。但是，与西方发达国家相比，我们的现代经济管理理论与实践落后几十年甚至上百年，最初很多理论和实践都是从西方直接“拿来”的。但是，西方的经济管理著作毕竟是站在西方的国情和经济基础上进行研究的，对于中国的很多现实问题很不适用。因此，要真正培养中国自己的经济管理类人才，必须有一套适合中国学生阅读和学习的教材。

基于以上认识，中国人民大学出版社按照教育部规定的经济管理类核心课程，组织编写了这套教材，供经济管理类学生作为专业基础课程进行学习。本套教材在组织编写上遵循了以下原则：

第一，教材实行本土化。我国与发达国家相比，国情不同，文化背景不同，思维方式不同，语言的表述方式也不同，因此，要真正培养中国的经济管理人才，教材还是本土化为宜。因此，本套教材在吸收西方经济管理理论精髓的基础上，充分结合中国的国情和实践，把中国的背景知识与国际合理接轨。

第二，精选作者，保证教材质量。本套教材的作者均为各自领域的权威或佼佼者，并且都在教学一线工作多年，有丰富的教学经验。而且，作者能够不断结合当前教学的需要和现实环境的变化，及时进行修订，推陈出新，始终保持教材的“精”与“新”。

第三，配套丰富，方便读者学习。本套教材大部分都配备了内容丰富的学习指导书，并且免费为一线教学提供网络教学资源，力求为使用本套教材的教师和学生提供周到的服务。

我们秉承中国人民大学出版社“出教材学术精品，育人文社科英才”的宗旨，紧跟时代脉搏，不断推出精品，提升教材的质量，为中国经济管理教育和实践水平的提升作出贡献。我们希望广大读者的建议和鞭策，能够促使我们不断对本套丛书进行改进和完善，以更好地服务读者。

中国人民大学出版社

第八版前言

我国的资产评估工作起始于国有企业的市场化改革，然而随着社会主义市场经济的日益发展和繁荣，对资产评估的客观需求已经从国有企业的出售、合资合作、股份经营、破产清算等方面，拓展到了企业兼并收购、企业价值的增值经营管理、资本市场上投资人对被投资企业真实价值的分析、不同所有制投资主体的各类资产交易、跨国公司内部转移定价、税基评估等业务领域。

资产价值的多少及其如何测算，是投资（决策）人、企业经理、投资银行家、税务师等市场参与人最需要了解和关心的问题。这是因为，对资产价值的准确判断是进行成功的资产投融资、资产经营管理、资产咨询服务的基础。而资产评估则是为资产价值的确定提供科学依据的有效手段。经济学家汪丁丁先生在《经济学思想史进阶讲义：逻辑与历史的冲突和统一》一书中写道：经济学的核心观念是“成本”（代价），有市场的时候事物的代价就表现为价格，没有市场的时候，经济学家的职能就是指出事物的定价原理。对“定价原理”的学习、应用和探索，是为社会提供专业化资产评估服务人才的必由之路。

《资产评估学教程》主要作为资产评估专业的概论性质课程以及高等学校经济管理类核心课程教材，在阐述资产评估基本理论和方法的基础上，扼要介绍了多种类资产的价值评估。内容涉及资产评估的基本理论、资产评估的程序和基本方法、机器设备评估、房地产评估、无形资产评估、金融资产评估、流动资产评估、企业价值评估、期权评估方法的应用、资产评估报告等方面，具有较强的系统性、可操作性。

本教材2003年的初版入选北京市高等教育精品教材建设项目成果，2005年被评为北京市高等教育精品教材，2006年入选普通高等教育“十一五”国家级规划教材，2014年入选“十二五”普通高等教育本科国家级规划教材。本次修订工作主要由陈思（第一、第七章）、乔志敏（第二、第四章）、翟进步（第三、第八章）、王小荣（第五、第十章）、孙会霞（第六、第九章）负责完成。本教材虽然历经多次修订，但仍保留了宋斌、晏政、蓝颖文等老师参与编写的部分内容。

本教材配以中央财经大学资产评估专业教师团队主讲的线上学习视频，可根据在线学习开课安排，登录中国大学MOOC（慕课）国家精品课程在线学习平台 https://www.icourse163.org，搜索“资产评估学”进行学习。

第一版前言

资产价值的多少及其如何测算是投资（决策）人、企业经理、投资银行家、税务师等市场参与人最需要了解和关心的问题。这是因为，对资产价值的准确判断是进行成功的资产投融资、资产经营管理、资产咨询服务的基础。而资产评估则是为资产价值的确定提供科学依据的有效手段。我国的资产评估工作起始于国有企业的市场化改革，然而随着社会主义市场经济的日益发展和繁荣，对资产评估的客观需求已经从国有企业的出售、合资合作、股份经营、破产清算等方面，拓展到了企业兼并收购、企业价值的增值经营管理、资本市场上投资人对被投资企业真实价值的分析、不同所有制投资主体的各类资产交易、跨国公司内部转移定价等业务领域。

本教材系统阐述了资产评估的各个方面，内容涉及资产评估的基本理论、资产评估的程序和基本方法、机器设备评估、房地产评估、无形资产评估、金融资产评估、流动资产评估、企业价值评估、期权评估方法的应用、资产评估报告等方面，具有较强的系统性、可操作性，适用于具有经济学和财务管理学基础知识的高年级本科生的教学，同时适合从事资产评估及其关联事业的人士阅读。

本教材的编写得到了北京市教育委员会的资助，并被确定为2001—2002年度北京市高等教育精品教材建设项目。参加本教材编写的有晏政、宋斌、戴学珍、蓝颖文、冯春雷、姚春龙、范改荣、柳晓君、李明燚、乔志敏等。许多组织和学者的研究成果为本书的编写提供了极大的帮助，在此致以衷心的感谢！限于我们的学识及所掌握的资料，书中可能尚存不足之处，祈望读者能够不吝赐正。

编　者

目　录

第一部分　教学内容

第二部分 练习题

第一部分

教学内容

第一章
导　论

本章学习目的

1. 掌握资产的概念，辨识资产的类型。
2. 理解资产评估的概念，阐明资产评估的特点。
3. 分析资产评估目的和资产评估价值类型之间的关系。
4. 理解并学会运用资产评估原则。
5. 理解并分析资产评估目的和资产评估假设之间的关系。

案例导入

1988年3月，大连炼铁厂在与香港企荣贸易有限公司合资过程中，委托大连会计师事务所对投资的建筑和机电设备进行评估并出具评估报告，这是我国首例资产评估业务，标志着中国资产评估行业由此诞生。早期的资产评估业务主要服务于国有企业改革，为国有资产的转让拍卖、国有企业的兼并重组等提供价值尺度。近年来，随着社会主义市场经济的不断繁荣，资产评估的应用愈加广泛。从企业的跨国并购到房屋的拆迁补偿，从知识产权的抵押质押到自然资源的保护利用，甚至是文物珠宝的价值鉴定、数据资产的定价交易，处处可见资产评估的身影。那么，究竟什么是资产评估？评估目的及评估假设对评估结果有何影响？在资产评估过程中应当遵循哪些原则？这些问题都将在本章中找到解答。

第一节　资产概述

一、资产的含义

对资产的表述较具典型性的有：（1）资产是由企业、机构或个人拥有的，具有商业或交换价值的物品。① （2）资产是由个人、公司或主权实体拥有的，能够用来产生附加价值或提供流动资金的具有价值的金融合约及物质实体，包括现金、投资、应收账款、库存、房地产、厂房及设备、无形资产。② （3）资产是因以往的交易或事项而形成的，由特定实体获得或控制的未来经济利益。③ （4）资产是具有市场价值或交换价值的一种实体，是其所有者的财富或财产的构成部分之一。经济学家把资产区分为实物资产和金融资产。前者包括诸如工厂设备、建筑物和土地等提供生产性服务和直接为消费者提供服务的有形资源；后者包括货币、债券和股票等能够取得收入或从别人那里取得价值的债权或所有权凭证。④ 因而，可以说资产是指特定经济主体拥有或者控制的，能够给其带来经济效益的经济财物。关于"资产"与"财产"的关系，康芒斯曾经有过精辟的论断："财产的经济意义就是'资产'，而资产的法律意义就是'财产'。"也就是说，"资产"与"财产"的含义是基本相同的，不过前者多用于经济，而后者多用于法律。⑤

二、资产的类型

资产可以按照存在形态、能否独立存在、是否具有综合获利能力等标准进行分类。

（一）有形资产和无形资产

资产按照存在形态可以划分为有形资产和无形资产。有形资产是指那些具有实物形态的资产，如机器设备、房地产、河流、森林、矿产等，一般也可以将有形资产的财产权利归属于有形资产。无形资产是指那些没有实物形态的资产，如专利技术、著作权、

① 道恩斯，古特曼．金融与投资辞典．6版．上海：上海财经大学出版社，2008：44.

② Erik Banks. *The Palgrave Macmillan Dictionary of Finance, Investment and Banking*. Palgrave Macmillan, 2010：28.

③ Charles J. Woelfel. *The Fitzroy Dearborn Encyclopedia of Banking and Finance*. Fitzroy Dearborn, 1994：53.

④ 皮尔斯．现代经济学词典．上海：上海译文出版社，1988：27.

⑤ 康芒斯．制度经济学（上）．北京：商务印书馆，1962：93。黄少安先生认为，财产是产权的客体，是与主体分离的、能够被人们拥有的、有使用价值的稀缺对象；资产特指用于生产经营活动，以求实现保值和增值目的的财产；资本是为追求利润而投入生产经营活动的资产。从概念的外延上看，三者依次缩小。黄少安．国有资产管理概论．北京：经济科学出版社，2000.

商标权、商誉等。

（二）可辨认资产和不可辨认资产

资产按照能否独立存在可以划分为可辨认资产和不可辨认资产。可辨认资产是指能够独立存在的资产。所有的有形资产和除商誉以外的无形资产都是可辨认资产。不可辨认资产是指不能独立于有形资产而单独存在的资产，商誉是唯一的不可辨认资产。商誉通常是由名称或特许使用的声誉、信誉、历史文化、经验等因素综合形成的。由于商誉是不可辨认资产，因而也无法单独进行转让。

（三）单项资产和整体资产

资产按照是否具有综合获利能力可以划分为单项资产和整体资产。单项资产是指单台、单件资产，如一台车床。整体资产是由一组单项资产组合而成的具有综合获利能力的资产综合体，如一个具有正常经营活动能力或潜在能力的企业的所有资产、一个单独的生产车间。

在会计学的资产负债表中，按照资产流动性的不同，可将资产划分为流动资产、长期投资、固定资产、无形资产、其他资产等。

资产的分类及其关系可以用图 1－1 表示。

- 资产
  - 有形资产
    - 固定资产：房地产、道路、桥梁、水库大坝、机器设备等
    - 流动资产：原材料、在产品、产成品
      - 现金、银行存款、短期债券、商业票据等（金融资产）
    - 长期投资：长期债券、股票等（金融资产）
    - 自然资源性资产：矿藏、森林、草原、水等
  - 无形资产
    - 可辨认无形资产：专利权、商标权、专利技术等
    - 不可辨认无形资产：商誉

图 1－1　资产的分类及其关系

第二节　资产评估的概念及其特点

一、资产评估的概念

资产评估是对资产在某一时点的价值进行估计的行为或过程。《中华人民共和国资产评估法》第二条规定，资产评估是指评估机构及其评估专业人员根据委托对不动产、动产、无形资产、企业价值、资产损失或者其他经济权益进行评定、估算，并出具评估报告的专业服务行为。具体地讲，资产评估是资产评估机构及其评估专业人员，根据特定的评估目的，依据相关法律法规和资产评估准则（或规范），遵循适用的评估原则，选择

适当的价值类型，按照法定的评估程序，运用科学的评估方法，对评估对象在评估基准日的价值进行分析、推算并发表专业意见的行为和过程。

从事资产评估业务的机构和人员，是资产评估工作的主体。特定的评估目的是由引起资产评估的特定经济行为决定的，它直接决定和制约着资产评估价值类型的确定和评估方法及参数的选择。相关法律法规和资产评估准则，是指资产评估法、与评估对象及业务有关的法律法规、资产评估所涉及领域的有关评估准则及规范等。评估原则即资产评估工作的行为规范，是处理评估业务的行为准则。价值类型是对评估价值的质的规定，它取决于评估目的。评估程序是资产评估业务的工作步骤。评估方法是估算资产价值所必需的特定技术方法。评估对象包括单项资产、资产组合、企业价值、资产损失或其他经济权益。评估基准日（价值时点）是指评估结论（果）对应的日期，评估基准日可以是现在的时点，也可以是过去或者将来的时点。资产评估工作由评估主体、评估对象、评估依据、评估目的、评估原则、评估假设、价值类型、评估基准日、评估程序、评估方法、评估结论等多个要素构成。

资产评估从评估工作的业务性质来说，包括评估、评估咨询（appraisal consulting）、评估复核（appraisal review）。评估是指形成评估价值意见或结论的行为及过程。评估咨询是为解决某问题而进行分析、推荐或提供意见的行为和过程。开展评估咨询业务以形成评估价值意见仅仅是为形成业务结论而进行的部分工作。评估复核是对他人所做评估、评估复核或评估咨询工作的质量进行分析并提供意见的行为和过程。①

二、资产评估的特点

在通常情况下，资产评估具有以下特点。

（一）时点性

所谓时点性是指资产评估是对评估对象（即待评估资产）在某一时（间）点的价值的估算。这一时点也是提供价值评估基础的市场供求条件及资产状况的日期，我们将这一时点称为评估基准日。评估基准日相对于评估（工作）日期而言，既可以是过去的某一天，也可以是现在的某一天，还可以是将来的某一天。我们可以分别称其对应的评估为追溯性评估、现实性评估、预测性评估。比如我们在 2020 年 9 月 10 日至 2020 年 10 月 2 日（评估工作日期）要评估一宗房地产的价值，根据委托人（客户）的要求不同，评估基准日既可能是 2019 年 12 月 18 日，也可能是 2020 年 10 月 10 日，还可能是 2021 年 4 月 25 日。具体的评估基准日需要根据客户的资产业务要求，与客户协商确定，或者由客户指定。由于资产评估结论（即评估价值）所反映的是在评估基准日这一时点的资产市场供求状况和资产自身状况下的资产价值，因而评估结论具有较强的时效性，很容易过时，这就有可能需要不断地进行更新，以反映最新的市场信息和资产状况。

① 美国评估促进会评估准则委员会．美国评估准则．北京：中国人民大学出版社，2009：5.

(二) 市场性

资产评估一般要估算的是资产的市场价值，因而资产评估就需要通过对评估基准日的市场实际状况进行模拟，以求评估价值尽可能地接近资产在评估基准日的市场价值。评估价值是否客观，需要接受市场价格的检验，如果二者的差异在允许的范围内，则说明评估结果是比较客观的。市场价格又可以称为交易价格，它是指在市场交易中，特定交易的买卖双方实际成交的货币额。市场价格又可以根据买卖双方交易时所处的地位不同、所掌握的市场信息不同等情况，分为公平市场价格和非公平市场价格。公平与不公平都是相对而言的，公平市场价格对买卖双方来讲都不吃亏（不是凭某一个人的感觉判断的），非公平市场价格对买卖双方来讲，是一方占了另一方的便宜。最为公平的市场价格就是市场价值。市场价值是“一资产在公开竞争的市场上出售，买卖双方行为精明，且对市场行情及交易物完全了解，没有受到不正当刺激因素影响下所形成的最高价格”①。更明确地说，市场价值是最可能的市场交易价格。

(三) 公正性

资产评估服务于资产业务的需要，对于资产业务的任何一方当事人来说，都应当具有独立性。资产评估的目标是估算出服务于资产业务要求的客观价值，不应当受到任何人的主观干预。资产评估的公正性表现为：（1）资产评估遵循正确适用的评估原则，依照法定的评估程序，运用科学的评估方法，这是公正性的技术基础；（2）评估主体应当与资产业务及其当事人没有利害关系，这是公正性的组织基础。

(四) 咨询性

资产评估为资产业务所提供的评估服务，是一种专业化、市场化的咨询服务，评估结果本身并没有强制执行的效力，评估主体只是对评估结论的客观性负责，而不对资产交易价格的确定负责。评估价值是为资产业务提供的一个参考价值，最终的成交价格取决于资产业务当事人讨价还价的能力。

第三节 资产评估的目的及假设

一、资产评估的目的

资产评估的目的是指资产评估行为所服务的经济活动，即估价结果的期望用途。对资产的价值进行评估，一般是为了给资产的买卖、租赁、抵押、保险理赔、课税、征收

① Byrl N. Boyce. *Real Estate Appraisal Terminology*. Ballinger Publishing Co.，1975：137.

征用补偿、拍卖底价确定、分割或合并、损害赔偿、诉讼、财务报告撰写以及企业价值管理等行为提供可供参考的价值基础。可以说，资产评估旨在反映和揭示特定目的下的资产价值。至于市场交易主体之间是否必须进行资产评估，一般则应当根据资产业务当事人的意愿和具体情况而定。对涉及国有资产或者公共利益等事项，法律、行政法规规定需要评估的（即法定评估），应当依法委托评估机构评估。

《企业国有资产评估管理暂行办法》（国务院国有资产监督管理委员会令第 12 号）第二章规定，各级国有资产监督管理机构履行出资人职责的企业及其各级子企业有下列行为之一的，应当对相关资产进行评估：整体或者部分改建为有限责任公司或者股份有限公司；以非货币资产对外投资；合并、分立、破产、解散；非上市公司国有股东股权比例变动；产权转让；资产转让、置换；整体资产或者部分资产租赁给非国有单位；以非货币资产偿还债务；资产涉讼；收购非国有单位的资产；接受非国有单位以非货币资产出资；接受非国有单位以非货币资产抵债；法律、行政法规规定的其他需要进行资产评估的事项。可以不对相关国有资产进行评估的行为有：经各级人民政府或其国有资产监督管理机构批准，对企业整体或者部分资产实施无偿划转；国有独资企业与其下属独资企业（事业单位）之间或其下属独资企业（事业单位）之间的合并、资产（产权）置换和无偿划转。为保护上市公司和投资者的合法权益，促进上市公司质量不断提高，维护证券市场秩序和社会公共利益，上市公司重大资产重组中的资产定价也要进行资产评估或估值。

二、资产评估的假设

“假设”在此处为“姑且认定”之意，它是进行一项资产的价值评估工作的假定条件。同一资产在不同的假设条件下，其价值实现受到的约束不同，因而会产生不同的评估价值。需要说明的是，这里的假设并非子虚乌有，也不是由资产评估师随心所欲地进行选择和确定的，而应该是根据评估目的及评估对象的状况，对现实中发生的不同资产业务情况的科学归类和判断，可以视为是真实发生的。

（一）资产评估的一般假设

1. 持续使用假设。

持续使用假设是指资产将按照现行用途继续使用，或转换用途继续使用。现实中的表现主要有三种情况：一是资产将按照现行用途原地继续使用，如甲购买一套住宅后继续将其作为住宅使用；二是资产将转换用途后在原地继续使用，如将一个工业厂房改造成商场；三是资产的地理位置发生迁移后继续使用，如将一条电视机生产流水线从甲地迁往乙地安装后，继续用于生产电视机。

对可继续使用资产的评估与不可继续使用资产的评估，以及不同情况下的继续使用资产的评估，往往适用于不同的资产业务，具体评估过程中考虑的细节因素不同，评估结果自然也不同。比如一套石油化工设备，如果按照现行用途继续在原地使用，用成本法评估其价值，就是将该套设备的全新购买价或制造费、运输费以及安装调试费之和作为重置成本，然后从中扣除折旧费，剩余额为该资产的价值。如果按照现用途迁往其他场地继续使用，其价值就等于该套设备的全新购买价减去折旧费。如果不再继续使用，需要将其拆零出售，则需要评估其各零件的变现值，并从中扣除拆零费后，得到评估价值。三种不同情况下的资产评估价值不同，一般第一种情况最高，第三种情况最低。

在确定是否可以采用持续使用假设时，需要充分考虑是否允许待评估资产从经济上、法律上、技术上转变利用方式、变换产权主体，以及允许转变利用方式和变换产权主体的前提条件。

2. 公开市场假设。

所谓公开市场是指在该市场上，交易双方进行交易的目的在于最大限度地追求经济利益，并掌握必要的市场信息，有较充裕的时间进行交易，交易对象具有必要的专业知识，交易条件公开且不具有排他性，即一个完全竞争的资产市场。公开市场假设是指待评估资产能够在完全竞争的市场上进行交易，从而实现其市场价值。不同类型的资产，其性能、用途不同，因而市场化程度也有差异。用途广泛、通用性比较强、市场化程度较高的资产如住宅、汽车等，比具有较强专用性的资产如化工生产用厂房、起重机、发电厂、码头、教堂等，有更加活跃的交易市场，因而更适用于公开市场假设。专用性资产一般具有特殊的性质，有特定的用途或限于特定的使用者，在不作为企业经营活动的一部分时，很少能够在公开市场上出售。

在进行资产评估时，对于具备在公开市场上交易条件的资产，宜作公开市场假设，并根据资产的位置、特点、市场供求等因素确定其最佳利用方式，按照其最佳利用方式进行评估。

3. 清算假设。

清算（清偿）假设是指资产所有者在某种压力下，如破产、抵押权实施等，将被迫以协商或拍卖方式，强制将其资产出售。按照寻找购买者的时间的长短，可以将清算分为强制清算和有序清算。强制清算是指在公开市场上限时出售，而有序清算则允许在一定的合理时间内寻找购买者。由于卖方一般是非自愿地即被迫出售资产，买方处于相对有利的地位，再加上此类交易被限制在较短时间内完成，对有关买方的市场信息了解不充分，资产的交易价格明显低于持续使用或公开市场条件下的价格，因而评估价值往往也低于持续使用和公开市场假设下的评估价值。

（二）特别假设与非真实性假设

美国《专业评估执业统一准则》中规定了特别假设（extraordinary assumptions）和非真实性假设（hypothetical conditions）。特别假设是就被评估对象的物质实体、法律和经济特征、市场条件或趋势等资产外部条件，以及分析中使用数据的真实可靠程度等不确定事项予以假设。譬如，评估时并不知道某宗土地是否受到污染，而假设在未受环境污染的前提下评估其市场价值。特别假设若不成立则会改变评估结论。非真实性假设是指评估中的假设条件与已知的评估对象在评估基准日的现实情况不一致。譬如，评估时已经知道某宗土地受到了污染，而根据评估目的需要评估假设其在未受污染状况下的价值。

我国《房地产估价规范》（GB/T 50291－2015）在条款 7.0.16 中规定了一般假设、

未定事项假设、背离事实假设、不相一致假设、依据不足假设。

第四节　资产评估的原则

资产评估的原则是规范评估行为和业务的准则。规定评估原则是为了确保不同的评估人员在遵循规定的评估程序，采用适宜的评估方法和正确的处理方式的前提下，对同一评估对象的评估结果能具有一致性。资产评估的原则包括工作原则和经济原则。

一、资产评估的工作原则

（一）独立性原则

独立性是指评估机构和评估专业人员在执业过程中，不受利害关系影响、不受外界干扰的执业原则。评估主体在资产评估过程中处于中立地位，应当不受任何权势、金钱、亲情等外界因素的影响，以确保评估结果的公正性。影响独立性的情形通常是，评估机构、资产评估专业人员或者其亲属与委托方或者相关当事方之间存在经济利益关联、人员关联或者业务关联。这里的亲属是指配偶、父母、子女及其配偶；经济利益关联是指评估机构、评估专业人员或者其亲属拥有委托方或者相关当事方的股权、债权、有价证券、债务，以及存在担保等可能影响独立性的经济利益关系；人员关联是指评估专业人员或者其亲属在委托方或者相关当事方担任董事、监事、高级管理人员，以及其他可能对评估结论施加重大影响的特定职务；业务关联是指评估机构从事的业务之间可能存在利益输送或者利益冲突关系。对此类影响需要加以识别和判断，并采取人员回避、业务回避、消除关联关系、第三方审核、充分披露等相应措施，以消除不利影响。当所采取的措施不能消除对独立性的不利影响时，评估机构和评估专业人员不得承接该评估业务，或者应当终止该评估业务。

（二）客观性原则

评估人员应当从实际出发，对各项评估要素和基础资料认真进行调查研究，而不能添加任何没有事实依据的妄断和臆测，以确保评估结果的客观性。虽然我们在评估过程中使用科学的评估模型，但输入模型的变量必然带有主观判断的色彩，导致评估结果受到评估过程中所存在的主观偏见的影响。减少评估过程中主观偏见的方法有两种①：一是尽量避免受到公众关于资产价值观点的影响；二是在评估之前尽可能少地关心资产是被高估还是低估。《国际评估准则（2017 版）》的国际评估准则（IVS）框架指出，在评估过

① 达摩达兰．投资估价．北京：清华大学出版社，1999：2.

程中，要采取增加透明度、最小化任何主观因素的影响等方式，运用恰当的控制方式和程序，确保在评估参数及评估假设可靠的基础上得到可信的评估结论，避免有偏见的分析、意见或结论。

（三）合法性原则

《中华人民共和国资产评估法》第十四条规定，评估专业人员不得有下列行为：私自接受委托从事业务、收取费用；同时在两个以上评估机构从事业务；采用欺骗、利诱、胁迫，或者贬损、诋毁其他评估专业人员等不正当手段招揽业务；允许他人以本人名义从事业务，或者冒用他人名义从事业务；签署本人未承办业务的评估报告；索要、收受或者变相索要、收受合同约定以外的酬金、财物，或者谋取其他不正当利益；签署虚假评估报告或者有重大遗漏的评估报告；违反法律、行政法规的其他行为。第二十条规定，评估机构不得有下列行为：利用开展业务之便，谋取不正当利益；允许其他机构以本机构名义开展业务，或者冒用其他机构名义开展业务；以恶性压价、支付回扣、虚假宣传，或者贬损、诋毁其他评估机构等不正当手段招揽业务；受理与自身有利害关系的业务；分别接受利益冲突双方的委托，对同一评估对象进行评估；出具虚假评估报告或者有重大遗漏的评估报告；聘用或者指定不符合本法规定的人员从事评估业务；违反法律、行政法规的其他行为。

二、资产评估的经济原则

（一）贡献原则

某一资产或资产的某一构成部分的价值，取决于该资产对与其他相关资产共同组成的整体资产价值的贡献，或该部分对资产整体价值的贡献，也可以用缺少它时资产整体价值或资产整体价值的下降程度来衡量确定。如果简要地用经济学理论来表述，就是说待评估资产的边际效用（即边际贡献或边际生产力）决定了其价值。

（二）替代原则

替代原则的理论依据是同一市场上的相同（或相似）物品具有相同（或相近）的价值。比如在区位、价格发生时点等特征上相似的两宗或数宗房地产，它们的价格也相近。对具有同等效用而价格不同的物品进行选择时，理性人必定选择价格便宜的；对价格相同而效用不同的物品进行选择时，理性人必定选择效用较大的。替代原则要求尽可能利用与评估对象特征相似资产的市场交易资料来进行比较，分析评估对象的价值，以确保评估结果是评估对象在公开市场上成交的最可能价格。

（三）预期收益原则

预期收益原则是指资产的价值不是取决于其过去的生产成本和销售价格，而是决定于其在评估基准日后能够带来的预期净收益，即预期的获利能力。预期的获利能力越大，资产的价值就越高。

（四）供求原则

资产的交易价格是买卖双方个别讨价还价的结果，资产的市场价值则体现该类资产交易市场供给和需求的相互作用即供求均衡状况。资产的评估价值是在假定有许多买卖双方对同一资产进行交易下的最可能价格的模拟。因而，在进行资产评估时应充分考虑待评估资产在评估时点的市场供求状况。

（五）最佳（也称最高最佳）使用原则

它是指按照评估对象的最佳使用方式评估资产的价值。最佳使用是指在法律上允许、技术上可能、经济上可行的前提条件下，能够使评估对象产生最高价值的利用方式。在运用最佳使用原则时，首先要求最佳利用方式在法律上是得到允许的，其次还要得到技术上的支持，不能将技术上无法做到的利用方式当作最佳使用方式，最后应注意所确定的最佳使用方式在经济上可行，不可能通过不经济的方式来实现资产的最佳使用。在评估对象已经处于使用状态的情况下，应根据最佳使用原则对评估前提做如下选择：（1）保持利用现状前提，即认为继续保持利用现状为最佳使用时，应以保持现状继续使用作为评估前提；（2）转换用途前提，即认为转换用途再予以使用最有利时，应以转换用途后的使用假定为评估前提；（3）投资改造前提，即认为不转换用途但需要进行投资改造后再予以使用最为有利时，应以改造后的使用假定为评估前提；（4）重新利用前提，即认为拆除现有资产的某一部分再予以使用最为有利时，应以拆除该部分后的使用假定为评估前提；（5）上述四种情形的某种组合。

第五节　资产的价值及价值类型

一、价值思想概观及现代评估理论的形成①

衡量商品交换比例的价值概念自中世纪起就有了。宗教信仰、道德习俗、哲学思想都影响人们在商业活动中公正的价值判断标准。意大利神学家阿奎纳（St. Thomas Aquinas，1225—1274）在其著作《神学大全》中就提及真实价值和公平价格。当今，我们仍能感受到社会、政治及其他非市场准则对人们关于真实、公平价值思想的影响。

① James H. Boykin，Alfred A. Ring. *The Valuation of Real Estate*. Regents/Prentice Hall，1993：10－24，27－37；何炼成．价值学说史．西安：陕西人民出版社，1984；巴克豪斯．现代经济分析史．成都：四川人民出版社，1992：24－26.

在16—18世纪，价值概念从宗教信仰、道德、哲学领域进入经济学，并分成内在价值和外在价值。其中，内在价值是衡量所提供服务的内在效用的标准，外在价值是由供求形成的客观价值。最早形成的重商主义价值理论，认为流通是财产价值的源泉，国际贸易是影响财产价值变化的决定性因素。

重农主义价值理论创始人魁奈（Francois Quesnay）认为价值取决于生产费用，农业中生产的超过生产费用的剩余产品，是由自然协助产生的，称为“纯产品”，应归土地所有者占有。生产费用论和纯产品论是价值生产理论及以净收益资本化方法度量价值的思想起源。

明确区分使用价值和交换价值、市场价值（自然价格）和市场价格，是古典经济学家亚当·斯密（Adam Smith）对西方现代价值理论的重要贡献。斯密的市场价值是指价格波动的中心即价值，斯密将其解释为刚好足以支付正常工资、正常地租、正常利润，可以说是生产费用论。市场价格与市场价值的差异，反映了稀缺和垄断力量的短期影响。李嘉图（David Ricardo）初步区分了价值和交换价值，并在劳动价值论基础上论述了地租剩余理论。马克思在对劳动价值论进行深入研究的基础上，对地租理论作出了更加精深的分析。

奥地利学派创始人门格尔（Carl Menger）认为价值纯粹是主观的，是由边际单位的需求效用决定的，维塞尔（Friedrich von Wieser）将门格尔的主观价值论扩及成本，把成本概念发展为从属于效用，认为人们对效用的兴趣诱致人们去估量成本的价值。庞巴维克（Eugen von Böhm-Bawerk）论证了买卖双方对商品的主观评价如何决定价值，并认为现在的财货比未来的同类同量财货具有更高的主观价值是产生利息的根源，现值是未来资本收益的折现，这一理论成为度量经济价值的基础。

马歇尔（Alfred Marshall）既承认效用概念在价值理论中的重要性，也承认生产成本对供求作用下市场价值均衡的影响，他认为，在短期内效用对价值起主要的作用，而在长期内，生产成本对市场价值起主要的作用。现代西方经济学教科书在评价马歇尔的价值理论时，认为他强调了社会、政治、商业活动间的相互关系在价值决定中的作用，考虑了货币购买力、经济潜力和社会繁荣、人口构成及增长、社会偏好及习惯等方面的变化对供求和相对价格或价值的影响。凯恩斯（John Maynard Keynes）抛弃了均衡概念，提出随着收入的变化，人们的储蓄及消费偏好也发生变化，认为价值是由需求决定的，因而他主张通过国家干预来保持有效需求，使商品的正常价格得以形成。凯恩斯的充分就业和赤字财政理论对全球经济、政治、政策产生了巨大影响，因而在资本价值的评估中，必须充分考虑政府的社会经济行为。

现代评估理论在很大程度上是古典经济学、奥地利学派、新古典学派，以及现代经济学价值理论的重要思想和经济概念的综合。新古典经济学家马歇尔的价值思想、费雪（Irving Fisher）的价值收益理论，对现代评估理论的形成具有重要影响。广泛应用的三种基本评估方法就反映了价值理论及其变化过程的影响。成本法强调重置成本而非重建成本，基本上遵从了斯密时代的古典经济价值理论。收益法不考虑生产成本，求得的是预期收益的现值，实质上是对价值的效用度量。市场比较法求得的是一定时间、地点条件下的普通价格，强调短期的市场供求状况。

二、价值及价值类型①

资产评估中所说的价值，是指资产的经济或交换价值，或者说货币价值，可表述为同其他商品的交换率。价值的概念不同于价格。价值是对价格的估计。价格是为取得一项资产所实际支付的货币量。美国《专业评估执业统一准则》（2020—2021）中指出，价格是某项资产的询价、报价或支付的金额，价格是个事实；而价值从来就不是事实，价值是根据特定价值定义对某项资产在某一时点价值多少的意见。虽说二者有所不同，但在一些日常习惯用法中往往也会不加区分。西方学者一般认为，有价值的商品应具有效用、稀缺、需求、可让渡四个特征，他们往往把这四个特征也称为价值的特征。

按照人们在市场上对商品价值评价目的的不同，可把价值分为以下类型：(1) 评估价值（appraisal value）。由交易双方共同接受的评估师所估定的价值。评估师所拥有的某类资产知识能够缩小交易双方之间可能存在的隔阂，至少能够确定出一个讨价还价的范围。不过，评估师个人的能力和偏好会影响到评估结果，不同的评估师几乎不可能得出完全相同的结果。(2) 课税价值（assessed value）。由估税员为摊派税额而基于公平市价估定的价值，通常是市场价值的一定比例。该价值仅用于税收的征缴，与其他价值概念毫无联系。(3) 保险价值（insurable value），又称实际兑现价值，是指在保险合同中规定的资产价值。房地产的这一价值通常与建筑结构的重置成本有关，其中不包括场地、隧道、桩基、地下管道等费用。(4) 账面价值（book value）。一项资产反映在资产负债表中的价值，是会计学上的价值，它等于取得成本加资本改良价值，再减去折旧。账面价值是为实现会计目标而进行处理后的价值，它通常与经济价值之间几乎没有任何联系，它只是曾经在某一时刻代表了市场价值的一种历史价值。(5) 资本价值（capital value）。经营中的固定资本价值。(6) 已折旧价值（depreciated value）。扣除折旧后剩余的价值。(7) 经济价值（economic value）。与一种稀缺且可度量的有用物有关的价值。它代表一项资产或索取权为股东提供税后现金流量的基本能力，是一个与未来现金流量密切相关的概念。这个现金流量是通过收益、合同付款及将来某一时刻对资产进行部分或全部清算而产生的。(8) 交换价值（exchange value）。以所要交换的其他物来表示的价值。(9) 外在价值（extrinsic value）。由购买人判定的价值。(10) 内在价值（intrinsic value）。内在于物的固有价值。内在价值是在考虑了影响资产价值的各种因素后所确定的资产真实价值。内在价值是在大规模的交易主体而非特定投资者之间形成的。金融分析师经常使用内在价值进行投资分析，以度量某一股票价格是否存在高估或低估。内在价值概念试图表示不存在定价失常情况下的资产价值。(11) 面值（face value）。证券上显示的价值。(12) 公允价值（fair value）。对交易各方都公平的交易价格。(13) 投资价值（investment value）。投资者以自己的准则确定的价值，它是指某个或某类投资者为确定目的而进行投资的资产价值。投资价值概念将具有特定投资目的的投资者与特定资产联系起来，注意不要混淆投资价值和投资资产的市场价值。(14) 租借价值（leasehold value）。承租人在租期内确定的价值。(15) 清算价值（liquidation value）。财产所有人被迫接受的低

① James H. Boykin, Alfred A. Ring. *The Valuation of Real Estate*. Regents/Prentice Hall, 1993: 6-8.

于资产潜在市场价值的价值。这种价值是和需要变现产权人的部分或全部资产及索取权的特殊事件联系在一起的。在这种情况下，变现的时间压力甚至胁迫扭曲了买卖双方作出的价值判断。清算价值取决于资产的通用性和清算期限的限制，资产的通用性越强、对清算期限的限定越宽松，清算价值就越高。(16) 抵押借贷价值 (mortgage loan value)。这是资产作为借贷担保时采用的价值。该价值通常被认为是不超过该资产担保范围的信贷的最高数额。债权人为了心理上的安全需求，通常将担保价值设置在该担保资产的市场价值之下。(17) 外部性价值 (nuisance value)。支付给受到外部性妨碍者的价格。(18) 潜在价值 (potential value)。基于未来事件发生的价值。(19) 真实价值 (real value)。与潜在价值相对，不包括投机性增值。(20) 重置价值 (replacement value)。重新建造相同资产所需的货币总量。(21) 出售价值 (sale value)。财产出售可能引致的价格。(22) 残余价值 (salvage value)。在考虑机器设备、建筑物等资产拆除及转移成本的情况下为该资产所支付的价格。(23) 投机价值 (speculative value)。投资者考虑人口及经济增长等影响因素后的期望价格。(24) 在用价值 (utility value or value in use)。这是一个主观价值概念，是指特定使用者对特定资产按照特定用途使用时，所能够实现的资产价值，其价值确定以目前和预期用途的收益为基础。同一资产用于不同目的则具有不同的在用价值。(25) 净变现价值 (net realizable value)。这是指在正常的交易中，资产的估计销售价减去销售费用和交易成本后的价值。

三、资产评估的价值类型

资产评估的价值类型是指资产评估结果的价值属性及其表现形式，它是对资产评估价值质的规定性，制约着各类资产评估参数的选择。根据中国资产评估协会颁布的《资产评估价值类型指导意见》，我国资产评估的价值类型包括市场价值和市场价值以外的价值类型。

(一) 市场价值

市场价值是指自愿交易的买卖双方在各自理性行事且未受任何强迫的情况下，就评估对象在评估基准日进行正常公平交易的价值估计的数额。市场价值包括资产按照最佳用途使用条件下的市场价值和按照当前用途使用条件下的市场价值。最佳用途下的市场价值主要适用于可以进行公开市场假设或转化为最佳用途后持续使用假设的资产业务，如企业的多余资产、债券和股票、短期投资、现金等。当前用途下的市场价值主要适用于可以进行按原用途持续使用假设的资产业务，如编制财务报表、企业兼并或联营、股份化经营等。当前用途下的市场价值是假定资产可以在公开的市场按照当前用途出售的最可能价值，而不论当前用途是否为最佳用途。虽然当前用途下的市场价值不反映资产在最佳使用情况下的市场价值，但可以将它看做一个特例，而不认为是偏离了市场价值概念。在特殊情况下，市场价值可能是负数，这些情况包括某些租用资产、一些特定资产、一些清理费用超过土地价值的土地上的废弃资产、一些受环境影响而遭受破坏的资产及其他资产。

（二）市场价值以外的价值类型

市场价值以外的价值类型（或称非市场价值）包括投资价值、在用价值、清算价值、残余价值等。投资价值是指评估对象对于具有明确投资目标的特定投资者或者某一类投资者来说所具有的价值估计数额，亦称特定投资者价值。投资价值适用的主体不是广泛的市场参与者，而是具有特定目的的单一投资者，因此往往需要考虑标的资产与特定投资者自身相关资产或价值因素之间的协同效应。在用价值是指评估对象作为企业、资产组组成部分或者要素资产按其正在使用方式和程度及其对所属企业、资产组的贡献所具有的价值估计数额。清算价值是指评估对象处于被迫出售、快速变现等非正常市场条件下的价值估计数额。残余价值是指机器设备、房屋建筑物或者其他有形资产等的拆零变现价值估计数额。

（三）资产评估的价值类型选择

资产评估价值类型的选择和使用，要充分考虑评估目的、市场条件、评估对象自身条件，以及价值类型与评估假设的相关性。当评估目的、评估对象等资产评估基本要素满足市场价值定义的要求时，一般选择市场价值作为评估结论的价值类型。对于以抵（质）押为目的、以税收为目的、以保险为目的及以财务报告为目的的特定评估业务，其评估价值类型应当按照相关法律法规或者契约等的规定进行选择，没有规定的则可以根据实际情况选择市场价值或者市场价值以外的价值类型。

资产评估的价值类型并不取决于所采用的具体评估方法，任何价值类型下的评估结论都可以通过一种或者多种评估方法实现。评估方法是估计和判断市场价值和市场价值以外的价值类型评估结论的技术手段。

1. 以市场价值为基础的评估。

市场价值反映了资产在公开市场上进行交易的市场行情，因而该标准要求评估目的即资产业务的性质可以使得将该待评估资产视为公开市场上出售的资产。评估市场价值的最普遍方法有市场比较法、收益法、成本法。评估人员应当在综合考虑评估所需要的相关数据的可获取程度、有关的市场条件以及资产本身状况的基础上，选择适用的评估方法。各种评估方法既可以评估市场价值，也可以评估非市场价值，因而在评估市场价值时，评估所需要的相关数据应当来自公开市场。

2. 以市场价值以外的价值类型为基础的评估。

凡是不能够视为公开市场上出售资产的资产业务，其资产价值的评估就以非市场价值为标准。具体的资产业务即评估目的不同，则非市场价值类型也不同，进行评估所需要的相关要素也应当来自对应该非市场价值类型的非公开市场。非市场价值标准适用于保险、税收、投资、清算等目的的资产评估，以及专用资产（包括特定所有者资产，如划拨土地使用权）的公开竞争受到限制情况下的资产评估。

当评估业务针对的是特定投资者或者某一类投资者，并在评估过程中充分考虑和使用了仅适用于特定投资者或者某一类投资者的特定评估资料和经济技术参数时，价值类型通常选择投资价值。当评估对象是企业或者整体资产中的要素资产，并在评估过程中只考虑资产的当前使用方式和贡献程度，没有考虑资产作为独立资产所具有的效用及在公开市场上交易等情况时，通常选择在用价值。当评估对象面临被迫出售、快速变现，或者评估对象具有潜在被迫出售、快速变现等情况时，通常选择清算价值。当评估对象无法使用或者不宜整体使用时，通常考虑评估对象的拆零变现，并选择残余价值。

3. 以财务报告及会计事项为目的的评估。

为财务报告及会计事项而进行的资产评估，可以将资产视为按照当前用途在公开市场上出售。无论资产的当前用途是否代表其最佳用途，资产评估都以当前用途继续使用下的市场价值为标准。不过，对企业的投资类资产和被董事会宣布为多余的资产，则应当以在最佳用途下的市场价值为标准进行评估；对只能作为经营活动或企业资产的一部分，而很少能够在市场上公开出售的专用资产，可以采用非市场价值标准，但需要在评估报告中予以说明。

4. 贷款担保、抵押和债券的评估。

贷款担保资产、抵押资产和债券资产的评估一般以市场价值为标准。专用资产的市场是有限的，并且是企业整体资产的一部分，一般不适合单独进行抵押。在对专用资产作为抵押物进行评估时，应当假设资产处于最佳使用状态。整体资产的价值评估，除了企业的商誉资产外，通常根据会计数据或财务分析提供的收益来进行评估，但应当对抵押资产可能存在潜在价格波动的情况加以说明。对可开发或再开发资产，需要考虑其现有的和潜在的开发及控制权，以及评估结果有效期内的资产开发状况，这就需要评估人员注意开发完成日期与评估结果有效期的不同，充分预测资产开发期内的市场变化，预测可开发资产的风险。由于抵押担保类资产的担保价值取决于其所要担保的债权，而债权价值及抵押担保资产的价值都可能是不断变化的，因而可能需要对抵押担保物在整个担保期内各个阶段的市场价值进行评估。

第六节　本书的框架体系

本书的教学内容部分共有十章，分别就资产评估的基本理论、资产评估的程序与基本方法、机器设备评估、房地产评估、无形资产评估、金融资产评估、流动资产和其他资产评估、企业价值评估、期权定价模型在资产价值评估中的应用、资产评估报告等内容，进行了较为详细、深入的阐述。各章内容之间的关系可见图 1－2。

本书还包括了针对各章教学内容的练习题部分，便于读者更好地学习和应用各章知识点。

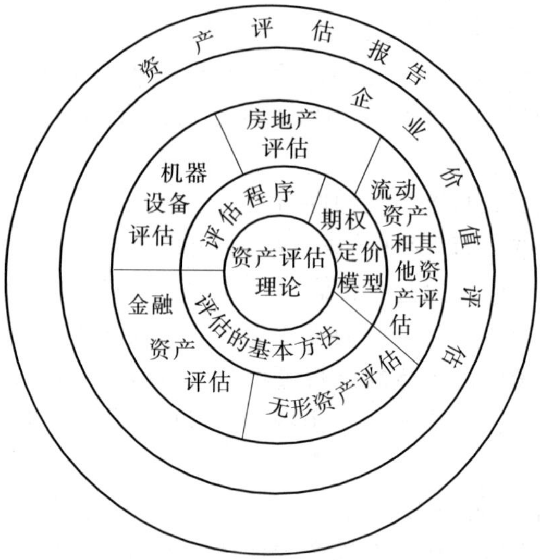

图 1-2　本书教学内容部分的框架体系

第二章

资产评估的程序与基本方法

本章学习目的

1. 掌握成本法、市场比较法、收益法的基本原理和方法。

2. 掌握复原重置成本、更新重置成本、实体性贬值、功能性贬值、经济性贬值、总使用年限、实际已使用年限、资产利用率、成新率等基本概念。

3. 掌握资产评估方法中的各项基本参数如重置成本、实体性贬值、超额投资及超额运营、预期净现金流量、折现率等的估算。

4. 掌握收益法计算常用公式。

5. 熟悉资产评估的程序。

案例导入

2015 年，海南瑞橡公司拟增资入股宏丰实业，以获得宏丰实业 49%的股权。为确定增资金额，瑞橡公司、宏丰实业与中威海南分公司签订了《资产评估业务约定书》，为瑞橡公司增资入股宏丰实业事宜提供价值参考依据。2016 年 1 月，中威海南分公司出具资产评估报告，截至评估基准日 2015 年 10 月 31 日，宏丰实业净资产账面价值为 3 498.1 万元，评估值为 4 358.16 万元。此后，瑞橡公司与宏丰实业原股东达成《增资协议书》，根据评估报告确定持股 49%的增资额为 4 187.25 万元，瑞橡公司按照约定支付了增资款。

2020 年 11 月，海口市美兰区政府委托海南鸿宇土地房地产估价有限公司（简称鸿宇公司）对原宏丰实业美兰基地地上附属物进行征收前评估，评估值为 2 744.92 万元。而中威海南分公司对于房屋及宿舍、场内网管、围墙等建（构）物等方面的评估值，比鸿宇公司的评估结论高出 899.66 万元。瑞橡公司认为，中威海南分公司在未进行现场充分调查的情况下出具资产评估报告，瑞橡公司依据该报告进行增资，导致了 440.83 万元的增资投入损失。因此，瑞橡公司向法院提起诉讼，请求判决中威海南分公司赔偿损失。

你认为中威海南分公司应当如何通过正确履行资产评估程序来规避被诉风险？

第一节 资产评估的程序

一、明确资产评估业务基本事项

资产评估机构应当明确的资产评估业务基本事项包括：（1）委托人、产权持有人和委托人以外的其他资产评估报告使用人；（2）评估目的；（3）评估对象和评估范围；（4）价值类型；（5）评估基准日；（6）资产评估项目所涉及的需要批准的经济行为的审批情况；（7）资产评估报告使用范围；（8）资产评估报告提交期限及方式；（9）评估服务费及支付方式；（10）委托人、其他相关当事人与资产评估机构及其资产评估专业人员工作配合和协助等需要明确的重要事项。资产评估机构还应当根据评估业务的具体情况，在对自身专业能力、独立性和业务风险进行综合分析和评价的基础上，决定是否受理资产评估业务。

二、订立资产评估委托合同

资产评估委托合同，是指评估机构与委托方订立的，明确评估业务基本事项，约定评估机构和委托方权利、义务、违约责任和争议解决等内容的书面合同。评估机构在决定承接评估业务后，应当与委托方订立资产评估委托合同。委托合同订立后，签约各方发现相关事项约定不明确，或者履行评估程序受到限制需要增加、调整约定事项的，可以协商对委托合同相关条款进行变更，并订立补充协议或者重新订立委托合同。委托合同订立后，在评估目的、评估对象、评估基准日发生变化，或者评估范围发生重大变化时，评估机构应当与委托方订立补充协议或者重新订立委托合同。委托合同应当由评估机构的法定代表人或合伙人签字并加盖评估机构公章。

三、编制资产评估工作计划

资产评估工作计划是指评估工作的总体思路和详细实施方案，资产评估工作计划的内容涵盖现场调查、搜集评估资料、评定估算、编制和提交评估报告等评估业务实施全过程，主要包括评估的技术路线和方法、需要搜集的资料及其搜集渠道、预计所需要的时间和费用、工作步骤和人力资源及进度安排等。为保证评估工作在有限的时间及人力和财力条件下达到委托人的要求，这一工作应按照科学的项目管理方法进行。资产评估师可以根据评估业务具体情况确定评估计划的繁简程度，在评估业务实施过程中可以根据具体情况的变化对计划进行必要调整。

对受理的评估业务，评估机构应当指定至少两名资产评估专业人员承办。对受理的法定评估业务，应当指定至少两名相应专业类别的资产评估专业人员承办。

四、对评估对象进行现场调查

对评估对象进行现场调查的目的，是要获取评估业务需要的资料，了解评估对象现状，关注评估对象法律权属。了解评估对象现状主要是核实评估对象是否真实存在，关注评估对象在实体上和功能上的完整性，调查评估对象价值影响因素。现场调查时应当取得评估对象的权属证明资料，并进行核查验证。

资产评估专业人员可以采用逐项或者抽样的方式进行现场调查，现场调查手段通常包括询问、访谈、核对、监盘、勘查等。

五、搜集整理评估资料

资产评估业务所需要的资料包括权属证明、财务会计信息和其他评估资料。这些资料可以直接从市场等渠道独立获取，从委托人、产权持有人等相关当事人处获取，或者从政府部门、各类专业机构和其他相关部门处获取。委托人或者其他相关当事人对其提供的资产评估明细表及其他重要资料进行确认，确认方式包括签字、盖章及法律允许的其他方式。

资产评估专业人员还应当依法对资产评估活动中使用的资料进行核查验证。核查验证的方式通常包括观察、询问、书面审查、实地调查、查询、函证、复核等。超出资产评估专业人员专业能力范畴的核查验证事项，资产评估机构应当委托或者要求委托人委托其他专业机构或者专家出具意见。因法律法规规定、客观条件限制无法实施核查验证的事项，资产评估专业人员应当在工作底稿中予以说明，分析其对评估结论的影响程度，并在资产评估报告中予以披露。如果上述事项对评估结论产生重大影响或者无法判断其影响程度，资产评估机构不得出具资产评估报告。

通过对所搜集的评估资料进行分析、归纳和整理，形成评定估算和编制资产评估报告的依据。

六、评定估算形成结论

资产评估专业人员应当根据评估对象、价值类型、评估资料搜集情况等相关条件，分析市场比较法、收益法和成本法等资产评估方法的适用性，恰当选择评估方法，并根据所采用的评估方法，选取相应的公式和参数进行分析、计算和判断，形成初步评估结论，再对形成的初步评估结论进行综合分析，形成最终评估结论。选择哪一种评估方法，需要综合考虑该项资产评估业务的评估目的、评估对象的特点、所能够搜集到的资料情况。除依据资产评估执业准则只能选择一种评估方法的情况外，评估专业人员应当恰当选择两种以上评估方法，以便消除因方法的局限性和所搜集的数据的不确切性而产生的不良影响，确保评估结果的客观准确性。对运用不同方法估算出的结果，要进行比较分析、综合考虑，形成评估结论。

七、编制出具资产评估报告

资产评估专业人员在完成受托的资产评估业务后，要向委托方出具包括评估过程、方法、结论、说明及各类备查文件内容的资产评估报告。资产评估报告的内容和格式应当遵循《资产评估执业准则——资产评估报告》，以及相关评估规范或标准，涉及国有资产评估的，还要遵循《企业国有资产评估报告指南》。资产评估专业人员提交正式评估报告前，可以在不影响对最终评估结论进行独立判断的前提下，与委托方或者委托方许可的相关当事方就评估报告有关内容进行必要的沟通，但委托人不得串通、唆使评估机构或者评估专业人员出具虚假评估报告。评估机构应当对评估报告进行内部审核，经最终审核合格后，评估报告应当由至少两名承办该项业务的评估专业人员签名并加盖评估机构印章。法定评估业务的评估报告应当由至少两名承办该项业务的评估师签名并加盖评估机构印章。完成签字、盖章手续后，评估机构应按照评估委托合同的约定，将评估报告及时交付委托人。

八、整理归集评估档案

资产评估专业人员应当对反映资产评估程序实施情况、支持评估结论的工作底稿、资产评估报告及其他相关资料进行整理，形成资产评估档案。评估档案的保存期限不少于十五年，属于法定评估业务的，保存期限不少于三十年。

第二节　成本法

一、成本法的概念

成本法是从待评估资产在评估基准日的复原重置成本（reproduction cost new）或更新重置成本[①]（replacement cost new）中扣减其各项价值损耗，来确定资产价值的方法。成本法中的成本一词并非会计成本，其含义是经济学中的机会成本。所谓机会成本是一

① 在我国的房地产评估领域，一般将复原重置成本和更新重置成本分别称为重建成本和重置成本。

个经济品在最佳选择利用方式下的价值。至少可以说，在评估“市场价值”时，成本法中的成本是“机会成本”。市场价值的假设前提相当于“完全竞争市场”，在运行完美的市场上，经济利润为0，价格就等于机会成本。

复原重置成本是指在评估基准日，用与评估对象同样的生产材料、生产及设计标准、工艺质量，重新生产一项与评估对象全新状况同样的资产即复制品的成本。更新重置成本是指在评估基准日，运用现代生产材料、生产及设计标准、工艺质量，重新生产一项与评估对象具有同等功能效用的全新资产的成本。成本估算结果接近复原重置成本还是接近更新重置成本，受成本估算方法的影响。总概括性的成本估算方法倾向于更新重置成本；注重评估对象的不同特征的详细成本估算方法（适于特殊用途资产）倾向于复原重置成本。更新重置成本通常小于复原重置成本，这是因为后者包括过时的设计及生产工艺、原材料的附加成本。在没有出现同类资产的生产材料、技术标准、生产工艺及资产功能的明显变化时，一般评估复原重置成本，此时几乎不存在所谓的更新重置成本。

一项资产随着时间的推移，会产生自然形态的损耗、功能的落后或衰退、利用的充分程度降低等情况，从而导致其价值的降低。在进行资产评估时，必须充分考虑这些使得资产价值下降的因素对价值产生的不利影响，并从复原重置成本或更新重置成本中予以扣减。我们可以将损耗的价值分为三类：（1）实体性贬值。实体性贬值是指资产投入使用后，由于使用磨损和自然力的作用，其物理性能不断下降而引起的价值减少。（2）功能性贬值。功能性贬值是指由于新技术的推广和应用，待评估资产与社会上普遍使用的资产相比，在技术上明显落后、性能降低，因而价值也相应减少。（3）经济性贬值。经济性贬值是指由于资产以外的外部环境因素的变化，如新政策或法规的发布和实施、战争、政治动荡、市场萧条等情况，限制了资产的充分有效利用，使得资产价值下降。例如，一栋住宅会因其附近的一座污染性化工厂的建成和生产运营而价值下降；一辆微型轿车会因当地政府限制其行走线路政策的出台而价值下降。这里需要特别注意的是，资产的价值损耗不同于会计上规定的折旧。这里的价值损耗是通过实地勘察确定的，反映资产价值的实际损失额，而会计上的折旧是对某类资产的价值损耗从会计处理上所做的统一规定，不一定能够准确反映资产价值变化的实际状况，不过在资产评估中，也常用“折旧”一词来表达与“损耗”或“贬值”相同的意思。

成本法的计算公式为：

评估价值＝重置成本－实体性贬值－功能性贬值－经济性贬值

或

评估价值＝重置成本×成新率

二、成本法的评估程序

运用成本法评估资产一般按照下列程序进行：（1）确定待评估资产的范围，并估算重置成本或重建成本；（2）确定待评估资产的使用年限；（3）估算待评估资产的损耗或贬值额；（4）从重置成本或重建成本中扣减贬值，得出资产的评估价值。

三、重置成本的估算方法

重置成本的估算一般可采用下列方法。

（一）重置核算法

重置核算法是将资产的总成本分为直接成本和间接成本来估算重置成本的方法。直接成本是指直接构成资产生产成本支出的部分，如房屋建筑物的基础、墙体、屋面等建设成本项目，机器设备的购买价、安装调试费、运杂费等成本项目。直接成本应当按评估基准日的现时成本逐项加总。间接成本是指为建造、购买资产而发生的管理费、总体设计制图费等支出项目。间接成本一般按照人工成本的一定比例、直接成本的一定比例或单位工作量的间接成本等进行估算。计算公式为：

间接成本＝人工成本×成本分配率

成本分配率＝间接成本/人工成本

或

间接成本＝直接成本×间接成本相对于直接成本的比率

或

间接成本＝工作量（单位为工时或工日）×单位工作量的间接成本

例：某企业现有一台机器设备，其同类产品的市场价格为 60 000 元/台，运杂费为 1 000 元，直接安装成本为 900 元，其中包括原材料 400 元，人工成本 500 元，安装需要 50 个工时。对以往资料的统计分析表明，安装成本中的间接成本相对于直接安装成本的比率一般为 50%。在继续利用条件下，该机器设备的重置成本为：

直接成本	61 900 元
其中：购买价	60 000 元
运杂费	1 000 元
直接安装成本	900 元
其中：原材料	400 元
人工成本	500 元
间接成本	450 元
重置成本	62 350 元

在上例中我们还可以看出，成本分配率等于 90%，单位工作量的间接成本为 9 元/工时。

（二）价格指数法

价格指数法是通过对资产的原始（历史）成本进行价格指数调整而得到其重置成本的方法。这里的资产原始成本应当能够代表资产购建时的资产市场价值，或者其代表的价值类型与所要评估的价值类型相同。计算公式为：

$$资产重置成本=资产原始成本\times\frac{评估基准日的同类资产定基价格指数}{资产购建时的同类资产定基价格指数}$$

或

$$资产重置成本=资产原始成本\times(1+价格变动指数)$$

或

$$资产重置成本=资产原始成本\times环比价格指数\ (a_1\times a_2\times a_3\times\cdots\times a_n)$$

例：某项待评估资产购建于2015年10月，账面原始价值为20万元，现评估其2019年10月3日的价值。调查得知该类资产在2015年和2019年的资产定基价格指数分别为120%和160%，2016—2019年的环比价格指数分别为110%、105%、120%、96%，价格变动（上涨）指数约为33%。该资产的重置成本为：

$$20\times(160/120)=26.67\ （万元）$$

或

$$20\times110\%\times105\%\times120\%\times96\%=26.61\ （万元）$$

由于价格指数法估算的重置成本是建立在不同时期的某类资产的价格变动水平上的，仅考虑了价格变动因素，因而用该方法所确定的是资产的复原重置成本。而重置核算法建立在现时价格水平与购建成本费用的核算基础上，既可以考虑价格因素，也可以考虑生产技术标准和工艺的变化，因而该方法既可用于评估复原重置成本，也可用于评估更新重置成本。

（三）生产能力比例法

这种方法假定待评估资产的生产能力与价值呈线性关系，首先找一个与待评估资产相同或类似的资产作为可比参照物，计算可比参照物的单位生产能力的价格，然后据以估算待评估资产的重置成本。计算公式为：

$$\begin{aligned}\begin{matrix}待评估资产的\\重置成本\end{matrix}&=\begin{matrix}待评估资产的\\生产能力\end{matrix}\times\left(\begin{matrix}参照物的\\重置成本\end{matrix}\div\begin{matrix}参照物的\\生产能力\end{matrix}\right)\\&=\begin{matrix}参照物的\\重置成本\end{matrix}\times\left(\begin{matrix}待评估资产的\\生产能力\end{matrix}\div\begin{matrix}参照物的\\生产能力\end{matrix}\right)\end{aligned}$$

例：某面粉加工生产线的重置成本为70万元，年生产能力为3 000吨面粉。待评估面粉生产线的年生产能力为4 500吨面粉。如果面粉生产线的生产能力和价格呈线性关系，则待评估资产的重置成本为105万元。

（四）规模经济效益指数法

实际调查表明，许多资产的生产能力与其价格之间呈非线性关系，生产能力越大，单位生产能力的价格越低，即价格性能比随生产能力的提高而增大。这主要是由于一般在市场可行条件下，开发资产边际生产能力的生产成本下降。这时运用生产能力比例法就必然高估了资产的价值。规模经济效益指数法就是假定资产的生产能力与其重置成本之间呈非线性关系。计算公式为：

$$\text{待评估资产的重置成本} = \text{参照物的重置成本} \times \left(\frac{\text{待评估资产的生产能力}}{\text{参照物的生产能力}} \right)^x$$

公式中的 x 是一个经验数据，称为规模经济效益指数。在美国，规模经济效益指数一般为 0.4～1，加工工业一般为 0.7，房地产行业一般为 0.9。规模经济效益指数为 1 时，该方法就变成了生产能力比例法，因而也可以将生产能力比例法看作规模经济效益指数法的特例。

在运用上述四种方法进行资产的重置成本评估时，应当根据评估对象的具体性质和可以搜集到的资料来确定可以选用的方法。

在运用成本法对企业整体资产或某一相同类型资产进行评估时，为了简化评估业务，节省评估时间，可以采用统计分析法确定某类资产的重置成本，具体的工作步骤是：(1) 在核实资产数量的基础上，将全部资产按照适当的标准划分为若干类别，如机器设备通常可划分为专用设备、通用设备、运输设备等，房屋按建筑结构划分为钢结构、钢筋混凝土结构、砖混结构等。(2) 在各类资产中抽样选择适量具有代表性的资产，应用前述四种估算方法估算其重置成本。(3) 依据分类抽样资产的重置成本与账面历史成本，计算分类资产的调整系数。调整系数等于某类抽样资产的重置成本除以账面历史成本。(4) 根据调整系数估算待评估资产的重置成本。某类待评估资产的重置成本等于其账面历史总成本乘以调整系数。

例：现评估某企业某类通用设备，首先抽样选择具有代表性的通用设备 6 台，估算其总重置成本为 25 万元，从会计记录中查得这 6 台设备的历史总成本为 28 万元，该类通用设备的账面历史总成本为 400 万元，则调整系数为 25÷28＝89.3%，该类通用设备的总重置成本为 400×89.3%＝357.2（万元）。

四、实体性贬值的估算

由使用和自然力作用导致的资产实体性贬值，一般可以采用以下几种方法进行估算。

（一）观察法

它是指具有专业知识和丰富经验的工程技术人员，对资产实体的各主要部位进行技术鉴定，并综合分析资产的设计制造、使用维护、磨损、修理、改造情况和物理寿命等因素，将评估对象与其全新状态相比较，考察使用磨损和自然损耗给资产价值带来的影响，据此判定资产的实体性贬值率。计算公式为：

$$\text{实体性贬值} = \text{重置成本} \times \text{实体性贬值率}$$

（二）使用年限法

它是指以资产实际已经使用过的年限与总的可使用年限的比率，来确定资产的有形损耗程度。计算公式为：

实体性贬值=(重置成本一预计残值)×(实际已使用年限÷总使用年限)

式中，预计残值是指待评估资产在清理报废时可以收回的净值；总使用年限是指资产的物理（自然）寿命，即资产从使用到报废为止经历的时间；实际已使用年限是资产自开始使用到评估基准日为止，按照正常使用强度（负荷程度）标准确定的已经使用的年数，它与资产的实际使用强度和名义已使用年限有关。名义已使用年限是指资产在会计管理上已提取折旧的年限，可以通过会计记录、资产登记簿等资料来查询确定。资产的实际使用强度用资产利用率来表示，计算公式为：

$$资产利用率=\frac{至评估基准日资产的累计实际利用时间}{至评估基准日资产的累计法定利用时间}$$

当资产利用率大于1时，资产超负荷使用，资产实际已使用年限比名义已使用年限要长。当资产利用率等于1时，资产的使用符合正常使用强度标准，实际已使用年限等于名义已使用年限。当资产利用率小于1时，资产没有被满负荷利用，实际已使用年限小于名义已使用年限。在实际评估过程中，资产利用率的指标往往较难确定，需要评估人员对资产的使用状况诸如资产开工情况、大修间隔期、原材料供应情况、电力供应情况、是否季节性生产等各方面因素进行综合分析。

资产的实际已使用年限等于名义已使用年限乘以资产利用率。例如，某机器设备购建于2013年10月30日，根据其技术经济指标，规定正常使用强度下每天的运转时间为8小时。由于其生产的产品自购建之初至2017年末在市场上供不应求，企业主在此期间一直超负荷使用该设备，每天实际运转时间为10小时，自2018年初恢复正常使用，现以2019年10月30日为评估基准日，则该设备的名义已使用年限为6年，资产利用率为：

$$\frac{50月\times30天/月\times10小时/天+22月\times30天/月\times8小时/天}{6年\times360天/年\times8小时/天}=117\%$$

由此可以确定该资产的实际已使用年限为：

$6\times117\%=7.02$（年）

五、功能性贬值的估算

功能性贬值的额度，主要根据资产的效用、生产加工能力等技术经济效益的相对下降程度，以及在人、财、物的耗费等方面的成本相对增加程度来确定，同时，还要重视技术进步因素，考虑替代设备、替代技术、替代产品的影响，以及行业技术装备水平的现状和更新换代的速度。功能性贬值可分为超额运营功能性贬值和超额投资功能性贬值。

（一）功能性贬值的估算步骤

（1）比较待评估资产的年运营成本与技术性能更好的同类资产的年运营成本之间的差异（包括工资支付、材料及能源耗费、产品质量等方面）。

（2）确定净超额运营成本。虽然企业多支付的运营成本会引起利润额的下降，但由于企业支付的运营成本可以在所得税前扣除，使得应缴纳的所得税额也同时下降，也就是说，减轻了企业的所得税负担，因而企业多支付的运营成本低于其实际负担额。净超额运营成本等于超额运营成本扣除所得税后的余额。

（3）估计待评估资产的剩余使用寿命。

（4）以适当的折现率，将评估对象在剩余使用寿命内所有的净超额运营成本折算为评估基准日的现值，作为待评估资产的功能性贬值额。

对因功能过时而出现的功能性贬值，可以通过测算超额投资成本进行估算，即将超额投资成本视为功能性贬值的一部分。超额投资成本等于复原重置成本减更新重置成本，该部分功能性贬值的计算公式为：

$$超额投资功能性贬值=(复原重置成本-更新重置成本)\times(1-实体性贬值率)$$

（二）应用举例

某待评估的生产控制装置正常运行需要 6 名技术操作员，而目前的新式同类控制装置仅需要 4 名技术操作员。假定待评估装置与新装置的运营成本在其他方面相同，技术操作员的人均年工资福利费为 12 000 元，待评估资产还可以使用 3 年，所得税税率为 25%，适用的折现率为 10%。根据上述调查资料，待评估资产相对于同类新装置的功能性贬值测算过程如下：

（1）估算待评估资产的年超额运营成本：$(6-4)\times 12\,000=24\,000$（元）。

（2）估算待评估资产的年净超额运营成本：$24\,000\times(1-25\%)=18\,000$（元）。

（3）将待评估资产在剩余使用年限内的净超额运营成本折算为现值（P/A 表示年金现值系数）：

$$18\,000\times(P/A,\ 10\%,\ 3)=18\,000\times 2.486\,9=44\,764.2\text{（元）}$$

某待评估资产为一栋层高为 4 米的住宅，其复原重置成本为 1 600 元/建筑平方米，而在评估基准日建造具有相同效用的层高为 3 米的住宅，更新重置成本为 1 500 元/建筑平方米，若在进行实体性贬值额估算时已确定其实体性贬值率为 10%，就此可以断定其单位建筑面积功能性贬值额为：

$$(1\,600-1\,500)\times(1-10\%)=90\text{（元/建筑平方米）}$$

当然，如果评估某资产时所用的重置成本为更新重置成本，则不必考虑因功能过时造成的功能性贬值。

六、经济性贬值的估算

经济性贬值主要是根据由于产品销售困难而开工不足、资产闲置所造成的资产价值不能够实现的程度来确定其贬值额。评估人员应当充分估计评估基准日后由外部经济、社会等环境变化所造成的资产闲置或利用不足，当资产使用正常时，不考虑经济性贬值。经济性贬值的估算有两种方式：一是估算经济性贬值所导致的资产年净收益损失，进而对预期未来若干年的损失进行折现求和，这类似于超额运营功能性贬值的估算；二是估算经济性贬值率。

$$\text{经济性贬值率} = 1 - \left(\frac{\text{资产预计可利用生产能力}}{\text{资产设计生产能力}}\right)^{x}$$

其中，x 为规模经济效益指数。

经济性贬值额=(重置成本－实体性贬值额－功能性贬值额)×经济性贬值率

七、成新率的估算

成新率反映评估对象的现时价值与其全新状态重置价值的比率。在成新率分析计算过程中，应当充分注意资产的设计、制造、实际使用、维护、修理、改造情况，以及使用年限、物理寿命、现有性能、运行状态和技术进步等因素的影响。成新率的估算方法有以下几种。

（一）观察法

观察法即由具有专业知识和丰富经验的工程技术人员和经济分析师，对资产实体的各主要部位和功能进行技术性和经济性鉴定，并对该资产所提供的产品或服务的市场前景进行分析，在综合考虑资产的实体性贬值、功能性贬值和经济性贬值的基础上，判断、确定资产的成新率。

（二）使用年限法

使用年限法即根据资产的剩余经济使用年限与其总经济使用年限的比率来确定成新率。其中，总经济使用年限是指从资产的开始使用到因经济上不合算而停止使用所经历的年限。总经济使用年限等于实际已使用年限与剩余经济使用年限之和。在不考虑残值问题的情况下，成新率的计算公式为：

成新率=剩余经济使用年限÷(实际已使用年限+剩余经济使用年限)

（三）修复费用法

修复费用法即首先通过估算将待评估资产恢复到全新功能状态下所需要的修复费用占资产重置成本的比率来确定贬值率，再据此求出成新率。计算公式为：

成新率=1－修复费用÷重置成本

此时应当注意资产的有些实体性损耗和功能性损耗是不可修复的，即修复成本超过修复所添加的价值，如建筑设计过时、商业建筑物无足够的临街面、商业建筑物或高级公寓住宅区无可开发停车场空间。对不可修复性损耗部分，只能以其对资产价值造成的损耗额来替代修复费用。

例：某数控设备的重置成本为150万元，已经使用两年，其经济使用寿命约为20年。该设备的数控系统损坏，估计修复费用为17万元，其他部分工作正常。现估算其成新率，计算过程如下：

（1）可修复性损耗引起的贬值额为：17（万元）。

（2）不可修复部分的重置成本为：150－17=133（万元）。

（3）不可修复部分的贬值率为：2÷20＝10％。

（4）不可修复部分的损耗（贬值）额为：133×10％＝13.3（万元）。

（5）成新率为：1－(17＋13.3)÷150＝79.8％。

在实际工作中不需要通过修复费用法来求成新率，否则就有点本末倒置了。在上面的计算中，从重置成本150万元中减去不可修复部分的损耗13.3万元及修复费用17万元，就可得到设备资产的评估价值119.7万元。

第三节　市场比较法

一、市场比较法的概念

市场比较法也称比较法或市场法，是指通过比较待评估资产与近期售出的类似资产（即参照交易资产）的异同，据此对类似资产的市场价格进行调整，从而确定待评估资产价值的评估方法。运用市场比较法的前提条件是：需要有一个比较成熟的资产交易市场；可以找到与待评估资产相似的参照交易资产，要求参照交易资产的交易价格确知，交易情况和交易时间与待评估资产相近，参照交易资产在技术参数、功能等方面与待评估资产具有可比性。

市场比较法的基本计算公式为：

$$\text{评估价值}=\text{参照交易价格}+\sum\text{评估对象优于参照交易资产因素引起的价格差额}-\sum\text{评估对象劣于参照交易资产因素引起的价格差额}$$

或

$$\text{评估价值}=\text{参照交易价格}\times\prod\text{因素修正系数}$$

二、运用市场比较法评估资产的程序

运用市场比较法评估资产时，一般按照下列步骤进行：（1）明确评估的对象及其范围；（2）进行市场调查，搜集相同或相似资产的市场信息资料，寻找参照交易资产；（3）分析整理所搜集的资料，并验证其准确性，分析其交易条件和背景，选择三个或三个以上参照交易资产；（4）对待评估资产与参照交易资产进行比较分析，判断它们之间在影响交易价格的各因素方面的差异程度；（5）分析各类差异对交易价格的影响程度，以待评估资产为标准，以参照交易价格为基准，调整差异，得到待评估资产的评估价值，也称为比准价格。

三、进行比较分析和调整的因素

需要对待评估资产与参照交易资产之间的差异进行比较分析和调整的因素主要包括四个方面。

(一) 时间因素

由于资产的价格可能随时间不同而变化，因而就需要对资产价值在不同时点的差异进行调整。时间因素调整就是指将可比参照交易资产在实际发生的交易时点的价格，调整为假设参照交易资产的交易发生在与待评估资产的评估基准日相同时点情况下的价格。

(二) 地域因素

由于同类资产特别是房地产即使在不同地区的市场上出售，也会有明显的价格差异，因而如果待评估资产与参照交易资产会因处于不同地区市场上而产生价格差异，就需要对参照交易价格进行地区差价调整。

(三) 功能因素

功能大小不同的两个同类资产，其价格也会有差异。在一般情况下，功能的大小与资产价值的高低呈正相关关系，这当然要以资产的功能在市场上能够得到充分利用为前提。

(四) 交易因素

有时可用于进行比较的参照交易是不公平或非正常的交易，这使得交易价格高于或低于公平的市场价值，这时就需要对参照交易价格进行交易情况的修正。这种非正常的交易一般包括：

(1) 交易双方似乎有利益关系，比如母公司与子公司之间、兄弟公司之间或者类似的关联公司之间等。

(2) 参与交易的一方由于一项法规或司法命令而不得不进行某项交易，如企业的破产清算。

(3) 买方急于购买，或卖方急于卖出。

(4) 交易的卖方为买方提供了低于市场条件或其他方式的融资，如允许买方分期付款。

(5) 在非现金交易方式基础上的复杂交叉交易，如相互承诺以低于市场价值的价格为对方提供服务或产品。

市场比较法是资产评估方法中最为简单和有效的方法，其评估结果能够较客观地反映资产在评估基准日的市场状况和价值。该方法一般不适用于专用机器设备、大部分无形资产，以及受地区、环境等严格限制的一些资产的评估。

市场比较法除了可直接用于评估资产价值外，还可用于其他评估方法中有关参数的求取。譬如前面在求取资产重置成本时的价格指数法就是时间因素修正，生产能力比例法和规模经济效益指数法就是功能因素修正，而后面讲到的收益法中有关净收益及折现率的估算也可以运用市场比较法原理。

第四节　收益法

一、收益法的概念

收益法是通过估算待评估资产自评估基准日起未来的纯收益，并将其用适当的折现率折算为评估基准日的现值的方法。用公式表示为：

$$V=\sum_{i=1}^{n}\frac{A_i}{(1+r)^i}，\ i=1，2，\cdots，n$$

在收益法公式中，我们用 V 表示所估算的收益价格即资产价值，A_i 表示第 i 年的资产净现金流，r 表示折现率，n 表示评估对象的收益年限。

采用收益法评估确定的资产的价值，是为获得该项资产以取得获取预期收益的权利所支付的货币总额。资产价值与资产的效用即获利能力密切相关。运用收益法评估资产的前提条件是待评估资产的预期收益及其风险都是可以量化的，且纯收益为正。但现实情况往往并非如此，实际条件与模型假设的前提条件相距越远，收益法的运用就越困难。在有些情况下使用收益法进行评估可能会遇到较大的困难，这时就需要对有关数据进行相应的调整。以企业整体资产评估为例，陷入财务拮据状态的公司、收益呈现周期性的公司、拥有未被利用资产的公司、正在进行重组的公司、涉及购并事项的公司等，其资产净现金流和折现率不能完全按照待评估资产的现实数据确定，应当根据市场的客观具体情况加以调整。①

二、收益法的评估程序

运用收益法进行资产评估时，一般按照如下步骤进行：（1）搜集验证资产的有关经营、财务状况的信息资料；（2）计算和对比分析有关的收益、费用指标及其变化趋势；（3）预测资产的预期资产净现金流，确定适当的折现率；（4）估算待评估资产的收益价值。

① 达摩达兰．投资估价．北京：清华大学出版社，1999：10－12.

三、收益法计算常用公式

除了上面所述的收益法基本公式外，通常可能用到的公式还有以下几种。

（一）在年资产净现金流不变时

$$V=\frac{A}{r}\times\left[1-\frac{1}{(1+r)^n}\right]$$

此时，在评估对象的收益年限为无穷大，即收益是永久性的情况下，

$$V=\frac{A}{r}$$

在收益年限无穷大或无限期的情况下，r 称为资本化率。现实中的资本化率也往往用于指资产某一年（通常是预期第一年）净收益 A 和价值 V 之间的比例关系。譬如，在前面年限 n 有限情况下的公式中，资本化率就等于：

$$\frac{r}{1-\frac{1}{(1+r)^n}}$$

（二）在年资产净现金流等额递增时

$$V=\frac{A_1[(1+r)^n-1]}{r(1+r)^n}+\frac{b[(1+r)^n-1]}{r^2(1+r)^n}-\frac{bn}{r(1+r)^n}$$

此时，在评估对象的收益年限为无穷大，即收益是永久性的情况下，

$$V=\frac{A_1}{r}+\frac{b}{r^2}$$

（三）在年资产净现金流以等比率 g 递增时

$$V=\frac{A_1}{r-g}\times\left[1-\frac{(1+g)^n}{(1+r)^n}\right]$$

此时，在评估对象的收益年限为无穷大，即收益是永久性的情况下，

$$V=\frac{A_1}{r-g}$$

这里的 r 就是折现率，$r-g$ 就是资本化率。

（四）预期资产将在评估基准日后第 j 年末以价格 V_j 出售时

$$V=\sum_{i=1}^{j}\frac{A_i}{(1+r)^i}+\frac{V_j}{(1+r)^j}，\quad i=1，2，\cdots，j$$

$$V_j=\sum_{x=j+1}^{n}\frac{A_x}{(1+r)^{x-j}}，\quad x=j+1，j+2，\cdots，n$$

在以上收益法公式中，我们用 V 表示所估算的收益价格，A_i 表示第 i 年的资产净现金流，在各年净现金流相等时以 A 表示，r 表示折现率，n 表示评估对象的收益年限，b 为净现金流等额递增时的年递增额（递减时将公式中的 b 换为“$-b$”），g 为净现金流等比率递增时的递增比率（递减时将公式中的 g 换为“$-g$”）。

例：预计某企业未来 5 年的税后资产净现金流分别为 15 万元、13 万元、12 万元、14 万元、15 万元，假定该企业可以永续经营下去，且从第 6 年起以后各年收益均为 15 万元，折现率为 10%，则该企业持续经营下的价值为：

$$15\times\frac{1}{1+10\%}+13\times\frac{1}{(1+10\%)^2}+12\times\frac{1}{(1+10\%)^3}+14\times\frac{1}{(1+10\%)^4}$$

$$+15\times\frac{1}{(1+10\%)^5}+15\times\frac{1}{10\%\times(1+10\%)^5}$$

$$=15\times0.909\,1+13\times0.826\,4+12\times0.751\,3+14\times0.683\,0+15\times0.620\,9+0.620\,9\times15/0.1$$

$$=145.4\text{（万元）}$$

四、预期资产净现金流的估算

对评估对象的预期资产净现金流的估算，一般需要考虑资产在社会平均经营管理水平状况下的预期资产净现金流水平，而不是在资产的某个使用者经营管理下的预期资产净现金流，或者说需要估算的是资产的客观资产净现金流。预期资产净现金流等于资产的潜在毛收入减去预计经营管理成本。经营管理成本包括维修费、销售及管理费、保险费、税费、销售成本、原材料费及工资等成本费用。折旧费、筹资成本等不作为经营管理成本从收入中扣除，因为折旧费是收入的一部分，它不会支付给任何人，而筹资成本也在对预期资产净现金流进行折现时就从货币时间价值的角度考虑了。

五、折现率的估算

收益法中的折现率实质上是投资的期望收益率（也称期望报酬率），我们可以将它看作是投资于估价对象的机会成本，或者说是资本成本。正确的折现率是投资者能够从一项“相似”的投资中得到的收益率。折现率的估算方法主要有以下几种。

（一）市场比较法

通过对市场上相似资产的投资收益率的调查和比较分析，来确定待评估资产的投资期望收益率。例如有一个待评估机器设备，通过在资产交易市场上调查，得到三个与待评估机器设备同类的资产交易事例，分析得到它们的投资收益率分别为 9%、9.5%、

10.2%，求得它们的平均数为 9.6%，以 9.6%作为待评估资产的预期资产净现金流折现率。

（二）资本资产定价模型法

资本资产定价模型法是通过比较一项资本投资的收益率与投资于整个资本市场的收益率，来衡量该投资的风险补偿。一项投资的风险包括可分散风险和不可分散风险。可分散风险是由与该项投资相关的特殊事件引起的，它对资产的价值有正面或负面影响，如未曾预料到的公司开发出了新产品、实际盈利比预计盈利高等正面影响，以及暂时影响资产生产能力的事故、对企业不利的法律诉讼等负面影响。可分散风险可以通过投资多样化（组合）来降低或消除。不可分散风险是由那些对整个经济而不只是对某一项投资产生影响的事件带来的，如经济增长率的变化、通货膨胀率的变化、利率的变化、政治和社会环境的变化等，它会影响到整个投资市场。不可分散风险无法通过投资多样化来降低或消除。因为可分散风险能够通过多样化来消除，所以投资市场不会给予它回报，投资市场只对无法避免的风险即不可分散风险予以补偿。

由于不同类型资产的风险不同，因而其收益率也不同。表 2-1 是美国在 1926—1995 年间发行的普通股票、公司债券、政府债券、国库券的收益率。它们的收益率不同是因为它们的风险不同。普通股票的风险最大，因此收益率也最高。而国库券是最安全的投资方式，我们可以将它的收益率当作无风险利率［也称无风险（投资）报酬率、无风险收益率］。

表 2-1 美国在 1926—1995 年间发行的普通股票、公司债券、政府债券、国库券的收益率

投资种类	年收益率（%）	资产风险补偿（%）	
		相对于国库券	相对于政府债券
普通股票	12.2	8.5	7.0
公司债券	5.7	2.0	0.5
政府债券	5.2	1.5	0
国库券	3.7	0	—

资产的期望收益率、无风险利率、资产风险补偿之间的关系可以表示为：

资产风险补偿＝期望收益率－无风险利率

将此等式变为：

期望收益率＝无风险利率＋资产风险补偿

资产风险补偿等于资产市场（平均）风险补偿乘以资产的贝塔（β）系数，因而可以将资产的期望收益率表示为：

期望收益率＝无风险利率＋资产市场风险补偿×β

＝无风险利率＋（资产平均收益率－无风险利率）×β

这种将资产的期望收益率同它的不可分散风险联系起来的模型称为资本资产定价模型，其含义是资产的收益率由两部分组成：（1）无风险利率，即无风险投资的收益；（2）投资者因承担风险而要求的期望收益率等于资产市场风险补偿乘以 β。可以看出，资产的期望收益率与风险呈线性关系，这种关系可用图 2-1 表示。假如电子行业的 β 为 1.52，无风险利率为 6%，资产市场风险补偿为 7%，则电子类企业整体资产的投资收益率为 6%＋7%×1.52＝16.6%；再如假设旅店行业的 β 为 0.4，则旅店类企业的投资收益率为 8.8%。这里要说明的是，利用该模型确定的折现率是资产的权益成本，而非资本成本。

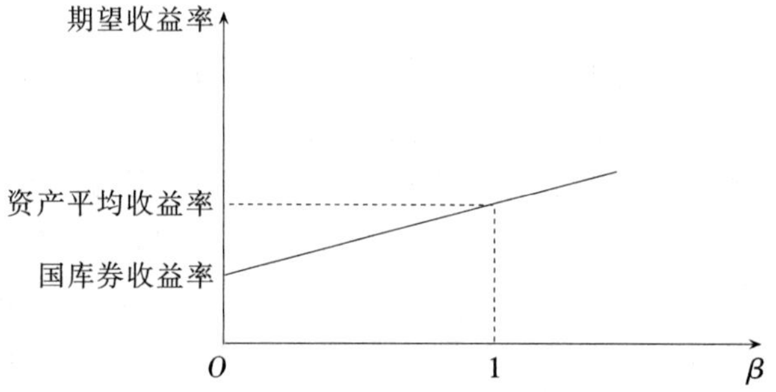

图 2－1　资本资产定价模型

（三）加权平均资本成本法

加权平均资本成本法既考虑权益资本的成本，也考虑负债资本的成本，用公式表示为：

$$\text{加权平均资本成本（折现率）}=\text{权益成本}\times\text{权益比}+\text{负债成本}\times\text{负债比}$$

如果将利息可以冲减企业的应纳税所得额因素考虑进去，则负债成本应为税后负债成本，因而可用公式表示为：

$$\text{加权平均资本成本}=\text{权益成本}\times\text{权益比}+\text{税前负债成本}\times\left(1-\text{所得税税率}\right)\times\text{负债比}$$

这里的负债比和权益比是按照它们的市场价值而不是会计价值或账面价值来计算的。例如，某类企业的目标财务结构是 40%负债，60%权益，税前负债成本为 7%，权益成本为 14%，所得税税率为 25%，则加权平均资本成本（折现率）为：

$$7\%\times(1-25\%)\times40\%+14\%\times60\%=10.5\%$$

六、收益期限的确定

收益期限是指资产能够产生净现金流的年限。收益期限由评估人员根据未来的获利情况、资产损耗情况、法律规定等因素确定。

第三章
机器设备评估

本章学习目的

1. 阐释机器设备的分类和评估特点。
2. 掌握机器设备的重置成本、实体性贬值、功能性贬值、经济性贬值的估算方法。
3. 掌握机器设备市场比较法评估中有关比较指标的修正系数的确定。

案例导入

机械设备是企业对内长期投资活动形成的重要有形资产，其价值通过企业开展正常生产经营活动、企业对其抵押或质押进行担保融资、企业清算变卖等方式实现，但无论是哪种方式，对机械设备展开价值评估都是其价值实现的重要前提。中国证券监督管理委员会（简称证监会）2022 年 8 月发布的《2021 年度证券资产评估市场分析报告》显示，2021 年评估报告占比排名前 10 的行业中，属于传统重资产行业的有电力热力生产和供应业、房地产业、医药制造业、化学原料及化学制品制造业和专用设备制造业，合计报告数量 3 003 份，相比 2020 年增长了 33.7%，可见重资产行业公司评估需求呈增长趋势，而机械设备属于这些行业的重要资产类型，是其价值的重要构成。因此，对机械设备价值评估理论与实务的学习属于资产评估学的重要内容。

第一节　机器设备评估概述

一、机器设备的含义

机器设备是指一台（辆）、一套或一组由金属及其他材料制成，由若干零部件装配起来的，在一种或几种动力驱动下，能够完成生产、加工、化学反应、运行等功能或效用的装置。在资产评估中，机器设备是指人类利用机械原理以及其他科学原理制造的、特定主体拥有或者控制的有形资产，包括机器、仪器、器械、装置、附属的特殊建筑物等。机器设备作为评估对象，在整个资产价值评估中，和房地产一样占有相当大的比重。

不同的机器设备，其零部件各不相同，其功能、性能也不同。但就机器设备的组成来看，一般都必须有外界输入能量的原动部分、履行机器功能的执行部分、介于原动部分和执行部分之间的传动部分以及控制部分。

二、机器设备的分类

企业生产中所用的机器设备，由于企业性质的不同及设备自身用途的不同，在其形状、大小、性能等方面各不相同，种类极其繁多，为了设计、制造、使用及管理工作的方便，我们按不同的需要、不同的目的对设备进行分类。为了资产评估工作的顺利进行，作为一个素质过硬的资产评估人员，应该了解机器设备分类的有关知识，以便能够针对不同对象的所属类别，迅速地搜集、查询有关资料和信息。常用的分类方法有以下几种。

（一）按其在再生产中的作用分类

（1）生产工艺设备。它是指生产加工类企业的主力设备。它直接改变产品原材料的物理状况或化学性能，使其成为半成品或产成品。例如，机械加工设备中的车床、钻床、镗床、磨床、齿轮加工机床、螺纹加工机床、铣床、刨插床、拉床、锯床和其他机床等；纺织机械中的梳棉、粗纺、细纺、织布等机床；化工设备中的各种换热器、蒸发器、结晶器、结晶罐、洗涤器等。

（2）辅助生产设备。它是指保护生产工艺设备以完成生产任务的二线设备。例如，空气压缩机、蒸汽锅炉、水泵、变压器等供风、供热、供水、供电设备；车辆、船舶、装卸机、吊车等交通运输装卸设备。

（3）服务设备。例如，通信设备、计算机、测试用仪器、仪表等。

（二）按国家固定资产分类标准分类

中华人民共和国《固定资产等资产基础分类与代码》国家标准（GB/T 14885－2022）从满足资产信息化管理需求角度，将设备细分为信息化设备、办公设备、车辆等 47 类，其中大多可归属于机器设备。通常可以将这些设备划分为通用设备和专用设备两大类。

通用设备是指产品或加工对象不确定，具有综合加工能力的设备，或没有专门用途，可适用于多个国民经济部门的设备。具体包括信息化设备，办公设备，车辆，图书档案设备，机械设备，电气设备，雷达、无线电和卫星导航设备，通信设备，广播、电视、电影设备，仪器仪表，电子和通信测量仪器，计量标准器具及量具、衡器，等等。

专用设备是指专门对一种或一类产品具有生产、加工能力的设备，或专用于国民经济某一部门的设备。具体包括探矿、采矿、选矿和造块设备，石油天然气开采设备，石油和化学工业设备，炼焦和金属冶炼轧制设备，电力工业设备，非金属矿物制品工业设备，核工业设备，航空航天工业设备，工程机械，农业和林业机械，木材采集和加工设备，食品加工设备，饮料加工设备，烟草加工设备，粮油作物和饲料加工设备，纺织设备，缝纫、服饰、制革和毛皮加工设备，造纸和印刷机械，化学药品和中药设备，医疗设备，电工、电子生产设备，安全生产设备，邮政设备，环境污染防治设备，政法、消防、检测设备，水工机械，殡葬设备及用品，铁路运输设备，水上交通运输设备，航空器及其配套设备，文艺设备，体育设备设施，娱乐设备，等等。

（三）按现行会计制度规定分类

（1）生产用机器设备，指直接用于生产经营服务的机器设备，包括生产工艺设备、辅助生产设备、动力能源设备等。

（2）非生产用机器设备，指在企业所属的福利部门、教育部门等非生产部门使用的设备。

（3）租出机器设备，指企业出租给其他单位使用的机器设备。

（4）未使用机器设备，指企业尚未投入使用的新设备、库存的正常周转用设备、正在修理改造尚未投入使用的机器设备等。

（5）不需用机器设备，指已不适合本单位使用的待处理机器设备。

（6）融资租入机器设备，指企业以融资租赁方式租入使用的机器设备。

三、机器设备的评估特点

（1）由于机器设备种类繁多，单位价值量较大，性能用途各不相同，因此评估应根据评估目的和要求，分门别类，逐项、逐件、逐台地进行核实和评估，以保证评估的真实性和准确性。

（2）由于机器设备分布在各行各业，情况千差万别，技术性较强，因此，评估应以技术检测为基础，正确确定机器设备的使用寿命、技术寿命、经济寿命及其损耗程度。

（3）必须把握机器设备的价值特点，包括对机器设备的价值构成要素及其变化规律的认识和了解。

四、机器设备评估的程序

机器设备评估作为一个重要的专业评估领域，情况复杂、作业量大，在进行评估时，应分步骤、分阶段实施。一般而言，机器设备评估大致经历以下几个阶段。

（一）明确评估基本事项阶段

进行机器设备评估，首先，要了解评估结论的用途，明确评估目的。其次，要根据机器设备的预期用途，明确评估假设。机器设备评估的一般假设包括继续使用或者变现、原地使用或者移地使用、现行用途使用或者改变用途使用。对需要改变使用地点，按原来的用途继续使用，或者改变用途继续使用的机器设备进行评估时，应当考虑机器设备移位或者改变用途对其价值产生的影响。最后，要根据评估目的、评估假设等条件，明确评估范围是否包括设备的安装、基础、附属设施，是否包括软件、技术服务、技术资料等无形资产。对于附属于不动产的机器设备，还需要合理划分不动产与机器设备的评估范围，避免重复或者遗漏。

（二）评估准备阶段

评估准备阶段的主要任务是搜集整理有关资料和数据。具体包括：

（1）指导委托方填写和准备与评估事项有关的资料及文件，如反映待评估资产情况的资料（包括机器设备的原价、净值、使用年限、规格型号等），以及证明待评估资产产权状况的证明文件等。

（2）搜集与评估活动相关的价格资料，包括待评估机器设备的现行市价，可比资产或参照物的现行价格资料，以及国家公布的有关价格指数，评估人员自己搜集整理的价格指数等。

（3）制定评估方案，落实人员安排，设计评估技术路线。

（三）现场调查阶段

现场调查是机器设备评估中的一个非常重要的工作步骤，评估人员应当根据评估对象的具体情况、合理确定现场调查内容。

（1）机器设备的现场核实。评估人员应当对机器设备进行现场逐项调查或者抽样调查，确定机器设备是否存在、明确机器设备存在状态并关注其权属。如果采用抽样的方法进行现场调查，则要充分考虑抽样风险。对于机器设备的权属，应当要求委托方或者相关当事方对机器设备的权属作出承诺，并对权属相关资料进行必要的查验。因客观原因等因素限制而无法实施现场调查的，应当采取适当措施加以判断，并予以恰当披露。

（2）根据评估目的和评估报告的要求，以及评估的工程技术特点，对待评估设备进行必要的分类。其中一种分类是按设备重要性划分为 A、B、C 三类，把单位价值大的重要设备作为 A 类；把单位价值小且数量较多的设备作为 C 类；把介于 A 类与 C 类之间的设备作为B类。另一种分类是按设备性质分为通用设备和专用设备，以便有效地搜集数据资料，合理地配备评估人员。

(3) 机器设备技术状态的判断。评估人员通常可以通过现场观察，利用机器设备使用单位所提供的技术档案、检测报告、运行记录等历史资料，利用专业机构的检测结果，对机器设备的技术状态作出判断。必要时，可以聘请专业机构对机器设备进行技术鉴定。

（四）确定设备评估经济技术参数阶段

根据评估目的和评估项目对评估价值类型的要求以及评估所选择的途径和方法，科学合理地确定评估所需要的各类经济技术参数。

（五）评定估算阶段

做完上述基础工作后，评估人员应根据评估目的、评估价值类型的要求以及评估对象的具体情况，科学地选用评估计算方法进行评定估算。

（六）撰写评估报告阶段

在评定估算过程结束之后，应对评估结果进行分析评价，及时撰写评估报告。

（七）评估报告的审核和报出阶段

评估报告完成以后，要经过必要的审核，包括复核人的审核、项目负责人的审核和评估机构负责人的审核。在三级审核确认评估报告无重大纰漏后，再将评估报告送达委托方及有关部门。

第二节 机器设备的成本法评估

机器设备的成本法评估是指通过估算全新机器设备的重置成本，减去机器设备的各种贬值，即实体性贬值、功能性贬值和经济性贬值，以确定机器设备价值的一种方法。其计算公式为：

评估值＝重置成本－实体性贬值－功能性贬值－经济性贬值

一、机器设备重置成本的估算

机器设备的重置成本有两种：一种是复原重置成本，一种是更新重置成本。复制一个与被评估设备一模一样的全新设备所需的现时成本，叫作设备的复原重置成本。而在效用上与被评估设备最接近的类似新设备的现行购置成本，就是设备的更新重置成本。

设备的重置成本在构成上具体包括设备的购置成本、运杂费和安装调试费等直接费用，以及购置或建造设备而发生的各种管理费用、总体设计制图费用、资金成本等间接费用。在机器设备评估中，其重置成本的构成及其数额，需要根据评估目的所要求状态下机器设备的全部取得费用来确定。比如，在企业持续经营的前提下，机器设备的重置成本包括上述各项费用，而在需要拆除后异地使用的情况下，就可能只包括购置成本费用。

进口机器设备的重置成本构成包括设备的离岸价格、境外途中保险费、境外运杂费、进口关税、增值税、消费税、银行及其他手续费、国内运杂费、安装调试费等。

在评估实践中，重置成本的测算可根据被评估机器设备的具体情况，选用重置核算法、指数调整法、生产能力比例法、规模经济效益指数法等具体方法。

（一）重置核算法

重置核算法是指按现行市价标准，核算机器设备重置的直接成本和间接成本，从而确定机器设备的重置成本的一种方法。一般而言，非标准设备和自制设备多采用此法。

1．按复原重置成本评估。

如果设备的购建成本资料保存完整，可直接将其直接费用与间接费用调整为现时价格或费用标准来确定其重置成本。如果没有设备的购建成本资料，就要对设备成本项目先行分解，然后按现时价格计算所花的材料及人工费用来确定其重置成本。

例：某机床按现行市价购置，每台为5万元，运杂费为800元，安装调试费中的原材料费为400元，人工费为600元。按同类设备安装调试的间接费用分配，间接费用为每天人工费的75%。求该机床的重置成本。

重置成本＝重置直接费用＋重置间接费用

直接费用：	机床重置购价	50 000元
	运杂费	800元
	安装调试费	1 000元
	直接费用总额	51 800元

间接费用：600×0.75＝450（元）

该机床的重置成本＝51 800＋450＝52 250（元）

2．按更新重置成本评估。

对于经过重大技术改革的设备，或者结合大修理采用新型材料、零部件、元器件，几经更新使设备技术性能有较大提高，接近或基本接近先进技术水平的设备，应按更新重置成本计算。设备更新重置成本的总额，等于将更新重置的各种直接消耗量按照现行价格或费用标准计算，加上按现行价格计算的间接费用之和。

例：某企业一台自制设备成本为30万元，其中钢材占40%，铸铁占20%，人工费占30%，管理费占10%。按现行技术条件更新自制设备，钢材和铸铁均可节约20%，人工费节省10%。通过市场调查得知，自制设备自制造以来，钢材价格上升80%，铸铁价格上升50%，工时成本上涨100%，管理费按工时分摊的额度上升40%。试计算该自制设备的重置成本。

钢材　30×40%×(1−20%)×(1+80%)=17.28（万元）

铸铁　30×20%×(1−20%)×(1+50%)=7.2（万元）

材料成本　17.28+7.2=24.48（万元）

人工费　30×30%×(1−10%)×(1+100%)=16.2（万元）

管理费　30×10%×(1−10%)×(1+40%)=3.78（万元）

该自制设备的更新重置成本=24.48+16.2+3.78=44.46（万元）

3. 综合估价法。

这种方法以主要材料费为基础，根据其与成本费用的关系指标估算出相应的成本，再考虑一定的利润、税金和设计费，从而求得设备的更新重置成本。其计算公式为：

$$RCN=(C_1\div K_m+C_2)\times(1+K_p)\times(1+K_d\div N)\times(1+K_t)$$

式中，RCN 为非标准设备的更新重置成本，C_1 为主材费，K_m 为成本主材费率，C_2 为主要外购件费，K_p 为成本利润率，K_d 为非标准设备设计费率，N 为非标准设备生产量，K_t 为综合税率。

（1）主材费。主材费是由工艺设备专业人员提出或按图纸估算出的主要材料净消耗量，根据各种主要材料的利用率求出各种材料的总消耗量，然后按照评估基准日的材料市场价格（不含税价）计算主要材料费用。其计算公式为：

$$C_1=\sum[(\text{某主材净消耗量}\div\text{该主材利用率})\times\text{含税市场价}\div(1+\text{增值税税率})]$$

（2）主要外购件费。主要外购件价值所占比重很小时，可在成本主材费率 K_m 中予以综合考虑，不再单列为主要外购件。外购件价格按照不含税的市场价格计算，计算公式为：

$$C_2=\sum[\text{某主要外购件数量}\times\text{含税市场价}\div(1+\text{增值税税率})]$$

（3）综合税率。综合税率包括增值税税率、城市维护建设税税率和教育费附加税率。

例：某非标准自制设备的主材净消耗量为3.8吨，该主材评估基准日的不含税市场价格为3 800元/吨，设备制造所需主要外购件的不含税费用为21 470元。其主材利用率为90%，成本主材费率为47%，成本利润率为16%，设计费率为15%，有同样产量的设备2台。现行增值税税率为13%，城市维护建设税税率为7%，教育费附加费率为3%。求该设备的更新重置成本。

主材费 C_1=3.8÷90%×3 800=16 044（元）

综合税率=13%×(1+7%+3%)=14.3%

RCN=(16 044÷47%+21 470)×(1+16%)×(1+15%÷2)×(1+14.3%)

=72 957（元）

（二）指数调整法

指数调整法是指以机器设备原始购买价格为基础，考虑同类机器设备的价格上涨指数，以确定机器设备重置成本的一种方法。计算公式为：

$$\text{重置成本}=\text{设备原始成本}\times\frac{\text{设备评估基准日定基价格指数}}{\text{设备购建时定基价格指数}}$$

例：某机器设备2020年购建，账面原值为10万元，当时该类设备定基价格指数为120%。

2022年对该设备进行评估，当年定基价格指数为180%，试评估该台设备的重置全价。

设备重置成本=10×(180%÷120%)=15（万元）

运用指数调整法计算机器设备的重置成本简便易行，因而它是评估中常采用的一种方法。具体运用时评估人员应注意：（1）慎重选取切合实际的分类产品价格指数，避免使用综合价格指数。（2）用指数调整法估测进口设备的重置成本时，应将受设备生产国价格指数变动影响部分与受国内价格变动影响部分分开，分别运用设备生产国的价格变动指数与国内价格变动指数。（3）指数调整法通常只适用于技术进步速度不快、技术进步因素对设备价格影响不大的设备的重置成本估测。

（三）生产能力比例法

生产能力比例法运用的前提条件是机器设备的生产能力与其成本之间呈线性关系，即生产能力越大，成本越高。

例：重置全新机器设备一台，其价值为5万元，年产量为500件，现知被评估机器设备年产量为400件，其重置成本为：

被评估机器设备重置全价=5×(400÷500)=4（万元）

（四）规模经济效益指数法

当机器设备的生产能力与其成本之间呈非线性关系时，不能直接选用生产能力比例法进行计算，而必须应用规模经济效益指数进行调整。

例：重置全新机器设备一台，其价值为6万元，年产量为600件，现知被评估机器设备年产量为400件，设x值为0.8，求其重置成本。

被评估机器设备重置成本$=(400/600)^{0.8}\times 6=4.3$（万元）

二、机器设备实体性贬值的估算

机器设备的实体性贬值也就是有形损耗，是由于使用磨损或受自然力侵蚀而产生的损耗。有形损耗属一般意义上的损耗。它用有形损耗率来表示，可以理解为机器设备实体损耗状况与全新状态的比率。

机器设备实体性贬值率的估算通常采用三种方法：使用年限法、观察法、修复费用法。

（一）运用使用年限法估算设备的实体性贬值率

该方法假设机器设备在整个使用寿命期间，实体性损耗是随时间线性递增的，设备价值的降低与其损耗大小成正比。其公式表示为：

$$\text{实体性贬值率}=\frac{\text{设备的已使用年限}}{\text{设备的已使用年限}+\text{设备的尚可使用年限}}\times 100\%$$

$$=\frac{\text{设备的总使用年限}-\text{设备的尚可使用年限}}{\text{设备的总使用年限}}\times 100\%$$

公式中涉及三个基本参数：设备的总使用年限、设备的尚可使用年限和设备的已使用年限。正确理解和确定这三个参数是运用使用年限法估算设备的实体性贬值率的关键。

1. 设备的总使用年限。

设备的总使用年限也就是设备的使用寿命。一般来说，设备的使用寿命可分为物理寿命、技术寿命和经济寿命。设备的物理寿命是指设备从开始使用起，到由于有形磨损造成不能继续正常工作而报废为止所经历的时间，其长短取决于设备本身的制造质量、使用状况、保养和正常维修情况。设备的技术寿命是指设备从开始使用，到由于新技术的出现使其丧失使用价值而被淘汰为止所经历的时间，其长短在很大程度上取决于社会技术进步及更新的速度和周期。设备的经济寿命是指设备从开始使用，到因继续使用会造成经济上不合算而停止使用所经历的时间。所谓经济上不合算是指使用该设备不能够获得纯收益。设备的经济寿命与其本身的物理性能、技术进步速度、设备的使用情况、维护状况，以及外部经济环境的变化等都有直接的联系。在求实体性贬值率时，应使用设备的物理寿命。在估算设备的成新率（综合考虑三种贬值）时，应使用经济寿命。[①]

2. 设备的已使用年限。

设备的已使用年限是指设备从开始使用到评估基准日所经历的时间。考虑设备在使用中负荷程度的影响，设备的已使用年限可以分为名义已使用年限和实际已使用年限。在运用使用年限法估算设备的实体性贬值率时，应特别注意机器设备的使用班次、使用强度和维修保养水平等因素的影响，据实估算其实际已使用年限。

3. 设备的尚可使用年限。

设备的尚可使用年限，也可称为设备的剩余使用寿命，它是根据设备的有形损耗和可预见的各项无形损耗因素，预计设备继续使用的年限。设备的尚可使用年限是通过技术检测和专业技术鉴定来确定的。事实上，实际评估中难以对每一台设备进行技术检测和专业技术鉴定，故一般采用替代法计算，即尚可使用年限等于总使用年限减去实际已使用年限，但必须注意的是，上述替代法有一定的局限性，它只适用于较新的设备的估算，对于使用时间过长或超期服役的老设备，应根据设备的实际状态和评估人员的专业经验，直接估算其尚可使用年限。对于国家明文规定限期淘汰、禁止超期使用的设备，不论设备的现时技术状态如何，其尚可使用年限的估算都不能超过国家规定禁止使用的日期。对于经过大修理、技术更新改造或追加投资的机器设备，应考虑计算其加权投资年限来确定其实体性贬值率。其计算公式可近似表示为：

$$\text{实体性贬值率}=\frac{\text{加权投资年限}}{\text{加权投资年限}+\text{尚可使用年限}}$$

式中，

$$\begin{aligned}\text{加权投资年限}&=\sum(\text{已投资年限}\times\text{权重})\\&=\sum\left(\text{已投资年限}\times\frac{\text{原始投资的更新成本}}{\sum\text{更新成本}}\right)\end{aligned}$$

例：某企业 2012 年购入一台设备，账面原值为 30 000 元，2017 年和 2019 年进行两次更新改造，当年投资分别为 3 000 元和 2 000 元，2022 年对该设备进行评估，假定

① 对此问题有不同的理解。一般认为在求实体性贬值率时，也使用经济寿命。不过，这样就会得出实体性贬值率加（综合）成新率等于 1 的错误结论。

2012—2022年年通货膨胀率为10%，该设备的尚可使用年限经检测和鉴定确定为7年，试估算设备的实体性贬值率。

第一步，调整计算更新成本（见表3-1）。

表3-1　更新成本资料

投资日期	原始投资额（元）	已投资年限	价格变动系数	原始投资的更新成本（元）
2012	30 000	10	$(1+10\%)^{10}=2.59$	77 700
2017	3 000	5	$(1+10\%)^{5}=1.61$	4 830
2019	2 000	3	$(1+10\%)^{3}=1.33$	2 660
$\sum$ 更新成本				85 190

第二步，计算加权投资年限。

$$\text{加权投资年限}=10\times\frac{77\ 700}{85\ 190}+5\times\frac{4\ 830}{85\ 190}+3\times\frac{2\ 660}{85\ 190}=9.5\ (\text{年})$$

第三步，计算实体性贬值率。

$$\text{实体性贬值率}=9.5\div(9.5+7)\times100\%=57.58\%$$

（二）运用观察法估算设备的实体性贬值率

观察法是评估人员到评估现场对被评估机器设备进行现场观察和现场技术检测，并结合设备的实际使用情况，如使用时间、使用强度、技术状况、制造质量等经济技术参数，经综合分析估算设备的实体性贬值率的一种方法。

运用观察法应观察分析的主要指标有：设备的现时技术状态、设备的实际已使用时间、设备的正常负荷率及原始制造质量、设备的维修保养及技改情况、设备重大故障（事故）经历、设备的工作环境和条件、设备的外观和完整性等。

下列机器设备实体性贬值率评估参考表（见表3-2）中所给定的标准实为经验数据，在实际评估活动中只能作为参考，不可作为唯一的标准生搬硬套。评估人员进行评估时，还应广泛听取各专家组及一线人员的介绍和评判，并进行综合分析后判断设备的实体性贬值率。

表3-2　机器设备实体性贬值率评估参考表

类别	新旧情况	实体性贬值率（%）	技术参数标准参考说明
1	新设备及使用不久设备	0～10	全新或刚使用不久的设备。在用状态良好，能按设计要求正常使用，无异常现象
2	较新设备	11～35	已使用一年以上或经过第一次大修恢复原设计性能且使用不久的设备，在用状态良好，能满足设计要求，未出现过较大故障
3	半新设备	36～60	已使用两年以上或大修后已使用一段时间的设备，在用状态良好，基本上能达到设备设计要求，满足工艺要求，需经常维修以保证正常使用
4	旧设备	61～85	已使用较长时间或几经大修，目前仍能维持使用的设备。在用状态一般，性能明显下降，使用中故障较多，经维护仍能满足工艺要求，可以安全使用
5	报废待处理设备	86～100	已超过规定使用年限或性能严重劣化，目前已不能正常使用或停用，即将报废待更新

(三) 运用修复费用法估算设备的实体性贬值率

修复费用法是指按修复磨损部件所需的开支来确定机器设备有形损耗的一种方法。资产的有形损耗可分为可修复有形损耗和不可修复有形损耗。修复费用法只适用于可修复有形损耗的确定。这是因为可修复有形损耗不仅在技术上具有修复的可行性，并且这种修复在经济上也是合算的。不可修复有形损耗或许在技术上可以修复，但在经济上是不划算的，如机器设备原始尺寸、形状发生变化，以及精确度降低等，可采用观察法或使用年限法确定其贬值。在机器设备同时存在可修复有形损耗和不可修复有形损耗时，分别估算修复费用和不可修复有形损耗。只存在可修复有形损耗时，运用修复费用法确定实体性贬值率的公式为：

实体性贬值率＝设备修复费用/设备重置成本

例：某机器的原始价值为 10 000 元，经修复后才能正常使用，这种修复在经济上是合算的。假设其修复费用为 3 000 元，设备重置成本为 7 000 元，试计算实体性贬值率。

实体性贬值率＝(3 000÷7 000)×100%＝43%

在运用修复费用法估算机器设备的实体性贬值率时，必须注意该修复费用是否包括被评估机器设备的技术更新或改造支出，以便在考虑设备功能性贬值时，避免重复计算或漏评。

三、机器设备功能性贬值的估算

机器设备的功能性贬值主要是由技术进步引起的。它具体存在两种表现形式：由超额投资成本所致的功能性贬值、由超额运营成本所致的功能性贬值。

(一) 由超额投资成本所致的功能性贬值的估算

超额投资成本的产生是因为技术进步引起劳动生产率提高，使得重置与原设备同样功能的设备所需成本降低，从而造成原有设备的价值贬值。从理论上讲，设备超额投资成本应等于该设备的复原重置成本与其更新重置成本的差额，即：

设备超额投资成本＝设备复原重置成本－设备更新重置成本

如果考虑实体性贬值率，则设备由超额投资成本所致的功能性贬值计算公式应为：

设备超额投资功能性贬值＝(设备复原重置成本－设备更新重置成本)
×（1－实体性贬值率）

例 1：某设备复原重置成本为 10 000 元，更新重置成本为 8 000 元，则由超额投资成本所致的功能性贬值＝10 000－8 000＝2 000（元）。

例 2：某设备复原重置成本为 10 000 元，更新重置成本为 8 000 元，实体性贬值率为 10%，请用成本法评估该设备价值。

解法 1：若评估该设备价值的重置成本采用更新重置成本，则此种情况下无功能性贬值，只有实体性贬值，此时设备价值为：

8 000－8 000×10%＝7 200（元）

解法 2：若评估该设备价值的重置成本采用复原重置成本，则既有实体性贬值，也有功能性贬值（表现为超额投资成本）。

（1）实体性贬值的计算。设备价值实体性贬值为 10 000×10%。

（2）功能性贬值的计算。由超额投资成本所致的功能性贬值总额为 10 000－8 000＝2 000（元），但该功能性贬值 2 000 元中的 10%部分已经通过实体性贬值（10 000×10%）从中扣除，所以只需扣除剩余的功能性贬值额 2 000×90%，因此，此时由超额投资成本所致的功能性贬值为：

$$(10\,000-8\,000)\times 90\%=(10\,000-8\,000)\times(1-10\%)$$
$$=(\text{设备复原重置成本}-\text{设备更新重置成本})\times(1-\text{实体性贬值率})$$

这也比较清楚地说明了在存在实体性贬值率的情况下超额投资成本的计算思路。

（3）设备价值。

$$\begin{aligned}\text{设备价值}&=\text{复原重置成本}-\text{实体性贬值}-\text{功能性贬值}\\&=10\,000-10\,000\times 10\%-(10\,000-8\,000)\times(1-10\%)\\&=7\,200\text{（元）}\end{aligned}$$

在实际评估中，因设备的复原重置成本难以直接获取，故评估直接采用设备的更新重置成本，在这种情况下就不必再刻意考虑设备超额投资成本的估算，以免重复计算。另外，对于现已停产的机器设备，评估时只能参照其替代设备，而这些替代设备的性能通常要比被评估设备更好，其价格也会高于被评估设备。对此，也不应机械地套用上述公式，而应利用参照物设备的价格，采用类比法估算被评估设备的更新重置成本。

（二）由超额运营成本所致的功能性贬值的估算

超额运营成本的产生是由于随着技术进步出现了新的、性能更优的设备，原有设备相对于新设备来说，在功能、性能方面落后，从而引起在能源、动力、人力、原材料等方面的消耗增加，即产生了一部分超额运营成本。估算由超额运营成本所致的功能性贬值的关键是，必须找到一个技术先进的现代化设备作为参照物，并考虑因超额运营成本而抵减的所得税，从而得出被评估设备的年净超额运营成本。

例：某被评估对象是一个生产控制装置，其正常运行需 5 名操作人员。目前同类新式控制装置所需操作人员定额为 3 名。现假设新、旧控制装置在运营成本的其他项目支出方面大致相同，操作人员人均年收入为12 000元，被评估控制装置尚可使用 3 年，所得税税率为 25%，适用的折现率为 10%，试测算被评估控制装置的功能性贬值额。

根据上述资料，被评估控制装置的功能性贬值测算过程如下。

（1）计算被评估控制装置的年超额运营成本：

$$(5-3)\times 12\,000=24\,000\text{（元）}$$

（2）计算被评估控制装置的年净超额运营成本：

$$24\,000\times(1-25\%)=18\,000\text{（元）}$$

（3）将被评估控制装置的年净超额运营成本在其剩余使用年限内折现求和，以确定其功能性贬值额。

$$\begin{aligned}&18\,000\times(P/A,\ 10\%,\ 3)\\&=18\,000\times(1/10\%)\times[1-1/(1+10\%)^3]\end{aligned}$$

$=18\ 000\times2.486\ 9=44\ 764.2$（元）

四、机器设备经济性贬值的估算

机器设备的经济性贬值是由设备自身以外的外部因素的影响造成的设备在价值上的贬值。引起经济性贬值的原因很多，主要有：(1) 市场竞争对手增加，对产品的需求量减少；(2) 原材料价格上升，工资或管理费用增加；(3) 通货膨胀；(4) 利率上升；(5) 国家相关法规政策的变化；(6) 经济紧缩等。其最终表现为设备利用率下降，收益额减少。

设备的经济性损耗并不是设备本身所固有的，而是外部环境带来的，因此很难量化到设备内部的某一具体构成部分。对设备经济性损耗的估测通常采用以下两种方法：通过计算设备利用率下降带来的损失，间接计算设备的经济性贬值额；通过计算外部因素变化造成的收益减少额来直接测算。

(一) 设备利用率下降造成的经济性贬值

设备利用率下降使得设备相对闲置，产生的最终收益减少，从而导致经济性贬值。计算公式如下：

$$经济性贬值率=\left[1-\left(\frac{设备预计可被利用的生产能力}{设备原设计生产能力}\right)^{x}\right]\times100\%$$

式中，x 为规模经济效益指数，实践中多为经验数据。对机器设备来说，x 一般取0.6～0.7。

$$经济性贬值额=(重置成本-实体性贬值-功能性贬值)\times经济性贬值率$$

对经济性贬值额计算基数“重置成本－实体性贬值－功能性贬值”的说明如下：经济性贬值用于衡量待估资产在资产评估基准日后由外部因素造成的贬值，是一种对未来贬值的考虑。不可否认，待估资产在评估基准日前也会出现一些由于外部因素而贬值的情况，这是一种对过去的贬值的考虑。我们用实体性贬值和功能性贬值衡量“过去的贬值”，用经济性贬值衡量“未来的贬值”，因此，在计算经济性贬值额时，由于我们考虑的是评估基准日后的贬值，故计算基数应为重置成本减去实体性贬值和功能性贬值，从而达到核算在未来出现的经济性贬值的目的。

例：某企业的电视机生产线，原设计年生产能力为 10 万台，由于市场疲软，市场对电视机的需求减少，该企业不得不将生产量减至每年 7 万台（假设销售价格和其他条件不变），试估测该生产线的经济性贬值率（规模经济效益指数为 0.6）。

假设在生产线满负荷生产（10 万台）时，该生产线的价值为 V，则在生产线产量为 7 万台时，根据生产能力比例法，此时生产线的价值为 $V\ (7/10)^{0.6}$，因此，该生产线的贬值程度为：

$$\frac{V-V\left(\frac{7}{10}\right)^{0.6}}{V}=1-\left(\frac{7}{10}\right)^{0.6}$$

因此，该生产线的经济性贬值率$=[1-(7\div 10)^{0.6}]\times 100\%=19\%$。

（二）外部因素变化造成设备收益额减少所致的经济性贬值

收益额减少所致的经济性贬值额，可直接将设备继续使用期间每年收益损失额扣除因此所抵减的所得税以后得到的余额部分，按适当的折现率折现累加求得。其计算公式为：

$$经济性贬值额=设备年收益损失额\times(1-所得税税率)\times(P/A, r, n)$$

式中，$(P/A, r, n)$ 为年金现值系数。

例：承上例，假设企业不是通过降低生产量而是通过降低其电视机价格来顺应市场变化。假设原销售价格为 2 000 元/台，要使 10 万台电视机能够卖掉，其销售价格需降至 1 900 元/台。又经估测，该生产线还可继续使用 3 年，企业所在行业的投资收益率为 10%，试估算该生产线的经济性贬值额。

根据上述有关资料得出：

该生产线每年收益损失额$=(2\,000-1\,900)\times 10=1\,000$（万元）

经济性贬值额$=1\,000\times(1-25\%)\times(P/A, 10\%, 3)$

$=750\times 2.486\,9=1\,865.18$（万元）

五、机器设备的成新率的估算

在资产评估的基本方法中，已经阐述了估算成新率的三种方法。这些方法同样适用于机器设备的成新率估算。这里主要介绍在运用使用年限法估算成新率时，如何估算总经济使用年限即机器设备的经济寿命。机器设备经济寿命的确定主要采取以下两种方法。

（一）最小年平均费用法

年平均费用是由年平均运行维护费和年均折旧费组成的。用公式表示为：

$$C_i=(\sum V+\sum B)/T$$

式中，C_i 为第 i 年的平均费用，$\sum V$ 为设备累计运行维护费，$\sum B$ 为设备累计折旧费，T 为使用年份。出现年平均费用最小的年限为设备的经济寿命。

例：某台机器设备原值为 30 000 元，每年的运行维护费和折旧后的残余价值如表 3-3 所示。

表 3-3　　某台机器设备的资料　　单位：元

使用年限	1	2	3	4	5	6	7
运行维护费	6 000	7 000	8 000	9 000	10 000	12 000	15 000
残余价值	20 000	13 330	10 000	7 500	5 000	3 000	3 000

年平均费用的计算可用表 3-4 表示。

表 3-4　　某台机器设备年平均费用的计算　　单位：元

使用年限	1	2	3	4	5	6	7
$\sum V$	6 000	13 000	21 000	30 000	40 000	52 000	67 000
$\sum B$	10 000	16 670	20 000	22 500	25 000	27 000	27 000
$\sum V+\sum B$	16 000	29 670	41 000	52 500	65 000	79 000	94 000
C_i	16 000	14 835	13 667	13 125	13 000	13 167	13 429

从表 3-4 的计算结果可以看出，最小年平均费用为13 000元，出现在第 5 年，因而该设备的经济寿命为 5 年。

（二）低劣化数值法

低劣化数值法假定设备的原始价格为 K_0。低劣化数值即由于设备性能逐年降低而使得设备运转费用增加的年平均值 λ。设备的经济寿命为：

$$T_0=(2K_0/\lambda)^{1/2}$$

例：某新设备原始价格为 50 000 元，低劣化数值为 1 000 元，则该设备的最佳使用年数即经济寿命为 10 年。

第三节　机器设备的市场比较法评估

机器设备的市场比较法评估，是指通过寻找市场上与待评估设备相似的参照物，分析比较待评估设备和参照物之间的差异，以其作为价格差异的基础，并在参照物交易价格基础上进行价格调整，求得待评估设备价值的一种方法。活跃的市场是运用市场比较法评估机器设备的前提条件，评估人员应当考虑市场能否提供足够数量的可比资产的销售数据以及数据的可靠性。

一、市场比较法评估机器设备价值的步骤

（一）鉴定被评估对象

通过对待评估设备的性能结构、现时技术状况、预估尚可使用年限、新旧程度等进行必要的技术鉴定，并搜集有关待评估设备的规格型号、生产厂家、出厂日期、安装情况等资料，为市场数据资料的搜集及参照物的选择提供依据。

（二）选择参照物

参照物与评估对象具有相似性和可比性是运用市场比较法的基础。在市场中选择参照物，最重要的是要具有可比性。机器设备的可比性因素具体包括：设备的规格型号；设备的生产厂家；设备的制造质量；设备的附件、配件情况；设备的实际使用年限；设备的实际技术状况；设备的出售目的和出售方式；设备的成交数量和成交时间；设备交易时的市场状况；设备的存放和使用地点。要认真分析上述可比因素，确认其成交价具有代表性和合理性，才可以将其作为参照物。在条件允许的情况下，参照物最好能有多个。

（三）对可比因素进行比较分析

通过对待评估设备与参照物之间在各种可比因素方面的差异分析，判断其对价值的影响程度，确定价值差异的调整量。它们之间的差异调整因素主要表现在销售时间、结构及性能、新旧程度、付款方式等方面。此外，还需要明确拆除、运输、安装、调试等因素对评估结论的影响。

（四）计算确定评估结果

在分析比较的基础上，对参照物的市场交易价格进行调整，确定评估值。评估时所选择的参照物一般不止一个，因而就会出现若干个评估价值。这就需要估价师结合每个比准价值及其参照物的情况，分析给出最终评估结论。

二、市场比较法评估案例

例：有一组 5 台刨床（设为 A）需评估其价值，经市场调查有基本相同的一组 10 台刨床（设为 B），在近期已出售，全部售价（收货即付）为 20 万元，运用市场比较法评估 A 的价值。

（1）调查 B 组刨床销售情况，得知平均每年只能销售 2.5 台。这里，卖方为获得 10 台刨床价款，做了降价处理，否则这 10 台刨床将分 4 次，即到第 3 年末才能售完。

（2）现时零售价（即把 20 万元分 4 次收取，每次应收取的价格）为 X。

$$20=X+\frac{X}{(1+r)^1}+\frac{X}{(1+r)^2}+\frac{X}{(1+r)^3}$$

取折现率 r 为 10%，则：

$$20=X+\frac{X}{1.1}+\frac{X}{1.1^2}+\frac{X}{1.1^3}$$

$X=5.74$（万元）

（3）计算 A 的评估值。

$5.74+5.74\div1.1=5.74+5.22=10.96$（万元）

例：被评估对象为生产一种化工原料的设备，经市场调查，参照物选定为生产相同产品的另一设备。该类设备的规模经济效益指数为 0.65。参照物为全新设备，购置时间为 2 个月前。经分析，评估时价格上升了 5%，其他比较资料如表 3-5 所示。

表 3-5　设备比较资料

比较因素	参照物	被评估对象
市场价格（万元）	75	
生产工人定员（人）	40	35
生产工人平均工资（万元/年）	0.48	0.48
尚可使用年限（年）	20	15
生产量（万吨/年）	2	2.5
成新率（%）	100	80

根据上述资料，计算如下：

方法一：

（1）时间因素调整。

$75\times(1+5\%)=78.75$（万元）

（2）生产能力调整。因为该类设备的规模经济效益指数为 0.65，所以被评估设备全新时的价格为：

$78.75\times(2.5\div2)^{0.65}=91.04$（万元）

（3）调整成新率。

$91.04\times(80\%\div100\%)=72.83$（万元）

（4）自动化因素调整。由于被评估设备效率高，其平均单位产品用工少，所以被评估设备较参照物设备年节约工资数额为：

$$\left(\frac{40\times0.48}{2}-\frac{35\times0.48}{2.5}\right)\times2.5=7.2\text{（万元）}$$

假设折现率为 12%，则年节约工资净额的现值为：

$$\begin{aligned}&7.2\times(P/A,12\%,15)\times(1-25\%)\\=&49.04\times(1-25\%)\\=&36.78\text{（万元）}\end{aligned}$$

（5）功能调整后被评估设备的价格即评估值为：

$72.83+36.78=109.61$（万元）

方法二：

（1）计算生产能力差异修正系数。

$(2.5/2)^{0.65}=1.156\ 1$

（2）计算成新率差异修正系数。

$80\%/100\%=0.8$

（3）计算自动化程度差异修正系数。

$(2.5/35)/(2/40)=1.428\ 6$

（4）计算时间修正系数。

$1+5\%=1.05$

（5）计算评估值。

$75\times1.156\ 1\times0.8\times1.428\ 6\times1.05=104.05$（万元）

第四章
房地产评估

本章学习目的

1. 了解房地产的概念、特点、分类。
2. 阐明房地产评估的基本理论。
3. 阐述房地产价格体系。
4. 分析影响房地产价格的因素。
5. 熟练运用成本法、市场比较法、收益法、假设开发法进行房地产评估。

案例导入

江门市的某智能装备公司因资金周转，需要以位于江门市江海区＊＊路＊＊号的工业房地产向某商业银行申请抵押以获取经营性贷款，该银行委托某资产评估公司进行该工业房地产的价格评估。此次工业房地产评估范围包括建筑物、建设用地使用权、厂区红线内基础设施（水、电、通信、厂区道路、绿化等），不包括机器设备等动产、债权债务、特许经营权等其他财产或权益。资产评估公司在接到委托后，派出资产评估师根据房地产评估目的整理了评估所需的资料，并进行了现场勘查，进而根据委托评估资产的特点，对工业房地产进行市场调查，搜集有关市场信息资料，进行数据处理，完成该工业房地产价值评估报告。如果你是该银行抵押贷款的贷款审核人员，就需要具有可用于审核该评估结论的房地产评估基础知识。

第一节 房地产评估概述

一、房地产的概念

要阐释房地产的概念，我们首先必须从最基本的土地、地产等概念谈起。

（一）什么是土地

土地（land）是处于地球的陆地（包括内陆水域、海涂）表层范围内，以土壤、沙砾、岩石、矿物、水、空气、生物等为基本物质要素，处于不同地质、地貌、水文、气候状态，而且受到人类活动持续影响的自然-经济综合体。①

《中华人民共和国土地管理法》（2019 年修正）将土地划分为农用地、建设用地、未利用地三大类。我国《土地利用现状分类》（GB/T 21010－2017）将土地分为耕地、园地、林地、草地、商服用地、工矿仓储用地、住宅用地、公共管理与公共服务用地、特殊用地、交通运输用地、水域及水利设施用地、其他土地等 12 个一级类。对房地产来讲，还可以分为生地、熟地、毛地。所谓生地是指无改良物、建筑物、基础设施的土地，通常指将用于房地产开发的农地；熟地是指对生地进行改造如进行基础设施建设、道路修建，从而增加了效用及价值后的土地；毛地是指将要进行再开发改造的旧城区土地。

（二）地产的含义

地产（estate in land）是土地财产或土地资产的简称。财产既指实物又指权利，因而，地产是指土地及与其相关的财产权利。由于许多人把土地上的建筑改良物等也归属于土地，因而相应的地产一词也常被用于泛指房地产。②

（三）房地产的定义

在许多文献中，房地产（real estate）被定义为房产与地产的合称或总称。这种说法是不够准确的，因为并非所有的地产都与房产有关，如耕地，从而不宜称为房地产。确切地讲，房地产是指房屋及其附属物（与房屋相关的建筑物如小区设施、建筑附着物、相关林木等）和承载房屋及其附属物的土地，以及与它们相应的各种财产权利。

① 周诚．土地经济研究：续集．中国人民大学不动产研究中心，2000：43.

② 这一用法在中国香港地区非常普遍。

（四）不动产的概念

在民法中，财产被分为不动产和动产两大类。① 不动产是指不能移动或移动后会引起性质、形状改变，损失其经济价值的物及其财产权利，它包括土地、土地改良物（建筑物及建筑附着物、生长着的树木及农作物、已经播撒于土地中的种子等）、与土地及其改良物有关的财产权利。建筑附着物主要指已经附着于建筑物上的建筑装饰材料、电梯，以及各种给排水、采暖、电气照明等与建筑物的使用密切相关的物。建筑附着物在附着于建筑物前是动产，而一旦附着于建筑物上，就成为不动产的一部分。判断是否属于建筑附着物，取决于附着程度和是否适用于不动产的经营和使用。如果一件物品的拆除或移动会损坏建筑物或严重影响到建筑物的使用，则该物品属于建筑附着物。把建筑附着物归属于不动产，也可以表述为动产的不动产化，其法律效果在于：抵押权可以扩大适用于建筑附着物；在不动产的买卖、赠与、借贷或共有物分割时，如果权利证书对具体范围未作明确规定，则应包括建筑附着物。②

通过以上阐述可以看出，土地、地产、房地产、不动产之间是既有区别又有联系的。它们之间的关系可以如图 4－1 所示。

不动产
- 地产 {土地；土地财产权利} ⟺ {与房屋不相关之地产；与房屋相关之地产}
- 房屋建筑物及其财产权利
- 房屋建筑物的附属物及其财产权利
- 非房屋建筑物如桥梁、道路、水库大坝等
- 与土地尚未分离的农作物、林木、种子等

（房屋建筑物及其财产权利、房屋建筑物的附属物及其财产权利合为：房产；与房屋相关之地产与房产合为：房地产）

图 4－1　土地、地产、房地产、不动产之间的关系

二、房地产的特点

房地产与其他经济物品或财产相比，具有不同的特征，主要表现为：

（一）不可移动性（位置固定性）

房地产属于不动产，它的空间位置是固定的。构建某一房地产的土地的位置显然是不可能移动的，而移动建筑物特别是长距离移动，通常情况下也是不切实际的。因此，房地产不可能像其他商品那样，通过运输来为一个地区供给房地产，或调剂不同地区之间的余缺。不可移动性使得区位环境条件在对房地产质量、功能及交易价格的分析中格外重要。

---

① 历史上各国法律对不动产和动产的划分主要是依据两个因素：一是物能否移动这一物理标准；二是物的价值大小，比如在法国、德国等国家，价值巨大的船舶、飞机也适用不动产法律规则。也有学者认为这种划分只是基于商品交换的需要。马俊驹，梅夏英．不动产制度与物权法的理论和立法构造．中国法学，1999（4）：74－85。

② 尹田．法国物权法．北京：法律出版社，1998：78－79.

（二）耐用（耗）性

土地具有不可毁灭性，在正常使用条件下可以永久使用。房屋一经建成，可以使用至少数十年，可以说房地产是最具有耐耗性的物品。当然，也许会发生地震、山崩、火灾等自然或人为灾害，可能使得某一宗土地消失①，但以这些偶然事件来否认其正常状态，则是荒谬的。

（三）异质性（差异性、个别性）

两宗房地产可能由于位置不同、建筑面积不等、建筑风格差异、新旧程度不同、产权性质不同等原因而不同。在房地产市场上不可能有两宗完全一样的房地产，即使它们可能在外形上一模一样，但也肯定存在朝向、层位等方面的差异。但不要因此而否认不同房地产之间的市场可替代性。

（四）高价值性

无论从个人、家庭还是从一个国家来看，房地产的价值都高于一般商品或财产的价值。在市场经济条件下，一套面积、位置适中的住房的合理价格，大约是一个中等家庭年收入的3～6倍，即使是在发达国家，大多数家庭也要靠长期贷款来购买住房。到目前为止，房地产仍然是普通家庭中价值比重最大的财产。在法国现代家庭的财产价值中，房地产价值所占比例高达62.5%。② 在1919年，美国的城市房地产总价值占国内物质财富总额的30.8%，城乡不动产总价值占国内物质财富总额的51.9%，不过这一比例在1909—1919年期间有下降的趋势。③ 在1990年，美国不动产总价值大约为8.8万亿美元，占国内物质总财富的56%。④

（五）供给有限性

虽然房屋可以被建造，高楼大厦可以高耸入云，但可供建筑房屋的土地面积是有限的。

（六）投资与消费双重性

房地产既可以用于居住、使用，产生消费性，也可以用于投资以达到保值、增值的目的。⑤ 几个世纪以来，房地产一直是一种有吸引力的、令人欣赏的投资对象。房地产的投资性和消费性不易区分，在房地产价格长期上涨的情况下，房地产常常具有投资性，反之则更具有消费性。房地产不可能像其他物品一样被窃取，因而还是一种相对安全的投资品。

① 1999年9月21日，中国台湾发生里氏7.6级地震，灾区地壳变动，有的产生位移，有的土地隆起产生新生地，有的土地消失，还有别人家的房屋跑到自己的土地上来的情况。

② 尹田．法国物权法．北京：法律出版社，1998：88.

③ 伊利，莫尔豪斯．土地经济学原理．北京：商务印书馆，1982：221.

④ Denise DiPasquale，William C. Wheaton. *Urban Economics and Real Estate Markets*. Prentice-Hall，Inc. 1996：5.

⑤ 为保值、增值而投资房地产，往往是在通货膨胀或房地产价格长期上涨时期。但要注意的是，房地产也会贬值。房地产的增值主要来自地价的上涨。

（七）房地产实体构成的二元性

房地产实体由纯自然土地、土地中人类劳动的结果、房屋建筑物构成，因而它是由非劳动产品和劳动产品构成的。

三、房地产的分类

房地产按照用途，可以划分为以下几类。

（一）居住类房地产

居住类房地产是指专供人们生活居住的房地产，包括普通住宅、高级公寓、别墅等。

（二）商业类房地产

商业类房地产是指用于商业经营活动的房地产，包括写字楼、商店、旅馆及酒店等。写字楼可以按照规模大小、内部装修及服务设施档次等因素分为普通写字楼和高档写字楼；商店可以分为专卖店、商场、批发商店、超级市场、购物中心、商业街、展览中心等；旅馆及酒店可以分为宾馆、饭店、招待所、会务中心等。

（三）休闲类房地产

休闲类房地产是指娱乐、健身类活动用房地产，包括体育馆、娱乐中心等。

（四）公共事业类房地产

公共事业类房地产是指文教卫生、行政、社会福利、交通邮政等用途的房地产，包括校舍、教堂、医院、博物馆、公园及风景区管理用建筑物、政府办公楼、养老院、客货运站点及邮局用建筑物等。

（五）工业类房地产

工业类房地产是指生产活动用房地产，包括生产用工业厂房、仓库等。

被用于上述用途房地产开发的土地，可以分别归属于不同用途的房地产。

四、房地产的描述方法

对一宗房地产，主要从以下几个方面进行描述。

（一）位置（坐落）、四至、形状

位置是指房地产所处的区域和具体地点，可以按国家、地区、城市、邻里、地点、楼房号、门牌号这样的顺序来表述；四至是指土地的四至界限范围；形状以宗地图来表示。

（二）面积大小

此为房地产产权产籍行政管理部门依法确认的面积，包括土地面积、建筑物的建筑面积和使用面积、居住面积或营业面积。

（三）建筑物层数和高度

房屋建筑按照层数和高度分为低层建筑、多层建筑、中高层建筑、高层建筑、超高层建筑。住宅1～3层为低层建筑，4～6层为多层建筑，7～9层为中高层建筑，10层以上为高层建筑，30层以上为超高层建筑。公共建筑大于24米为高层建筑，所有房屋建筑檐高超过100米的均为超高层建筑。

（四）建筑结构

建筑结构是指建筑物中由基础、墙、柱、梁、屋架、支撑、屋面板等承重构件组成的体系。按照建筑物的主要承重构件所用的建筑材料，可以将建筑结构划分为：钢结构、钢筋混凝土结构、砖混结构、砖木结构及其他结构类型。

（1）钢结构。建筑物的梁柱、房架等承重构件用钢材制作，楼板用钢筋混凝土制成，墙体用砖或其他材料制成。

（2）钢筋混凝土结构。建筑物的梁柱、屋面板、楼板均以钢筋混凝土制作，墙体用砖或其他材料制作。

（3）砖混结构。主要是砖墙承重，部分是钢筋混凝土屋面板和梁承重。

（4）砖木结构。建筑物的墙、柱用砖砌筑，楼层、屋架采用木材建造。

（5）其他结构。其他结构主要包括竹结构、木结构、竹木混合结构、简易建筑物等。

（五）建筑装修、附属设备

建筑装修包括装修的标准、程度、所用材料、质量等；附属设备包括给排水、照明、卫生、通风、供暖、供气、空调、电梯、消防、通信等设备。

（六）建筑物的建成年月、建筑质量、维护保养状况、采光、通风、隔音、隔热等

建筑物的建成年月、建筑质量、维护保养状况、采光、通风、隔音、隔热等，对房地产评估都有实质影响，因此应描述清楚。

（七）建筑外观及平面格局

以外观图、平面图等形式表述。

（八）利用现状及规划要求

包括用途、建筑容积率、建筑覆盖率等要素的现状和规划要求。建筑容积率是指建设项目规划用地范围内总建筑面积与总用地面积之比。建筑覆盖率是指项目用地范围内

所有建筑基底总面积与规划建设用地面积之比。

（九）房地产产权状况

包括产权归属、土地使用权类型、房屋产权状况、是否设定有抵押权等限制。

（十）土地的地质基础状况、地上基础设施改良状况等

土地的地质基础状况、地上基础设施改良状况等对房地产评估有影响，因此应详细说明。

五、房地产评估的理论基础

（一）地租理论

1. 地租的概念。

地租是土地承租人为了得到使用自己资本的生产经营场所（土地），要在一定期限内按契约规定，支付给他所使用土地的所有者的一个货币额。不管这个货币额是为耕地、建筑地段支付，还是为矿山、渔场、森林等支付，通称为地租。土地承租人要支付地租，但并不因此而减少他的平均利润。地租是土地所有权得以实现的经济形式，是社会生产关系的反映。

2. 地租的形成。

投入土地的资本和劳动是由陆续使用的等剂量构成的。如图 4－2 所示，在陆续投入的过程中，陆续使用的各个等剂量所产生的报酬会出现递增（aef）、递减（$a'e$，fg），或者增减交替（$a'e$—ef—fg—gh—hc）的过程。我们把所产生的报酬刚好与耕作者的生产费用（一个剂量加上平均利润）相等的这一剂量，称为边际剂量（Δd）。使用这一剂量刚好使耕作者的资本和劳动获得一般报酬（dc）而没有剩余。它所产生的报酬称为边际报酬（dc）。投入土地的总剂量数（Od）乘以边际报酬，得到所投入资本和劳动的一般总报酬（$Odcb$）。所投入资本和劳动产生的总报酬［$Odchgfea'(a)b$］，超过这个一般总报酬，超过的部分［$bchgfea'(a)$］就是土地的剩余生产物，在一定的条件下转变为地租。

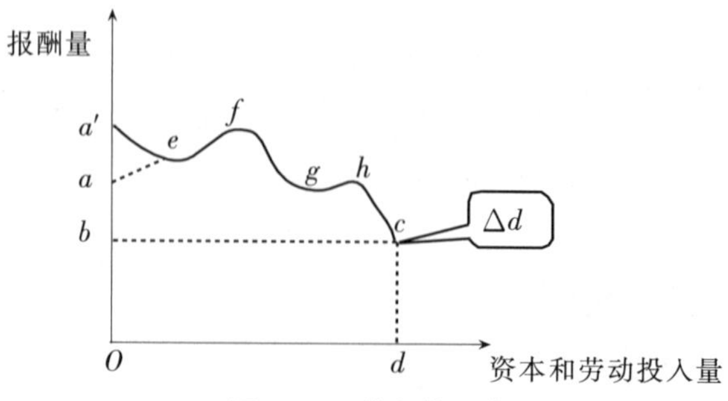

图 4－2　地租的形成

3. 区位地租（位置地租）。

假定在单一中心城市，土地质量及利用效用是匀质的。现在有一个家庭（代表该城市一般家庭），年收入为 20 000 元，其中 10 000 元用于支付除居住外的基本消费，另外

10 000 元用于支付房屋消费。如果该家庭选择居住在市中心，家庭人员工作、上学、购物等均在市中心，则该家庭支付市中心房屋（100 平方米）租金的能力为 10 000 元/年，扣除房屋折旧、保险费、维修管理费等费用 5 000 元后，属于支付地租的为 5 000 元/年。如果该家庭选择居住在距离市中心 10 千米处，则每年因到市中心上班、上学、购物花费交通费 2 000 元，花费的时间成本、心神疲劳补贴为 1 500 元，那么其支付 10 千米处房屋租金的能力（意愿）为 6 500 元/年，其中属于支付地租的为 1 500 元/年。图 4－3 中的 *ab* 反映了该城市居民对距市中心不同距离位置土地的地租支付能力（意愿），我们把它称为居住用地地租支付能力曲线，简称为居住竞租能力曲线。城市土地可以作住宅、商业、工业等不同用途使用，不同用途具有不同的竞租能力曲线，如图 4－4 中的 *ab*（住宅）、*cd*（商业）、*ef*（工业）所示。不同位置的土地的用途，取决于不同用途的地租支付能力。

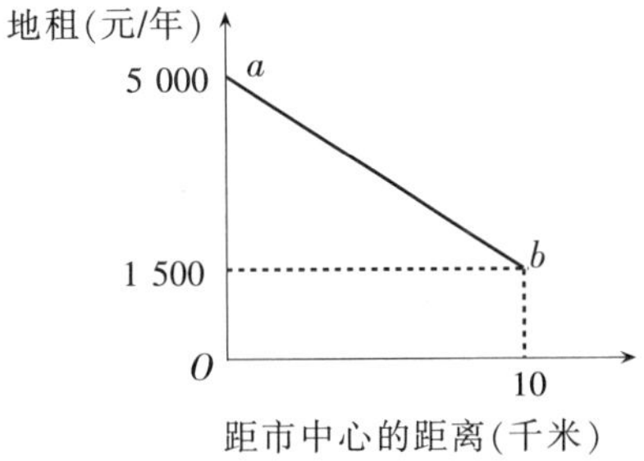

图 4－3 区位地租

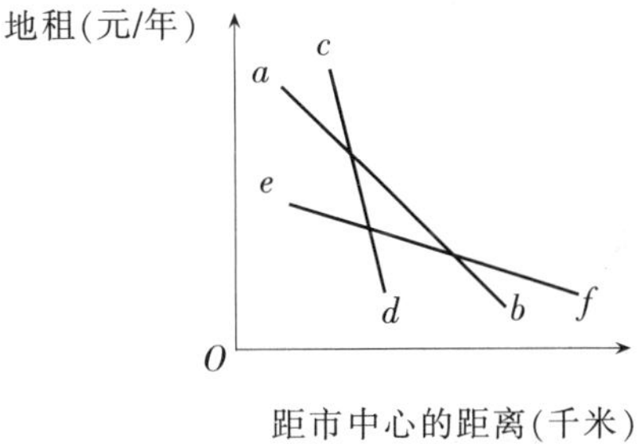

图 4－4 不同用途土地的竞租能力曲线

(二) 土地价格理论

1. 土地价格的内涵。

土地的买卖必然产生土地价格。从卖方来讲，土地价格是所出租或出售土地的地租资本化的收入；从买方来讲，土地价格是资本化的因而是提前支付的地租。也就是说，它等于若干年期间（一定年限土地使用权交易时）或无限年期间（土地所有权交易时）的地租的折现值。用公式表示就是：

$$V=\sum a_i/(1+r)^i$$

式中，V 表示土地价格，a_i 表示第 i 年的地租，r 表示折现率（假定折现率不变）。土地价格不是土地的购买价格，而是土地所提供的地租的购买价格。也就是说，地租的存在是土地价格的前提。许多人认为，既然土地按某一价格出售，它就应该产生一定的地租收入来作为买地人投资的公平报酬，而事实远非如此。为土地支付多少代价，取决于土地能够生产什么、生产多少，而不是取决于它应该生产什么。土地收益又取决于土地总产品的价格。可见，是土地的地租收入决定土地的价格，而不是相反。①

土地所有者的地租收入中，包括真正的地租和部分土地资本（即土地租约签订前已

① 伊利，莫尔豪斯．土地经济学原理．北京：商务印书馆，1982：225.

经存在的土地开发投资）的利息及折旧，因而土地价格中，也包括真正地租的资本化和土地资本价格两部分。人类社会的发展已经经历了一个相当长的历史时期，在土地上投入了相当多的资本和劳动，纯粹的自然土地已极为罕见。因而差不多所有的土地收入中，都包含有土地资本利息及折旧的成分。应该注意的是，并非土地的全部价格都来自人类的劳动或资本投入。虽然历史上可能在某一块土地上曾经投入大量的资本，但这种资本的累积是有限的。这是因为，大多数的土地资本（土地平整、劈山填海等除外）都会发生损耗，有些早已经陈旧不堪，不仅不能提高土地的价格，反而使土地的价格下降。当然，土地所有权（或使用权）所可能提供的社会地位，以及其他能够令占有者满足（如居住）的货币等价，也许并不表现为土地的货币收入，但一定也列入土地的价格。

纯自然的土地不是劳动产品，其中没有任何物化劳动，从而也没有任何价值（指劳动价值），因而它的价格也不是其价值的货币表现。这种价格只不过是资本化的地租。

2. 土地价格的形成。

土地的价格是由供求决定的。土地同其他商品一样，其价格是由供求相互作用形成的。纯自然的土地是非人类劳动创造的，因而没有生产成本。假定土地是匀质的，也就是说不存在差别，这样，从土地供给方来讲，只要付给他一点点货币，他就会出售。另外，陆地面积的固定性决定了纯自然土地的供给是固定的（如图 4－5 中的 Om）。虽然可以通过填海造地来扩大陆地面积，但这在量上是微不足道的。纯自然土地的无成本和供给固定，使得土地的价格完全取决于需求。在图 4－5 中，在需求为 d 时，土地价格为 p；在需求为 d' 时，土地价格为 p'。

一块土地或许可以有多种用途，因而对某一用途的土地来讲，其供给并不是固定的。如图 4－6 所示，某种用途土地的初始需求为 d，初始供给为 s_m，土地均衡价格为 p。当土地的需求上移为 d_1 时，土地供给不可能很快随之增加，仍为 s_m，价格由 p 上升到 p_1。由于价格上升，其他用途土地转变为该种用途，随着时间的推移，该用途土地的供给逐渐增加到 s_s，再增加到 s_1。土地价格也随之由 p_1 下降到 p_2 再到 p_3。

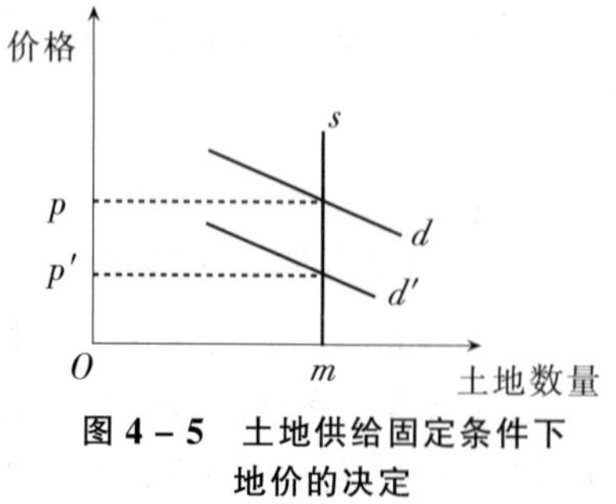

图 4－5　土地供给固定条件下地价的决定

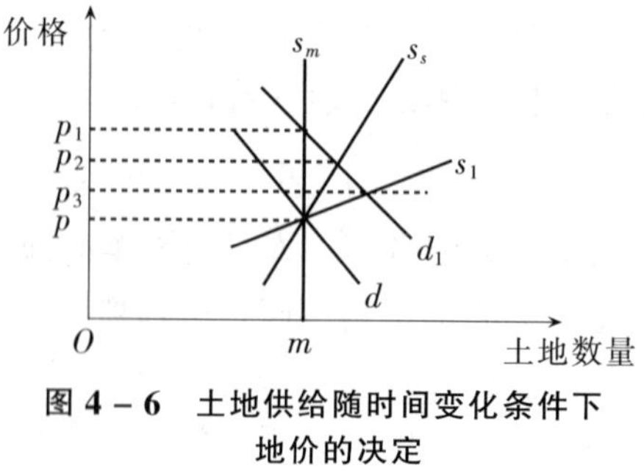

图 4－6　土地供给随时间变化条件下地价的决定

六、房地产价格构成

房地产价格是建筑物连同其所占用土地的价格。对于同一宗房地产来讲，房地产价格等于建筑物价格加土地价格，这里的前提条件是该建筑物和它所占用土地的组合是相称的。如果建筑物和土地的组合不相称，房地产价格中的土地价格就必然降低，甚至可能会出现房地产价格低于建筑物成本的情况。如果拆除建筑物后重新建筑一个性质不同的建筑物相对于目前的房地产来讲是更好的选择，那么该房地产的价格就等于（也可能小于）拆除建筑物后的土地价格加上该建筑物的净残值。

（一）土地价格的构成

（1）土地价格是由土地原始价值、公共投资与环境改良价值、私人投资改良价值、未来价值四项因素在地理空间上通过组合而表现出来的土地交易货币额。①

土地原始价值不是人力所能够创造的，对该部分价值进行估计存在困难。在新古典城市经济学中，往往将城市边缘土地的农业利用价值，作为其用于城市建设用地时的机会成本，称为城市土地的原始价值。

公共投资与环境改良价值，是包括政府部门进行的各种公共建设，以及私人部门在土地上进行的各种经济活动在内的，对城市环境（包括社会、文化、政治、经济、建筑实体等多种因素）的改良所形成的土地价值。

私人投资改良价值是指个人投资于某块土地上，使得该土地的价值增加的部分。私人在城市某块土地上进行投资，不仅增加这块土地的价值，而且影响到比邻土地的价值，也就是说产生了外溢效果或称外部性。可以说，私人投资改良与政府公共投资共同创造了社会环境价值，之所以将土地价值区分为私人部分和公共部分，是为了对土地收益进行公平合理的分配。

未来价值是尚未实现的、潜在的价值。比如农地在转化为建设用地前，价值较低，转化后价值增加，用途转化前的预期价值增加就是未来价值。土地利用强度较低时，所实现的价值也较低，预期土地利用强度提高所引起的土地价值增加部分，也是未来价值。未来价值预期实现的速度与城市化速度极为相关，从货币时间价值的角度考虑，这种速度越慢，土地未来价值的现值越小。未来价值还与土地上的土地资本累积量及其新旧程度有关，累积量越大、越新，未来价值量相对越小，而社会环境价值越大，二者具有此消彼长的关系。未来价值是土地投机的真正对象。

（2）土地价格由纯农地价格、土地用途转换成本、土地价格的预期增值（也可能减值，即可能为负数）、不确定性风险补偿费、可达性（区位或位置）价值等构成。②

如图 4-7 和图 4-8 所示，城市地租由农地租金、区位租金、土地资本租金（即转换土地用途的资本的机会成本）、不确定性风险补偿费构成。农地转化为城市土地后，可能会由于城市土地供过于求等原因，出现地租下降到农地租金以下的情况，但从城市土地转化为农地是很困难的（土地用途转换的不可逆性），不确定性风险补偿费就是对所承担的这种（系统性）风险的补偿。与地租相对应，城市地价分别由纯农地价格、区位价格、土地用途转换成本（即转换土地用途所需要的土地开发成本）、不确定性风险补偿费、预

① 这里的价值不同于劳动价值，可以理解为最可能价格（the most probable price）。

② Dennis R. Capozza，Gordon A. Sick. “The Risk Structure of Land Markets,” *Journal of Urban Economics*, 1994，35（3）：297-319.

期增值构成。要注意的是，在地租构成中，没有预期增值的对应项，这是由于地价是地租的资本化，因而必然考虑未来若干（或无限）年期内地租增减的变化，对地租却不必考虑这一点。农地价格由农地发展权价值和与农地地租相对应的纯农地价格构成。农地发展权价值是土地由农业利用开发（转换）为非农业利用时，土地开发权益的价值，也可以称为开发选择权（option to develop）价值。

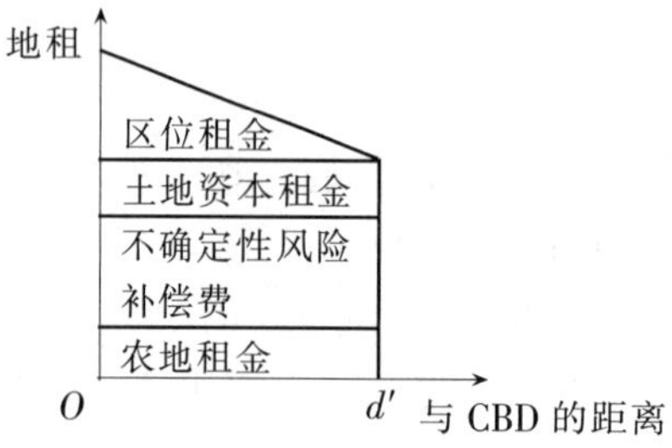

图 4－7　城市地租

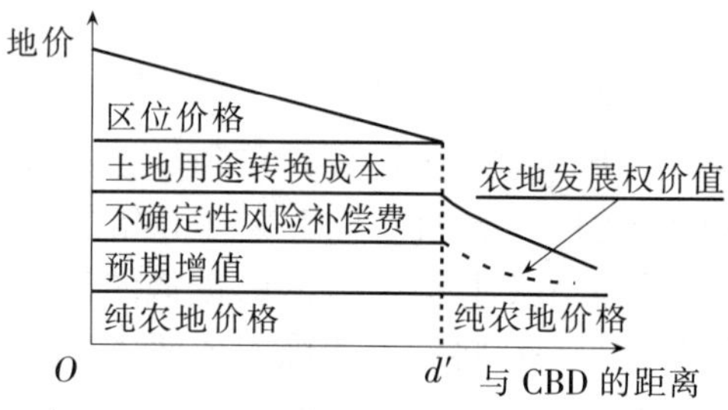

图 4－8　城市土地及农地价格比较

注：中央商务区简称 CBD。

（二）建筑物价格的构成

这里所说的建筑物价格，是指建成后建筑物的价格，不包括土地价格。对房地产来讲，建筑物价格主要是指房屋建筑及其附属物的价格。附属物的具体范围视具体的建筑情况而定。建筑物的价格和一般产品价格一样，是由建筑生产费用加一定的利润形成的，具体包括专业费用、建筑安装工程费、管理费用、销售费用、合理开发利润、资金成本、销售税费。

如果建筑物已经使用若干年，那么该建筑物的价格就是用该建筑物的全新重置价格减去价值损耗。造成建筑物损耗且贬值的因素有自然的、功能的、经济的，由此而造成的价值损耗称为贬值，可以分为自然性贬值、功能性贬值、经济性贬值。自然性贬值是由于正常的使用、长期磨损、管理疏忽、虫蛀、潮湿、自然灾害而发生破损、自然老化、损坏，从而引起的贬值。功能性贬值是由建筑物所提供的服务功能不足、过时、超规格（如过高的居住空间所提供的效用，可能不足以补偿其成本）等所造成的贬值。经济性贬值是由建筑物以外因素的变化，比如经济衰退、环境污染、交通拥挤、发生战争、政府政策转变等所导致的贬值，当然这些因素也同时导致地价下降。

在建筑物的经济使用寿命结束时，它的价格相当于报废价格。从经济的角度讲，建筑物需要拆除，因而它的价值就是所拆除的残余物废料价值减去拆除费后的剩余价值，也称净残值或残值。

七、房地产价格种类

（一）商品房价格、经济适用房价格

商品房价格就是房地产的市场价格，由完整的土地价格和建筑物价格构成（具体参见本节前述内容）。商品房价格是向高收入阶层出售住房的市场价格。以商品房价格购买的房地产包括建筑物所有权和若干年的土地使用权。

经济适用房价格是向中、低收入阶层出售的（经济适用）住房价格，它由建筑物价

格和不完全土地价格构成，具体包括：（1）征地及拆迁补偿安置费；（2）勘察设计及前期工程费；（3）住宅建筑及设备安装工程费；（4）小区内基础设施和非经营性公用配套设施建设费；（5）贷款利息；（6）税金；（7）以（1）至（4）项费用之和为基数计算的1%～3%的管理费；（8）3%以内的利润。以经济适用房价格购买的房地产，包括建筑物所有权和划拨土地使用权。

（二）土地所有权价格、土地（建设用地）使用权价格、楼面地价

按照不同的作用和标准，可以划分出多种土地价格。

土地所有权价格是买卖土地所有权的价格，它是无限年期地租的折现值。土地使用权价格是一定年期使用土地的权利的价格，是若干年期地租的折现值。土地使用权价格可以一次付清，也可以按年支付，按年付时称为年地租。在国家（我国）出售土地使用权时，土地使用权价格又可以称为土地出让金。同一块土地的使用权价格会因土地的用途、容积率、使用权年限的变化而不同。土地所有权价格和土地使用权价格在数量上的差异，随土地使用权年限的增加而缩小。假定地租为 10 元/平方米·年，折现率为 10%，土地使用权价格和土地所有权价格差异随土地使用权年限的变化状况可以用图 4-9 来表示。

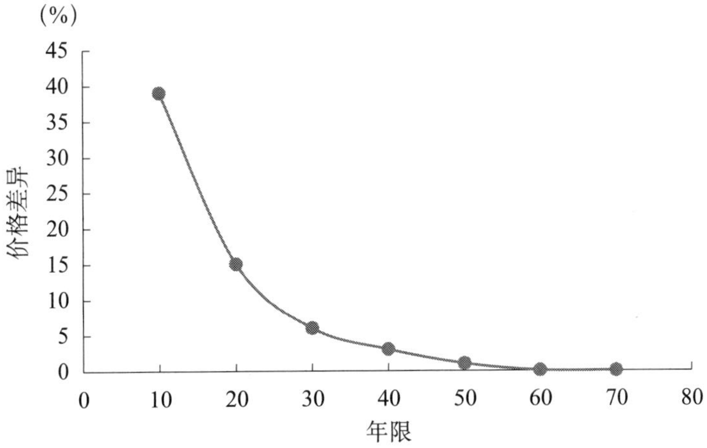

图 4-9 土地使用权价格与土地所有权价格差异随土地使用权年限的变化

楼面地价是单位建筑面积地价，它等于土地总价格除以建筑总面积，或等于土地单价除以容积率。例如，有面积均为 1 000 平方米的甲、乙两宗土地，土地单价均为 700 元/平方米。甲的容积率为 3，可以建设 3 000 平方米的建筑物，每平方米建筑物售价为 1 200 元；乙的容积率为 2，可以建设 2 000 平方米的建筑物，每平方米建筑物售价为 1 250 元。甲、乙的楼面地价分别为 233.3 元/建筑平方米、350 元/建筑平方米，即甲的每平方米建筑物价格 1 200 元中有 233.3 元是楼面地价，乙的每平方米建筑物价格 1 250 元中有 350 元是楼面地价。

（三）基准地价、标定地价

基准地价是指在土地利用总体规划确定的城镇建设用地范围内，对平均开发利用条

件下，不同级别或不同均质地域的建设用地，按照商服、住宅、工业等用途分别评估，并由政府确定的，某一价值时点法定最高使用年期土地权利的区域平均价格。标定地价是政府为管理需要确定的，标准宗地在现状开发利用、正常市场条件下，法定最高使用年期或政策规定年期下，某一评估基准日土地权利的区域平均价格。标定地价是一种特殊的宗地评估价格，既可以用市场比较法、收益法、假设开发法等方法评估，也可以在基准地价基础上进行修订评估。基准地价和标定地价都是由政府部门评估并向社会公布的，中国台湾地区称它们都是“公告地价”。

（四）课税价值、征收价值、抵押价值

课税价值是政府课征与房地产价值有关的税（比如房地产税）时所确定的房地产价值。征收价值是政府征收农村集体所有的土地、用地人合法占有的土地及房屋时，评估确定的应当向土地所有者或土地使用者及房屋所有者支付的货币额（或等量价值物）。抵押价值是以土地或房地产为抵押担保物借款时，贷款人确定的土地或房地产抵押物的价值，一般为市场价值的六成至八成。

八、影响房地产价格的因素

影响房地产价格的因素多种多样，它们对房地产价格的影响纷繁复杂。下面从影响城市土地价格的因素和影响建筑物价格的因素两方面分别阐述。

（一）影响城市土地价格的因素

1. 一般因素。

一般因素是指对整个社会和地区的地价水平具有决定性影响的宏观因素。不同国家、不同地区、不同城市之间的地价差异，主要是由一般因素的差异导致的。一般因素包括社会因素、经济因素、制度及政策因素。

（1）社会因素。

1）社会稳定状况。若社会稳定，则人们乐于进行生产投资、购田置业，人民的生活能够持续稳定地改善，经济发展可带动地价的上涨；若政局动荡、社会治安混乱，则人心惶惶，人们甚至可能为活命而四处逃难，无心生产和发展经济，更不要说购田置业了，整个经济都会崩溃，地价必然下跌。

2）人口状况。人口密度较大的国家和地区，地价一般都较高；人口增长，对土地的需求必然增加，地价上涨；人口素质提高，对社会稳定、经济发展等都具有良好的促进作用，带动地价上涨。

3）城市化。随着城市化水平的提高，人口及各种经济活动向城市集聚，对城市土地的需求增加，地价提高，城市边缘的农地也转化为土地利用强度较高、地价较高的非农业用地。但如果城市过于扩张，或城市衰落，也会导致地价下降。

（2）经济因素。

1）国民经济水平和发展趋势。从世界发达国家和发展中国家的比较，以及国内不同

地区、不同城市的比较，可以看出，经济水平较高的国家和地区地价较高，经济发展趋向于繁荣的国家和地区地价上涨。

2）金融环境。在金融环境比较良好、利率较低、贷款容易取得的地区和时期，土地价格较高；而在发生金融危机、利率较高、贷款困难的地区和时期，地价都相对较低。金融环境的变化必然引起地价的变动。①

3）税负。在税负较重的地区，人们不愿意投资，因为苛捐杂税会将投资所获得的经营利润盘剥得所剩无几。这样一来，对土地的投资性需求就会较少，地价也较低。

（3）制度及政策因素。

1）土地制度及政策。不同的土地制度及政策会对地价产生不同的影响。比如，在城市土地归政府所有的地区，政府每年的土地供给计划会影响到土地市场上的土地供给量，因而影响到地价的变化。土地利用计划管理、土地用途管制、开征土地增值税、土地行政管理体制的改革等都会影响到地价的变动。

2）住房制度及政策。以 20 世纪 90 年代中后期的北京、上海为例，从家庭收入水平来看，上海高于北京，但住房价格是北京高于上海，从而住宅用地价格也是北京高于上海。其中一个主要的原因是两地的住房制度改革进程不同。当时，上海的房改进程较快，市场上住房的个人购买比例达 70%以上；而北京的房改进程较慢，市场上住房的个人购买比例不到 25%，大多数住房为国有集团购买。由于国有集团的财政预算约束性弱，所以在购买住房时，它们注重住房的位置，而不太注重价格的高低，从而拉动了北京住房价格的上涨。

2. 区域因素。

所谓区域因素是指影响一个城市内部不同功能分区地价的因素。这些因素一方面取决于城市不同分区的地理环境；另一方面取决于实现分区功能对地理环境要素的要求。这里从后一角度阐述区域因素。

（1）商业区。影响不同商业区地价水平的主要因素有：1）商业区经营规模、经营种类、聚集程度、竞争状况、繁华程度；2）商业区腹地（吸引顾客的空间范围）大小、顾客的来源及购买力；3）商业区内经营者的经营资力、资信、开拓精神；4）商业区与外界的交通通达程度；5）区内环境、街道规划设计为顾客购物（附带娱乐）带来的方便、舒适程度；6）土地利用控制（如容积率、建筑密度等）状况。

（2）住宅区。影响不同住宅区地价水平的主要因素有：1）自然景观优美程度、环境清洁程度；2）距商业中心的远近、与外界的交通通达程度；3）水、电、燃气、邮政、电信、防火、垃圾处理等基础设施的配置状况；4）学校、医疗、公园娱乐等公益设施的配置状况，例如美国学者曾经对 1990 年波士顿地区的住房价格与附近学校的学生成绩之间的关系进行了研究，发现二者呈正相关关系②；5）区内百货商店、粮店、洗理等服务状况；6）区内街道、绿化等规划设计状况；7）居民的人口构成、文化素养、治安状况；

---

① 美国学者研究认为，真实利率-需求价格弹性为－1.207，通货膨胀对现有住房的价格有正影响。John M. Clapp，Stephen D. Messner. *Real Estate Market Analysis：Methods and Applications*. Praeger Publishers，1988：271.

② Denise DiPasquale，William C. Wheaton. *Urban Economics and Real Estate Markets*. Prentice-Hall，Inc. 1996：27 - 28.

8）土地利用控制状况。

（3）工业区。影响不同工业区地价水平的主要因素有：1）与原料供应及产品外销有关的交通通达程度；2）雇用劳动力的成本；3）水、电、燃气、电信、防火等基础设施的配置状况；4）相关产业的聚集程度；5）环境污染及管制状况；6）土地利用控制状况。

（4）个别因素。所谓个别因素是指影响同一功能分区内不同具体地块价格差异的微观因素。

1）宗地的位置、面积、形状、小地貌、地势、地质基础。宗地的位置（包括是否临近街道、商业服务设施、通风、日照等）对地价的影响，主要表现在居住是否舒适、安全、方便，对商业来讲是否可以吸引更多的顾客（如街角地）。

不同的土地利用方式对面积有不同的要求，面积过大或过小，都会降低地价。

土地形状规则有利于土地的高效利用，地价也高；三角形、菱形、细长形、短宽形等不规则形状土地的可利用效用都较低，地价也较低。

与平坦的土地相比，土地高低起伏提高了土地开发的成本，相对地价较低。不过，土地高低起伏对独户住宅或许具有较高的美学价值。

与相邻土地相比，地势较低的地方雨水容易漫灌，因此地价较低，但用于设计有地下室的大厦时，则这对地价无影响。地势较高对住宅来讲没有大的影响，但对商业来讲会降低地价。

土质疏松、地下水位过高会增加开发成本，因而地价较低。地质基础不稳定，容易造成建筑物变形、倒塌等损害，地价则很低。

2）临近道路的宽窄、铺设、交通管制状况，以及给排水状况。

3）土地利用控制状况，特别是对建筑高度和容积率的控制。地价对容积率特别敏感，比如1951—1961年，日本东京地价对容积率的弹性为2。

4）建筑物与土地的组合是否得当。

5）土地使用权年限的长短。出让土地使用权的最高年限因用途不同而异，在我国，居住用地为70年，工业用地为50年，教育、科技、文化、卫生、体育用地为50年，商业、旅游、娱乐用地为40年，综合或其他用地为50年。以转让方式取得的出让土地使用权的使用年限，为土地使用权出让合同规定的使用年限减去原土地使用者已使用年限后的剩余年限。划拨土地使用权是指以政府行政划拨方式取得的土地使用权，是以支付征地拆迁补偿费为代价或无偿取得的，没有使用年限的限制。

（二）影响建筑物价格的因素

影响建筑物价格的因素大体有：（1）建筑构造、装修、设备。建筑物主体结构分为木结构、钢筋混凝土结构、钢筋结构等不同类别。建筑物按其所属类别的不同，价格水平会有差异。不仅仅是主体部分，就是装修和设备的不同也会导致价格差异。（2）规模及高度。建筑物的规模影响单位价格，规模小则单位造价高；高层建筑由于结构、设备、地基等因素，也会出现造价上升。（3）用途。住宅、办公楼、商厦、校舍、工业厂房等，由于建筑用途不同，价格水平各异。（4）地区。不同地区建筑物价格水平的差异，是由地质、气候、习俗等原因所带来的建筑物特色的差异。此外，生活水平的不同和生产因素的差异也直接影响到建筑费的高低。（5）物价水平。另外，建筑设计、施工质量、建筑物与环境的协调性、建筑物的新旧程度、建筑面积及建筑功能等因素也影响到建筑物的价格。

九、房地产评估的程序

自接受评估委托，到完成评估报告，房地产评估工作应按照下述程序进行。

（一）明确评估基本事项

评估基本事项主要包括下列内容：(1) 明确委托方所提出的评估目的。(2) 明确评估对象，包括明确评估对象的物质实体状况及权益状况。评估对象的物质实体状况主要有土地面积、形状、临路状况、土地平整程度、地势、地质水文状况，以及建筑物面积、结构、平面布置、工程质量、新旧程度、装修、设施设备、楼层、朝向等。权益状况主要有土地产权性质、权属、土地使用权年限，以及建筑物的产权性质、权属，包括在评估对象上设定的抵押权等负担。评估对象的具体范围和内容，应根据评估目的，依据有关法律法规，并征得委托人认可后综合确定。(3) 根据评估目的，确定评估时点。(4) 明确委托人所要求的评估任务完成期限。

（二）拟定评估项目的工作方案

工作方案主要包括：(1) 拟采用的评估技术路线和方法；(2) 需要调查搜集的资料及其搜集渠道；(3) 预计所需要的时间、人力、经费等资源；(4) 拟定工作步骤和进度计划。为保证评估项目在有限的时间、物力、财力条件下达到委托人的要求，这一步最好按照项目管理中的计划管理方法和模式进行。

（三）搜集评估所需资料

评估所需资料包括：(1) 对房地产价格有普遍影响的资料，以及对评估对象所在地区房地产价格有影响的资料。比如国家的政策法规、国际国内政治经济发展形势、地区或地方社会及经济发展趋势、地区人口、消费、工资水平、储蓄、物价水平、建筑成本、税费、融资、城市规划、环境保护、市政交通等。(2) 相关房地产的交易、开发成本、租售收益及其数量、时间、区位环境、买卖动机、买卖合同条款、买卖前后的利用方式变化等实例资料。(3) 反映评估对象状况的资料。评估人员在平时也应注意搜集所需资料，并进行核实、分析、整理。搜集资料的渠道有委托人提供、实地勘察、到政府有关部门查询、查阅有关报刊资料、向有关咨询公司索购、同行之间相互（有偿或无偿）提供等。

（四）实地查勘评估对象

评估人员必须到评估对象现场，查勘评估对象的位置、环境、外观、结构、装修、设备等状况，并核实事先搜集的有关评估对象的坐落、四至、面积、产权等资料，对评估对象及其环境和临路状况进行拍照。

（五）进行最佳利用分析

对评估对象的利用方式、利用时间、未来的市场状况作出综合分析，确定评估对象的最佳利用方式。

（六）选定评估方法并进行估算

由于各种评估方法的局限性，以及所搜集采用的各种数据资料的不确切性，因而需要综合考虑评估目的、评估对象的特点、所搜集到的资料情况，选定评估方法。一般应尽可能同时采用多种（至少两种）评估方法，以利于各种方法之间相互印证和补充，从而尽可能消除因方法的局限性和所搜集数据资料的不确切性可能产生的不良影响，尽可能确保评估结论的客观准确性。选择评估方法的一般原则是：（1）有条件选用市场比较法进行评估的，应将市场比较法作为主要评估方法；（2）对收益性房地产如饭店、宾馆、商场、写字楼、仓库、工业厂房等，应选用收益法作为对其进行评估的方法之一；（3）对具有开发或再开发潜力的房地产，应选用假设开发法作为对其进行评估的方法之一；（4）在无市场依据或市场依据不充分，而不宜采用市场比较法、收益法、假设开发法进行评估的情况下，可采用成本法作为主要评估方法。

（七）确定评估结论

对采用不同方法评估出的结论，要进行比较分析。当各种方法评估出的结论之间差异较大时，应分析出现较大差异的原因。如果评估结论之间的较大差异是由采用了某种不适宜的评估方法造成的，则应剔除该方法的评估结果。对各种方法的估算结果，从以下几个方面检查可能存在的错误：（1）选用的评估方法是否适宜评估对象和评估目的；（2）公式选用是否恰当；（3）参数选择是否合理；（4）基础数据是否准确；（5）计算过程是否有误；（6）是否符合评估原则。在确认不同方法的估算结果的有效性之后，对有效估算结果采用简单算术平均数、加权算术平均数、中位数等数学方法进行计算，或根据评估目的、评估对象的特点和所搜集资料的准确程度，确定以某一种最合适的评估结论为主，并参考其他方法的评估结论，在充分考虑影响房地产价格的其他不可数量化因素的基础上，调整确定最终的评估结论。

（八）撰写评估报告

在履行以上评估程序后，需要撰写一份完整的评估报告。

第二节　房地产的成本法评估

一、成本法理论

（一）成本法的基本原理

成本法（cost approach）也称累积法（summation approach）或承包商法（contractors method）。其理论基础是：一宗改良地块（improved parcel）的价格为土地价格和改良物残余价值之和，即

$$MV=LV+IV$$

式中，MV 为市场价格，LV 为土地价格，IV 为改良物残余价值。IV 为重置成本 RCN 即建一栋同等功能建筑物的成本减折旧 D（depreciation）。用公式表示为：

$$MV=LV+(RCN-D)$$

成本法要求对土地价格、折旧以及建筑改良物在评估时点的现时成本进行评估。从现时成本中减去折旧得到改良物的评估价格，然后将土地价格加到改良物价格中就得到房地产价格。

替代原则在成本法中体现为，一个房地产买方所付出的价格，绝不会高于他购买一块空地，并在没有造成严重损失的延误工期的情况下，建筑一栋具有同等功能的替代建筑物的总代价。价格的确定遵循合理利润最大化原则，以便包括直接和间接成本。市场竞争将利润率限制在合理的水平，这样，当市场处于均衡状态时，新建筑物价格就等于建筑成本（包括相当于资本投资机会成本的合理利润）。

成本法最适用于折旧较少和建筑成本易于评估的新建筑物评估，它也适用于折旧额能够准确估计的旧建筑物评估，以及市场交易数据资料缺乏的房地产类型评估。比如工业房地产以及特殊用途房地产就较适宜用此方法。房屋保险价值也适宜用成本法评估。成本法还可用来验证其他评估方法的评估结果。

除了建筑物成本和市场资料外，成本法还要求搜集有关拟评估改良物的描述性资料，这些资料应从房地产的物质调查中搜集。一个典型的调查记录应包括：设计用途、空间范围和面积、层数和高度、地基、地下室、结构、围墙、屋顶、内部装饰和环境、水管装置和沐浴设施、冷暖装置、通电设施、停车处、其他附属改良物、建筑年代和实际已使用年限。从这些资料中，估价师能判断建筑物的整体质量和房地产条件。估价师还需要判定建筑物功能的效用，即判定评估标的物满足市场标准和要求的能力。功能的效用受建筑设计、环境、外观的影响。不适当的设计、较差的自然采光、不当的房间面积大小、暖气和冷却装置的不足等都是对价格损失有较重要影响的因素。这些状况应在折旧估计中予以注意。

（二）成本法的评估步骤

成本法的评估步骤为：（1）搜集有关评估对象的邻里环境、宗地特征、建筑改良物成本、税费、开发利润等资料；（2）估算土地价格；（3）估算建筑改良物在全新状态下的重置成本或重建成本；（4）估算建筑改良物的折旧；（5）估算附属改良物的重置成本及折旧；（6）求出房地产价格。

二、重置成本估算

（一）建筑物重置成本的估算

《房地产估价规范》（GB/T 50291－2015）在条款 4.4.5 中规定，建筑物的重置成本可以采用分部分项法、工料测量法、单位比较法进行估算。前两种方法都可归结于重置

成本的重置核算法，单位比较法属于市场比较法在重置成本估算中的应用。

1. 重置核算法

以分部分项法为例，建筑物的重置成本包括：

（1）专业费用。专业费用包括市场调研、规划设计、可行性研究、工程设计、工程招投标等方面的费用，通常按照建筑安装工程费的一定比率来估算。

（2）建筑安装工程费。建筑安装工程费是向建筑承包商支付的费用，按照工程造价形成分为分部分项工程费、措施项目费、其他项目费、规费、税金。分部分项工程费以各分部分项工程量与其相应综合单价乘积之和来计算。房屋建筑与装饰工程的分部分项工程包括土石方工程、地基处理与桩基工程、砌筑工程、钢筋及钢筋混凝土工程。综合单价包括人工费、材料费、施工机具使用费、企业管理费和利润，以及一定范围的风险费用。措施项目费是发生于施工前和施工过程中的技术、生活、安全、环境保护等方面的费用。其他项目费包括暂列金额、计日工、总承包服务费。规费包括社会保险费、住房公积金、工程排污费。税金（这里指建筑承包商缴纳的税金）指应计入工程造价的增值税、城市维护建设税、教育费附加，以前述几项费用之和乘以税率计算。在实际评估工作中，也可以首先将待评估建筑物分成数个分部或分项工程，然后利用建筑工程概算定额查出各分部或分项工程的单位成本，分别乘以各分部分项工程的工程量，得到各分部分项工程的成本，累加求得建筑总直接成本，再加上间接成本、利润等估算出建筑安装工程重置造价（见表 4－1）。

表 4－1　按分部分项法估算建筑安装工程重置造价

土石方	5 400 立方米×24 元/立方米＝129 600 元
楼地板	5 200 平方米×77 元/平方米＝400 400 元
外墙壁	3 000 平方米×80 元/平方米＝240 000 元
屋架	5 200 平方米×150 元/平方米＝780 000 元
内墙	1 000 平方米×20 元/平方米＝20 000 元
天花板	1 750 平方米×40 元/平方米＝70 000 元
门窗	10 000 元
管道	15 000 元
电力系统	12 000 元
冷暖及通风系统	20 000 元
五金及其他成本	8 000 元
直接成本合计	170.50 万元
间接成本（10%）	17.05 万元
利润（10%）	18.76 万元
建筑安装工程重置造价	206.31 万元

（3）管理费用。以专业费用和建筑安装工程费之和的一定比例估算。

（4）销售费用。按待求建筑总价格的一定比例估算。

（5）资金成本。假定上述四项总和开发资金在建设期内均匀投入，可以额定或正常开发工期的 1/2 时间和适当的贷款利率来估算。

（6）销售税费。按待求建筑总价格的一定比例估算。

（7）合理开发利润。利润估算结果以上述的（1）、（2）项之和，或（1）至（4）项之和，或（1）至（5）项之和，或待求建筑总价格为基数，乘以相应的利润率求得。利润率按照计算基数的不同有直接成本利润率、投资利润率、成本利润率、销售利润率。

2. 单位比较法。

单位比较法是一种简便、迅速、应用广泛的成本估算法。它将所有直接成本和间接成本相加，然后除以一个恰当的单位数量（平方米或立方米），从而得到单位成本。比较单位成本可从成本服务机构或从标准及相似建筑的实际成本分析中得到。这些成本按类型和建筑特性、规模、形状等特征列表，作为评估参照基准。同其他成本估算法一样，其准确度取决于分析所用资料的质量。比较单位的选择根据不同房地产类型标准而定。通常，对住宅和商业建筑，选用每平方米成本作为比较单位。仓库和工业建筑物用单位立方米成本作为比较单位。由于单位成本会因建筑规模、建筑质量的不同而有差异，所以一般还要根据待评估建筑物的具体特征情况，对所估算成本进行调整（见表 4-2）。单位比较法虽然不如重置核算法准确，但对有丰富的建筑工程知识和实际经验的评估师来说，也能确保重置成本评估值的可信性。

表 4-2　某独户式住宅重置成本的单位比较法评估

可比较单位重置成本（参照基准）	800 元/平方米
规模及形状修正系数	1.05
基本总成本	400 平方米×1.05×800 元/平方米=33.6 万元
加其他修正项目（空调、厨房设备）	1.2 万元
加车库及院落开发成本	2 万元
总重置成本	36.8 万元

（二）土地（重置）价格估算

土地价格的估算可以用市场比较法、类似房地产价格的建筑成本扣除法、基准地价修正法、土地重置（取得）成本估算法等求得。估算地价时要注意修正土地剩余使用权年限对地价的影响。土地成本法中的成本既可能是一般意义上的土地价格，也可能是包括了场地范围内基础设施建设费的土地价格，具体构成内容视情况而定，但注意不可漏估或重复估算。

在我国房地产市场交易的只是土地使用权，因而评估业务中只涉及土地使用权价格的评估。就土地使用权评估而言，成本法一般适用于新开发土地的评估，特别适用于土地市场不完善，土地成交实例不多，或无收益等无法利用市场比较法和收益法等方法进行评估的情况，如学校、公园、教堂等用地的评估。但由于土地的价格大部分取决于它的效用，并非仅仅是它所花费的成本，也就是说，由于土地成本的增加并不一定会增加它的使用价值，所以成本法在土地评估中的应用范围受到一定限制。也有学者认为成本法不适用于评估地价。①

1. 土地使用权价格的成本构成。

用成本（逼近）法评估地价必须分析地价中的成本因素。土地是一种稀缺的自然物，即使其未经开发，但由于土地所有权的垄断，使用土地也必须支付地租。同时，开发土地投入的资本及利息也构成地价的一部分，再加上一定的利润和土地增值收益，就构成了土地价格。成本法的基本公式②为：

土地价格＝土地取得费＋土地开发费＋利息＋利润＋土地增值收益

2. 各项指标的估算。

（1）计算土地取得费。土地取得费是为取得土地而向原土地使用者支付的费用和向国家支付的有关税费。向原土地使用者支付的费用分为两种情况。

1）国家征收集体土地而支付给农村集体经济组织的费用。《中华人民共和国土地管理法》（2019 年修正）第四十八条明确规定，征收土地应当依法及时足额支付土地补偿费、安置补助费以及农村村民住宅、其他地上附着物和青苗等的补偿费用，并安排被征地农民的社会保障费用。征收农用地的土地补偿费、安置补助费标准由省、自治区、直辖市通过制定公布区片综合地价确定。征收农用地以外的其他土地、地上附着物和青苗等的补偿标准，由省、自治区、直辖市制定。被征地农民的社会保障费用主要用于符合条件的被征地农民的养老保险等社会保险缴费补贴。

2）为取得已利用城市土地而向原城市土地使用者支付的拆迁费用。这是对原城市土地使用者在土地上投资未收回部分的补偿，补偿标准各地均有具体规定。

取得土地时应向政府缴纳的税费一般包括耕地占用税、耕地开垦费、新菜地开发建设基金、征地管理费、教育费附加等。

（2）计算土地开发费。一般来说，土地开发费涉及基础设施配套费、公共事业建设配套费、小区开发配套费、与土地开发有关的税费。

1）基础设施配套费。基础设施配套常常被概括为“三通一平”和“七通一平”。“三通一平”指：通水、通路、通电、平整地面。“七通一平”指：通上水、通下水、通电、通信、通气、通热、通路、平整地面。作为工业用地，“三通一平”只是最基本的条件，还不能立即开展工业项目，只有搞好“七通一平”，项目才能正常运行。因此，基础设施配套费应以“七通一平”为标准计算。

2）公共事业建设配套费。该费用主要指邮电、图书馆、学校、公园、绿地等设施的费用。该费用与项目大小、用地规模有关，各地情况不一，视实际情况而定。

3）小区开发配套费。同公共事业建设配套费类似，各地根据用地情况确定合理的项目标准。

4）与土地开发有关的税费。

（3）计算投资利息。在土地评估中，投资者贷款需要向银行偿还贷款利息，利息应计入成本；投资者利用自有资金投入，也可以看作损失了利息，属于投资机会成本，也

① 戚名琛．成本法不适用于评估地价缘由简析．中国房地产，2000（12）.

② 这里的税费已经分别在土地取得费和土地开发费中计算。

应计入成本。

在用成本法评估土地价格时，投资包括土地取得费和土地开发费两大部分。两部分资金的投入时间和占用时间不同。由于土地取得费在土地开发动工前就要全部付清，在开发完成销售后才能收回，因此计息期应为整个开发期和销售期。土地开发费在开发过程中逐步投入，销售后收回，若土地开发费是均匀投入的，则计息期为开发期的一半；若土地开发费是非均匀投入的，则计息期为各年投入的年中到销售期末。

（4）计算投资利润。该利润计算的关键是确定利润率或投资收益率。利润率计算的基数可以是土地取得费和土地开发费，也可以是开发后土地的地价。计算时要注意所用利润率的内涵。

（5）确定土地增值收益。土地增值收益主要是由土地的用途改变或土地功能变化引起的。由于农地转变为建设用地，新用途的土地收益将远高于原用途土地，必然会带来土地增值收益。这种增值是土地所有权人允许改变土地用途带来的，应归整个社会拥有。根据计算公式，前四项之和为成本价格，成本价格乘以土地增值收益率即为土地所有权收益。目前，土地增值收益率通常为10%～25%。

3. 应用举例。

待评估对象为一宗新开发土地，因无收益记录和市场参照物，只能用成本法进行评估。有关数据资料如下：土地取得费（含拆迁补偿、安置费和耕地占用税等）为8万元/亩；土地开发费为1.5亿元/平方千米；当地银行一年期贷款年利率为9%，两年期贷款年利率为10%；土地开发周期为两年，第一年投资占总投资的3/4；利润率为10%；当地土地增值收益率为10%。试估算该地产的市场价值。

（1）计算土地取得费。

土地取得费＝8万元/亩＝120元/平方米

（2）计算土地开发费。

土地开发费＝1.5亿元/平方千米＝150元/平方米

（3）计算投资利息。土地取得费的计息期为两年，土地开发费分段均匀投入，则有：

土地取得费利息＝120×10%×2＝24（元/平方米）

$$\text{土地开发费利息}=150\times\frac{3}{4}\times10\%\times1.5+150\times\frac{1}{4}\times9\%\times0.5$$
$$=18.6\text{（元/平方米）}$$

（4）计算开发利润。

开发利润＝(120＋150)×10%
＝27（元/平方米）

（5）计算土地价格。

土地价格＝(120＋150＋24＋18.6＋27)×(1＋10%)
＝373.6（元/平方米）

因而，被评估地产的市场单价为373.6元/平方米。

三、建筑物贬值（折旧）的估算

（一）贬值的原因

贬值有三个主要原因（或方面）：实体性损耗（physical deterioration）、功能性衰退（functional obsolescence）、经济性贬值（economic obsolescence）。

（1）实体性损耗。实体性损耗是由磨损和自然力等造成的价值损失。实体性损耗的原因有：正常的使用、长期磨损、管理疏忽、虫蛀、腐朽、潮湿、自然力。保养得好可以减缓实体性损耗，但不能完全避免。实体性损耗可分为可修复的和不可修复的两类。如果对损耗进行维修所增加的价值等于或超过维修成本，则是可修复的实体损耗。精明的房地产业主经常会做这种维修，以改善维修对象，从而延缓实体性损耗。不可修复的实体性损耗是指在估价时点，进行维修所增加的价值小于维修费用。有些不易观察到的实体构成如建筑物结构、地下室和天花板结构等，更可能遭受到不可修复的实体性损耗。

（2）功能性衰退。功能性衰退是指建筑物所应该具有的功能在估价时点已经丧失，从而产生经济损失。由于需求、设计、工艺技术的改变，它通常以设备不完善（如只有一个卫生间）、不符合现代需求（如过时的厨房）或超规格（如过高的天花板）等形式出现。有时，建筑物某一组成部分的缺点也会影响整个建筑物的效用。例如，装配在某旧房屋中的电力管线，不能满足现代家庭对电力负荷的需求。功能性衰退依据在估价时点修复是否经济，分为可修复和不可修复两类。可修复的功能性衰退包括冷暖设备不足、浴室或厨房装置过时、热水器太小、每个房间的电源插座太少、商业或工业建筑中悬置的管道太低、缺乏通风设备等。在这些例子中，对这些问题的改善所增加的价值通常超过成本。对这些可修复的功能性衰退，以将所预期的项目添置到现有建筑物上的修复成本与安装到新建筑物上的成本差，作为在估价时点对功能性衰退的度量。例如，在现有建筑物上安装通风设备的成本为12 000元，在新建筑物上安装同样的通风设备的成本为9 000元，过多的修复成本是3 000元。一般来讲，过多的修复成本反映了在现有建筑物上安装组件的劳动成本。当改善条件的成本超过所增加的价值时，这种衰退为不可修复的功能性衰退，例如过时的设计、较差的室内布置、无车库（无建筑空间）、仓库无足够的专用空间、商业建筑中无足够的临街面等。有时，完整的建筑物会因所处区位而产生功能性衰退，如在邻里中心的大型商业建筑物，或在城市商业中心的小型低质量建筑物。

（3）经济性贬值。经济性贬值也称区位衰退或外在衰退，是指由房地产的外在因素导致效用和价值降低，造成经济损失。经济性贬值通常是由市场变化或政府行为导致房地产最佳用途改变而引起的，如公共设施不足，零售商业区缺少足够的停车场所，居住区的街道狭窄和交通拥挤，或建筑物接近不适宜的工业用地。

（二）贬值的估算

贬值的估算方法有市场提取法、分解法、年龄-寿命法。

市场提取法是选取不少于三个与待评估建筑物具有类似贬值状况的可比实例，从可比实例成交价格中减去土地重置成本得到贬值后的建筑物价值，比较建筑物重置成本与贬值后价值得到贬值额，用贬值额除以可比实例的实际已使用年限（有效年龄）得到年贬值率。

分解法是分别测算实体性贬值、功能性贬值、经济性贬值。

年龄-寿命法是指每个建筑物都有一个总经济耐用年限，即预期可获利的使用期限，许多建筑物比它们的经济效用存在时间长，因而总经济耐用年限通常比物理寿命（或称自然耐用年限）短。总经济耐用年限可分为实际已使用年限（effective age）和剩余经济年限（remaining economic life）。实际已使用年限是指建筑物在估价时点的状况和效用所反映的已使用年限，它不同于建筑物的“房龄”[或称名义使用年限（actual age）]。实际已使用年限比建筑物的名义使用年限长或短，取决于对建筑物的保养、维修情况。良好的保养常常减少实际已使用年限，这就延长了剩余经济年限。实际已使用年限和剩余经济年限也受市场竞争情况的影响。在评估时，只有不决定贬值与否的建筑物“房龄”是已知的，作为贬值和市场价格基础的实际已使用年限和剩余经济年限则必须进行估算。

年龄-寿命法通常采用直线贬值法，建筑物贬值额等于 $(c-s)t/n$，其中，c 为建筑物重置价格或重建价格，s 为预计建筑物在经济耐用年限末的净残值，t 为建筑物实际已使用年限，n 为建筑物的总经济耐用年限。

建筑物的实际已使用年限是根据建筑物的施工、使用、维护和更新改造等状况，在建筑物的“房龄”基础上适当加减调整得出。建筑物的经济耐用年限从建筑物竣工验收合格之日起计。非住宅建筑物的经济耐用年限长于土地使用权年限，且土地出让合同约定土地使用期限届满无偿收回土地使用权及地上建筑物的，建筑物经济耐用年限截止到土地使用权期限届满。各种房屋的经济耐用年限和残值率参考值见表 4-3。

表 4-3　　各种房屋的经济耐用年限和残值率参考值

房屋结构类型	结构描述	经济耐用年限（年）			残值率（%）
		生产用房	受腐蚀生产用房	非生产用房	
钢结构	承重部分为钢结构	70	50	80	—
钢筋混凝土结构（框架、剪力墙、筒体结构）	全部或承重部分为钢筋混凝土结构，包括杠架大板与框架轻板结构等。该类房屋一般设备比较齐全，内外装修良好	50	35	60	0
砖混结构一等	部分钢筋混凝土，主要是砖墙承重的结构。外墙部分砌砖，水刷石、水泥抹面或涂料粉刷等，有阳台，内外设备齐全的单元式住宅或非住宅房屋	40	30	50	2
砖混结构二等	外墙是清水墙，无阳台，内部设备不全的非单元式住宅或其他房屋	40	30	50	2
砖木结构一等	材料上等、标准较高的砖木（石料）结构。这类房屋一般是外部有装修处理，内部设备完善的庭院式或花园洋房等高级房屋	30	20	40	6

续表

房屋结构类型	结构描述	经济耐用年限（年）			残值率（%）
		生产用房	受腐蚀生产用房	非生产用房	
砖木结构二等	结构正规，材料较好，外部一般无装修，室内有专用上、下水等设备的普通砖木结构房屋	30	20	40	4
砖木结构三等	结构简单，材料较差，室内无专用上、下水等设备的较低级砖木结构房屋	30	20	40	3
简易结构	简易楼、平房、木板房、土草房等	10			0

四、成本法应用举例

例：某厂房的建设用地使用权于2008年9月30日以出让方式取得，不可续期（到期建筑物不予补偿）；建筑物为钢筋混凝土结构（经济耐用年限为50年，残值率为0），于2009年9月30日建成，建筑面积为10 000平方米，容积率为1.25。经调查，2018年9月30日，类似工业用途50年建设用地使用权的取得价格为1 500元/平方米，取得税费为取得价格的4.5%。该建筑物重置成本为2 376元/平方米。房屋门窗、屋顶破损修复需要30万元。因设计原因，空调系统比正常情况每年多耗电0.5万元，企业所得税税率为25%。土地报酬率为7%，房地产（综合）报酬率为8%。以2018年9月30日为价值时点，计算（1）建设用地使用权的市场价值；（2）建筑物的市场价值；（3）该房地产的总价值。

（1）在评估基准日，建设用地使用权剩余年限为40年，有：

$$\text{土地单价}=1\ 500\times(1+4.5\%)\times\frac{1-\dfrac{1}{(1+7\%)^{40}}}{1-\dfrac{1}{(1+7\%)^{50}}}=1\ 514\ (\text{元/平方米})$$

$$\text{土地总价}=1\ 514\times10\ 000\div1.25=1\ 211.20\ (\text{万元})$$

（2）建筑物的重置成本＝2 376×10 000＝2 376（万元）。

（3）到评估基准日，建筑物已经使用9年，因土地到期不可续期且建筑物不予补偿，因而剩余经济年限为40年。

$$\text{建筑物的实体性贬值}=(2\ 376-30)\times(9\div49)+30=460.90\ (\text{万元})$$

（4）建筑物的功能性贬值$=0.5\times(1-25\%)\times\dfrac{1}{8\%}\times\left[1-\dfrac{1}{(1+8\%)^{40}}\right]=4.47$（万元）。

（5）建筑物的市场价值＝2 376－460.9－4.47＝1 910.63（万元）。

（6）房地产总价值＝1 211.20＋1 910.63＝3 121.83（万元）。

第三节　房地产的市场比较法评估

一、市场比较法的基本原理

市场比较法又称交易实例比较法、现行市价比较法等，它是将评估对象房地产与在评估时点近期已经发生的类似房地产交易实例进行比较，通过对交易实例的价格进行适当修正，以此估算出评估对象的市场价值的方法。类似房地产是指与评估对象在同一供求圈内，并在用途、规模、档次、建筑结构等方面，与评估对象相同或相近的房地产。市场比较法的理论依据是经济学中的替代原理，即相同效用的房地产价格相同，效用低的房地产价格也较低。

市场比较法适用于房地产市场发育程度较高、有较多交易实例发生的地区或房地产类型。像教堂、寺庙、学校、古建筑等很少有交易发生的特殊类型房地产，就不适用于市场比较法。市场比较法要求在与评估对象具有替代关系、价格会相互影响的适当空间范围内（或称同一供求圈），有较多的类似房地产交易实例，以便获得较充分的市场交易信息，通过市场比较，评估出尽可能符合市场行情的评估对象房地产的价值。

在房地产市场发育比较好、交易实例资料比较丰富的地区，市场比较法除了可直接用于评估房地产价值外，还可用于其他评估方法中有关参数的求取。例如，可以用市场比较法先求取在评估对象上拟开发房屋的未来市场租售价，再采用假设开发法估算其土地价格；可用市场比较法求取评估对象房地产的租金或净收益，再用收益法估算房屋或土地的价格。国外也有用市场比较法求取成本法中的应扣除折旧额的。

二、市场比较法的估价步骤

（一）搜集交易实例

运用市场比较法进行评估，需要搜集并拥有大量翔实的交易实例，以利于掌握市场价格行情，保证估价结果的客观准确性。搜集的交易实例内容包括：（1）交易对象的基本情况，如名称、地址、面积、用途、权属，以及土地形状、土地使用期限、建筑物开工竣工日期、建筑结构等；（2）交易双方基本情况；（3）交易方式，如买卖（协议、招标、拍卖、挂牌）、互换、租赁等；（4）成交日期；（5）成交价格，包括总价、单价以及计价方式；（6）付款方式，包括一次付清、分期付款，对付款期限、利率条件、折扣等影响真实价格的因素都要做尽可能详细的调查记录；（7）融资条件，如首付款比例、贷款利率、贷款期限等；（8）是否存在全部交易税费由买方负担或卖方负担的情况；（9）交易目的以及是否有急卖或急买等特殊交易情况。

搜集房地产交易实例的主要途径有：（1）查阅政府有关部门关于房地产交易的申报登记资料；（2）查阅各种媒体上关于房地产租售的信息；（3）“假冒”房地产购买者，与房地产经办人和交易当事人洽谈，了解各种信息；（4）通过各类房地产交易展示会，索取资料、掌握信息；（5）同行之间相互提供信息资料；（6）从其他途径获取资料。对从所有渠道获取的交易实例资料都要进行核实，以保证评估结果的可信性。

（二）选取可比交易实例

可比交易实例是指可用作比较参照的交易实例。选取可比交易实例就是从已搜集和积累的大量交易实例中，选取与评估对象房地产条件相同或相似的、成交日期与估价时点相近的、成交价格为正常价格或可修正为正常价格的交易实例。运用市场比较法评估，应根据评估对象状况和评估目的，从搜集的交易实例中选取3个以上的可比交易实例。如果可比交易实例少于3个，则其代表性较差，难以客观地反映市场状况，可能造成评估结果出现偏差。

所选取的可比交易实例应符合下列要求：（1）是与评估对象类似的房地产。具体是指：1）与评估对象房地产的用途应相同。用途是指房地产的具体利用方式，可按大类和小类划分。大类用途如商店、办公楼（写字楼）、酒店、旅馆、住宅、工业厂房、仓库等。小类用途是在大类用途的基础上进一步细分。例如，住宅可细分为普通住宅、高档公寓、豪华别墅等；酒店可细分为五星级、四星级、三星级等。2）与评估对象房地产的建筑结构应相同。这里主要指钢结构、钢筋混凝土结构、砖混结构、砖木结构、简易结构等大类结构。如果在大类建筑结构下再细分出的小类建筑结构也相同则更好，如砖木结构进一步可分为砖木结构一等、二等、三等。3）与评估对象房地产所处地段应相同。可比交易实例与评估对象房地产应处于具有相同经济、社会、环境特征的区域或邻近地区，或者处于同一供求圈内或同一级别土地范围内。4）与评估对象房地产的产权性质相同。例如国有建设用地使用权与集体建设用地使用权、国有建设用地使用权的出让与划拨、商品房与经济适用房及共有产权房等，存在影响房地产价值与价格的产权性质方面的差异。（2）成交日期与评估对象房地产的评估时点相近。所选择的可比交易实例房地产的成交日期距价值时点的间隔不宜超过1年，且不得超过2年。（3）成交价格为正常价格，或可修正为正常价格。所谓正常价格是指在公开的房地产交易市场上，交易双方均了解市场信息，以平等自愿的方式达成的交易价格。如果市场上正常的交易实例较少，不得不选择非正常交易实例作为可比交易实例，则也可选取交易情况明了且可修正为正常价格的交易实例作为可比交易实例。

非正常交易是由交易行为中的某些特殊因素造成的，概括起来有：（1）有利害关系人之间的交易。如父子之间、亲友之间、有利害关系的公司之间、公司与其职员之间的房地产交易价格，通常都低于市场价值。（2）急于出售或者急于购买情况下的交易。前者易造成价格偏低，后者则易造成价格偏高。（3）受债权债务关系影响的交易，一般交易价格偏低。（4）交易双方或者一方获取的市场信息不全。如果买方不了解市场行情，盲目购买，则交易价格往往偏高；如果卖方不了解市场行情，盲目出售，则交易价格往往偏低。(5) 交易双方或者一方有特别动机或特别偏好的交易。(6) 相邻房地产的合并交易。假如买方在购买相邻房地产后，与其原有房地产（面积过小）合并，将增加原有房地产的效用，则相邻房地产拥有者可能会因此抬高价格，迫使买方以高于正常价格的价格购买。(7) 特殊方式的交易。例如，以拍卖方式成交的价格，一般多高于市场正常价格；政府以招标方式出让土地使用权时，因注重投标方案的整体效用，故招标的成交价格可能偏高，也可能偏低。在拍卖或招标的公告期过短或公告影响范围过小时，成交价格可能会偏低。(8) 交易税费非正常负担的交易。如交易手续费本应由双方各负担一部分，而实际上却由买方负担；契税本应由买方负担，却协议由卖方缴纳等，这些都会造成交易价格的不正常。

（三）建立可比基础

选取可比交易实例后，应对可比交易实例成交价格的表达方式和内涵进行统一。所选取的若干个可比交易实例之间及其与评估对象之间，可能在成交价格所包含的财产范围、付款方式、成交单价、货币种类、货币单位、面积内涵和面积单位等方面存在不一致，从而无法进行直接的比较修正，因此，需要对它们的表达方式和内涵进行统一，以便进行比较修正。具体内容包括统一财产范围、统一付款方式、统一采用单价、统一货币种类和货币单位、统一面积内涵和面积单位。不同货币种类之间的换算，按照成交时的市场汇率中间价计算。

例如某套住宅的建筑面积为 120 平方米，成交总价为 80 万元，其中附带家具和电器的价值为 5 万元，则该住宅的实际成交价格为 75 万元。再如某宗房地产交易总价为 100 万元，其中首付 30 万元，其余 70 万元在半年后支付，年折现率为 5%，则该房地产在成交日期一次付清的价格为 $30+70/(1+5\%)^{0.5}=98.31$ 万元。

（四）进行多方面差异因素修正

1. 进行交易情况修正。

进行交易情况修正，是为了排除可比交易实例交易行为中的某些特殊因素所造成的成交价格偏差，将其成交价格修正为正常价格。进行交易情况修正的一般步骤为：(1) 测定各特殊因素对房地产交易价格的影响程度，分析比较相对于正常交易情况而言，特殊情况下的房地产交易价格可能产生的偏差大小。进行测定时，可以利用已掌握的同类型房地产交易资料分析计算，确定修正比例或系数，也可以由估价人员根据长期的实践经验，判断确定修正比例或系数。(2) 利用修正系数，修正求得可比交易实例的正常价格。

在交易情况修正方面，我们往往把评估对象的交易情况作为标准，因而通常会把交易情况修正系数写作 100/(　　)。100 表示评估对象交易情况为 100，括号里面要求取的是相比评估对象来说，交易实例的交易情况所导致的交易价格会偏高多少或偏低多少。譬如偏高且偏高 5%则为 105，偏低且偏低 5%则为 95。譬如，买卖双方在合同中约定交易价格为 300 万元，卖方应负担的税费为交易价格的 8%，约定全部由买方负担。显然合同中的 300 万元交易价格不是正常交易即买卖双方各自负担税费情况下的正常交易价格，交易价格相对正常价格偏低8%，因而将300万元修正为正常交易价格的由税负非正常负担导致的交易情况修正系数为100/92。正常价格等于300万元乘以100/92，即326万元。

2. 进行交易日期修正。

交易日期修正，即将可比交易实例在其成交日期的价格修正到价值时点的价格。交易日期修正的方法一般有：(1) 采用房地产价格变动率进行修正；(2) 利用房地产价格指数进行修正；(3) 在无法取得房地产价格指数或变动率的情况下，估价人员可以根据当地房地产价格变动情况和发展趋势，以及自己的经验积累进行判断，加以修正。此外，房地产价格还可以通过分析房地产价格随时间变动的规律，采用时间序列分析方法，建立房地产价格-时间模型来求取。

在交易日期修正方面，我们往往习惯于把可比交易实例的交易时间当作标准时间，看看从标准时间到价值时点同类房地产的价格水平会发生怎样的变化，是上涨了还是下降了，价格变化率是多少。因而，我们通常就会把时间修正系数写为（　　）/100。100表示以可比交易实例交易时间的价格水平为标准100，括号里面要求的就是在价值时点相比于标准时间的价格水平。当有市场公认的同类房地产定基价格指数时，时间修正系数就是(　　)/(　　)，分子和分母分别代表价值时点和可比交易实例交易时间的定基价格指数。

3. 进行区位因素修正。

区位因素修正，是将可比交易实例与评估对象的区位因素相比较，找出由区位因素优劣所造成的价格差异，进行调整。区位因素修正的方法主要有两种：(1) 直接比较修正法，即以评估对象房地产的各项区位因素状况为基准，与可比交易实例相对应的区位因素逐项比较，然后确定修正比率。直接比较区位因素修正以评估对象的区位因素为基准，因此各区位因素修正系数写为100/（　　）。(2) 间接比较修正法，即以设定的某标准房地产的各项区位因素为基准，将可比交易实例和评估对象的区位因素与基准相比较，并根据比较结果逐项打分，再将分值转化为修正比率，修正比率分别为100/（　　）、（　　）/100，二者相乘得到区位因素修正系数（　　）/（　　）。用修正系数乘以可比交易实例交易价格，即可得到可比交易实例在评估对象区位状况下的修正价格。这相当于先将可比交易实例的区位因素修正为标准房地产区位因素，再进一步修正为评估对象的区位状况。

区位因素修正主要包括以下几个方面：(1) 繁华程度，即城市的某些职能在空间上集聚，对企业单位和居民产生吸引力，从而影响房地产收益和利润的程度。商业繁华程度可以从商业的集聚规模和服务等级两方面进行分析。(2) 交通便捷程度，即在空间地域上人们上下班、上下学、走亲访友或购物等往来的可达及便利程度。反映交通便捷程度的因素主要包括临街道路功能及宽度、道路网密度、公交便捷程度和对外交通设施的分布状况。(3) 环境，主要包括自然和人文环境条件及环境质量。环境质量是指区域大气、水、噪声的污染程度。(4) 景观，包括人文景观和自然风景。(5) 公共设施配套完备程度，包括城市基础设施和社会（生活）服务设施两部分。反映其完备程度的指标主要有设施水平、设施的保证率和齐备程度。(6) 楼栋、楼层、朝向等。影响不同用途房地产价格的区位因素不同，比较修正时应根据具体情况选择对其价格有影响的主要因素。

4. 进行实体因素修正。

实体因素修正，是将可比交易实例与评估对象的实体因素相比较，找出由实体因素优劣所造成的价格差异，进行调整。实体因素修正方法与区位因素修正方法一样，可以直接比较修正，也可以间接比较修正。实体因素修正的内容主要包括：(1) 土地实体因素修正，包括面积大小、形状、土地平整程度、宗地内的基础设施完备程度、地势、地质水文状况等因素修正；(2) 建筑物实体因素修正，包括新旧程度、装修、设施设备、平面布局、工程质量、建筑外观及结构等因素修正。

5. 进行权益因素修正。

权益因素修正，包括对土地使用权年限、城市规划限制条件（譬如容积率）、其他产权设立情况等影响房地产价值的因素的修正。权益因素修正也可以采用直接比较修正或间接比较修正。

年限修正系数为：$[1-1/(1+r)^m]/[1-1/(1+r)^n]$。其中，$r$ 为折现率，m 为评估对象剩余使用年限，n 为可比交易实例在成交日期的剩余使用年限。例如某成交实例的剩余使用年限为 30 年，评估对象在评估基准日的剩余使用年限为 20 年，折现率为 8%，则年限修正系数为 $[1-1/(1+8\%)^{20}]\ /\ [1-1/(1+8\%)^{30}]=0.872\ 1$。

在进行因素修正时，各单项因素修正幅度一般不宜超过 20%。

（五）确定比较价值

在对各可比交易实例分别进行多方面差异因素修正后，得到修正后的价值结果。每一修正结果的综合修正幅度一般不宜超过 30%。对可比交易实例进行价格修正后得到结果的最高价与最低价之比不宜大于 1.2。对修正后的结果进行算术平均或加权平均，得到市场比较法评估结果。(1) 算术平均法。例如，可比交易实例 A、B、C 经比较修正后的估价时点价格分别为1 000元/平方米、1 078 元/平方米、1 100 元/平方米，如果认为这三个价格具有同等重要性，则可求得一个综合结果，即综合结果为（1 000+1 078+1 100）/3=1 059（元/平方米）。(2) 加权平均法。上例中，若认为可比交易实例 C 与评估对象房地产的情况最为接近，A 次之，B 相差最远，则相应赋予权数 45%、35%、20%，可求得综合结果为1 000×35%+1 078×20%+1 100×45%=1 061（元/平方米）。

市场比较法中的交易情况、交易日期、区位因素、实体因素和权益因素修正，可采用百分率法、差额法或者回归分析法。百分率法是将可比交易实例与评估对象房地产在某一方面的差异折算为价格差异的百分率来修正可比交易实例价格的方法。例如，评估对象优于可比交易实例 10%，则确定修正系数为 110%；评估对象劣于可比交易实例 10%，则确定修正系数为 90%；可比交易实例优于评估对象 10%，则确定修正系数为 100/110（=90.9%）；可比交易实例劣于评估对象 10%，则确定修正系数为 100/90（=111%）。差额法是求出可比交易实例与评估对象房地产条件的差异所导致的价格差额大小，并在可比交易实例的价格上直接加上或减去这一数额，而求得评估对象房地产价格的修正方法。例如，可比交易实例房地产的朝向为南，成交价格为 2 500 元/平方米。评估对象房地产的朝向为东，而市场上同类型房地产朝南和朝东的差价为 500 元/平方米，则评估对象的价格为：2 500−500=2 000（元/平方米）。

三、回归分析法（特征价格模型）①

回归分析法一般需要至少 40～50 个可比交易实例。这种方法遵循一般的多元回归分析原理，其基本公式为：

$$Y=\alpha+\beta_1 X_1+\beta_2 X_2+\beta_3 X_3+\cdots+\beta_N X_N+\varepsilon$$

式中，Y 为价格或租金，α 为常数，β 为系数，X 为影响价值的因素变量，ε 为因素变量不能解释的价格差异。表 4－4 为某一回归模型中的系数值及其具体应用。该方法用于房地产价值的批量评估，可以大大缩短评估时间，减少评估费用。

表 4－4　　回归分析法在某一居室公寓评估中的应用

因素变量		β	t^*	X	对租金的贡献（元）
X_1	洗碗设施	5.08	6.63	1	5.08
X_2	网球场	4.36	6.64	1	4.36
X_3	蒸汽浴	12.40	24.49	0	0
X_4	以年计租	－11.14	12.52	1	－11.14
X_5	交互作用因素 1	－6.40	13.96	0	0
X_6	交互作用因素 2	－7.38	8.26	1	－7.38
X_7	特殊设施	22.10	6.05	0	0
X_8	邻里环境较差	－17.00	19.50	0	0
X_9	公共及基础设施	4.02	6.20	1	4.02
X_{10}	已装修	24.74	73.44	1	24.74
X_{11}	平均每个卧室的浴盆数	3.15	3.16	1	3.15
X_{12}	平均每个卧室的面积	1.47	7.57	300	441
X_{13}	某特定不良区位	－3.36	7.70	7.7	－25.87
X_{14}	小套公寓	－57.27	26.83	0	
X_{15}	二居室公寓	48.77	282.25	0	
X_{16}	三居室公寓	104.27	450.59	0	
X_{17}	四居室公寓	164.92	435.58	0	
合计					437.96

"交互作用因素 1"表示前 3 项因素综合作用导致的价值增值；"交互作用因素 2"表示由前 3 项因素中的两个因素导致的价值增值。
R^2＝0.885 2；
标准差＝2.9%；
自由度＝17；
F＝80.78；
常数＝134.68。
一居室不包括常数项的特征因素租金为 437.96 元；小套公寓的特征因素租金为 437.96－57.27＝380.69（元）；两居室公寓的特征因素租金为 437.96＋48.77＝486.73（元）；三居室公寓的特征因素租金为 437.96＋104.27＝542.23（元）；四居室公寓的特征因素租金为 437.96＋164.92＝602.88（元）。

＊t 为显著性水平检验值。

四、基准地价修正法

基准地价修正法是将基准地价作为市场比较法中的可比交易实例，然后对基准地

① John B. Corgel，et al. *Real Estate Perspectives*. Irwin/McGraw-Hill，1998：385－388.

价进行交易日期、区位因素、实体因素及权益因素等因素修正，得到某一宗地价格的评估方法。基准地价水平和基准地价修正系数应以当地政府公布的标准作为估价依据。比如，某城市的一宗土地，城市规划批准为住宅用地，该宗地的基本情况和修正系数及计算过程见表 4-5。

表 4-5　　某宗地地价的基准地价修正法评估计算表（2018 年 12 月 22 日）

修正因素			修正因素状况	修正系数（%）	计算过程及结果（元）
基准地价 7 800 元/平方米（70 年）					7 800
基准地价（2015 年 6 月 30 日）的价值时点修正			年上涨 3%	110	7 800×110%=8 580
区位因素	繁华程度	距离城市商业服务中心	3 000 米	0.73	8 580×1.067 1=9 156
		距离区级商业服务中心	400 米	1.45	
		距离社区级商业服务中心	220 米	0.73	
	交通条件	距离公共交通站点	90 米	0.87	
		附近公共交通车流量	25 次/小时	0.58	
		距离主次干道	90 米	1.16	
	生活及文体设施	距离医院	1 000 米	0	
		距离邮局	1 100 米	−0.44	
		距离中学	800 米	−1.02	
		距离小学、幼儿园	250 米	1.06	
		距离影剧院	900 米	0	
		距离图书馆、文化馆	1 600 米	−0.44	
	环境条件	距离公园	900 米	0.29	
		环境污染	轻度	0	
	基础设施条件		良	1.74	
	小计			6.71	
实体因素及权益因素	宗地形状及面积		不限制开发	0	9 156×1.008 6=9 235
	容积率		1.09	0.87	
	土地使用权年限（折现率 10%）		55 年	−0.01	
	小计			0.86	
该宗地 2018 年 12 月 22 日单价为 9 235 元/平方米，总地价为 9 235 元/平方米×24 000 平方米=22 164万元。					

五、市场比较法应用举例

（1）评估对象是某城市的一块空地，城市规划为住宅用地，总面积为 500 平方米。现要评估其在 2020 年 6 月 28 日的市场价值。该类土地交易实例近期在邻近地区发生较多，因而拟选用市场比较法评估地价。首先搜集交易实例，经过分析选出三个可比交易实例，其情况详见表 4-6。

表 4-6　　评估对象及可比交易实例资料

项目		评估对象	可比交易实例 1	可比交易实例 2	可比交易实例 3	备注
坐落		略	略	略	略	
所处地区		4-3	相同	临近	临近	
类型		空地	空地	空地	有地上建筑物	
单价（元/平方米）		待求	1 300	1 250	1 170	
交易日期		2020 年 6 月 28 日	2019 年 10 月 25 日	2019 年 2 月 4 日	2019 年 12 月 20 日	
估价时点修正系数			108/100	104/100	106/100	月均上涨 1%
交易情况		正常	拍卖出让	正常	正常	
交易情况修正系数			100/110	100/100	100/100	
实体因素	面积	500 平方米	450 平方米	430 平方米	300 平方米	
	形状	规则	规则	规则	规则	
	地质水文	一般	一般	水位稍高	一般	
	地势	平坦	平坦	平坦	平坦	
	上下水道	可满足使用	可满足使用	可满足使用	可满足使用	
	实体因素修正系数		100/100	100/98	100/97	
权益因素	规划限制（容积率）	4	4	4	3.8	
	权益因素修正系数		100/100	100/100	100/97	
区位因素	距大商业服务网点	2.5 千米	2.2 千米	2.4 千米	2.4 千米	
	临路状况	次干道	次干道	次干道	支路	
	社会环境	一般	一般	一般	一般	
	交通便捷程度	好	好	一般	一般	
	环境质量	一般	一般	一般	一般	
	公共基础设施配套	齐全	齐全	齐全	齐全	
	景观	好	一般	一般	一般	
	区位因素修正系数		100/101	100/98	100/97	
总修正系数			0.972 1	1.082 9	1.161 4	
修正价格（元/平方米）			1 263.73	1 353.63	1 358.84	
总修正幅度			2.8%	8.3%	16.1%	
权重			80%	13%	7%	
评估单价结果为 1 263.73×80%+1 353.63×13%+1 358.84×7%=1 282.07（元/平方米），总地价为 64.1 万元。						

（2）评估对象为一套面积为 140 平方米的三室一厅住宅，位于某花园小区内。现运用市场比较法评估该住宅的价格，评估对象及可比交易实例的具体情况见表 4-7。

表 4-7　　运用市场比较法评估的住宅资料

	评估对象	可比交易实例 1	可比交易实例 2	可比交易实例 3	可比交易实例 4	可比交易实例 5
出售价（元）	待求	670 000	750 000	560 000	669 000	532 000
交易情况	正常	分期付款	分期付款	正常	正常	正常
交易情况修正额（元）		−10 000	−10 000	0	0	0
修正后价格（元）		660 000	740 000	560 000	669 000	532 000
成交日期（价值时点）	2020 年 6 月 30 日	2020 年 6 月 15 日	2020 年 5 月 20 日	2019 年 5 月 17 日	2019 年 12 月 19 日	2019 年 6 月 5 日
时间修正系数		1	1	1.179	1.08	1.165
修正后价格（元）		660 000	740 000	660 240	722 520	619 780
区位及环境		相似	相似	相似	相似	相似
区位因素修正系数		1	1	1	1	1
剩余年限（年，折现率 10%）	60	60	65	60	60	55
年限修正系数		1	0.998 8	1	1	1.002
调整后价格（元）		660 000	739 112	660 240	722 520	621 020
建筑面积（平方米）	140	140	160	140	160	140
面积影响修正额（元）		0	−79 112	0	−79 112	0
修正后价格（元）		660 000	660 000	660 240	643 408	621 020
固定的停车位	无	有	有	有	无	无
停车位修正额（元）		−16 832	−16 832	−16 832	0	0
修正后价格（元）		643 168	643 168	643 408	643 408	621 020
楼层（无电梯）	多层 3	多层 3	多层 3	多层 3	多层 3	多层 6
楼层修正系数		1	1	1	1	1.06
修正后价格（元）		643 168	643 168	643 408	643 408	658 281
总修正额（元）		26 832	106 832	−83 408	25 592	−126 281
总修正额的绝对值占出售价的百分比		4%	14%	15%	4%	24%
权重		35%	12%	12%	35%	6%
确定总价格为 643 168×0.35+643 168×0.12 + 643 408×0.12 + 643 408×0.35+658 281×0.06=64.4（万元）。						

估算过程说明：1）可比交易实例 1 和可比交易实例 2 的合同总价款是分期付款，按照市场利率统一折算到成交日期，实际价格应分别扣减 10 000 元。2）分析对比交易情况修正后的可比交易实例 1 和可比交易实例 3（这时只存在成交日期差异），可以看出二者的价格差为 100 000 元，这主要是因为成交日期（相差 13 个月）的不同，可以断定月均

价格上涨了（660 000－560 000）/(13×560 000)，即月均上涨了1.374%，据此可以估算出时间修正系数。3）年限修正运用前面的年限修正系数公式计算。4）比较年限修正后的可比交易实例1和可比交易实例2（这时只存在面积差异），可以看出140平方米和160平方米的价格差为79 112元。5）比较面积修正后的可比交易实例3和可比交易实例4（这时只存在有无停车位差异），可以看出有无停车位的价格差为16 832元。6）楼层修正系数参照相关经验数据确定。

第四节　房地产的收益法评估

一、收益法的基本理论

（一）收益法的原理及适用范围

收益法（income approach）又称收益资本化法（income capitalization approach）、投资法（investment method）。它是将评估对象在评估时点后的所有正常纯收益，用适当的折现率折算到评估时点价值的方法。收益法运用了预期收益原理，即某宗房地产的市场价值，为该房地产自评估时点后能够产生的各项净收益现值之和。收益法的关键是准确估算评估对象所产生的预期净收益及其发生时间，以及恰当的折现率。

收益法适用于有收益或有潜在收益的可正常经营用房地产的评估。政府机关、学校、寺庙等公益或特殊用途房地产的评估，一般不适宜用此方法。

（二）收益法的评估步骤

运用收益法评估，应按下列步骤进行：(1) 搜集有关评估对象或类似评估对象房地产的经营收入、费用、投资收益率等相关资料；(2) 估算评估对象预期每年的潜在毛收入；(3) 估算每年的有效毛收入；(4) 估算经营费用；(5) 估算净收益；(6) 估算适当的折现率；(7) 选用适宜的计算公式，求出收益价格。

二、净收益估算

（一）潜在毛收入估算

潜在毛收入是指在假定评估对象被全部利用或出租的情况下，按照市场平均经营状况或市场租金水平，估算评估对象所能够产生的总收入。潜在毛收入的估算，可以用类似房地产的毛收入进行市场比较，以及对评估对象经营历史上的毛收入资料进行分析确定。在运用市场资料进行市场比较时，要具体分析类似房地产的经营形式、经营管理水平、租金支付方式（按年或月、年初或年末等）、租金调整方式（固定租金、预先确定调整幅度和时间、可定期根据市场行情或某种指数调整、最低租金加分成租金等）、出租期限、保证押金、可否转租或分租、租赁双方的权利和义务等方面，通过比较分析确定市场租金（不同于契约租金）。对历史毛收入资料的分析，要考虑到其历史经营水平、未来市场前景等因素，并与类似房地产的经营进行比较，作出适当的调整。

（二）有效毛收入估算

有效毛收入是从潜在毛收入中扣除评估对象预期可能存在的部分闲置（空置）及坏账等损失后的收入，即评估对象在正常经营情况下预期产生的实际收入，包括租赁保证金及押金的利息。其中一般不应该包括非房地产部分如家具使用等产生的收入，除非家具等也在评估的附属范围之内，这一点视具体情况而定。另外还要考虑租约限制，比如若评估对象在价值时点后前三年的租金额已经被卖方和承租人在原租约中合法确定，则前三年的租金无论市场行情怎样，都是已经确定的，因而不能将该部分调整为市场租金。

（三）经营费用估算

经营费用一般包括经营管理费、日常维修费、保险费、税金等，具体内容要根据租赁契约规定的租金含义来取舍。比如租约规定日常维修费由承租方全部或部分负担时，承租方负担部分就不作为费用扣除，水电费、垃圾处理费等如果由出租方负担，则应作为费用予以扣除。折旧费、债务及利息支付、与经营无关的特殊成本等，一般不作为费用扣除。如果在负担有抵押权的房地产出售时，买卖双方协定在交易后仍然负担原抵押权，则应扣除抵押担保部分的债务及利息支付。

（四）净收益估算

净收益等于有效毛收入减去经营费用。拟出租的房地产净收益等于其预期租赁收入减去维修费、管理费、保险费、税金等。拟进行商业经营的房地产净收益等于商品销售收入减去商品销售成本、经营费用、销售税金及附加、管理费用、与房地产投资无关的财务费用、不包括房地产投资的商业经营资本投资利润。生产型房地产净收益等于商品销售收入减去生产成本、商品销售费用、销售税金及附加、管理费用、与房地产投资无关的财务费用、不包括房地产投资的商业经营资本投资利润。在估算净收益时，根据净收益在过去、现在、未来的变动情况，以及评估对象的可获收益年限，确定未来（价值时点以后）的净收益流量。评估对象的未来净收益流量既可能是每年基本固定不变的，也可能是每年按某个固定的数额（或比率）递增或递减，还可能按其他方式变化，这都需要具体分析。

三、折现率估算①

收益法中的折现率实质上是投资收益率，我们可以将它看作是估价对象投资的机会成本，正确的折现率是投资者能够从一项“相似的”投资中得到的收益率。折现率的估算方法如下所示。

（一）市场提取法（市场比较法）

该方法是通过在市场上搜集3个以上类似房地产的价格、净收益资料，选用相应的公式计算出折现率，如表4-8所示。

表4-8　用市场比较法求取折现率

	可比交易实例1	可比交易实例2	可比交易实例3	可比交易实例4
潜在总收入（元）	30 000	20 000	28 000	26 000
空置及坏账损失（元）	1 500	1 000	1 400	1 300
经营费用（元）	15 000	10 000	14 000	13 000
净收益（元）	13 500	9 000	12 600	11 700
出售价格（元）	94 900	57 400	81 800	79 300
年限（年）	32	28	26	30
可比交易实例折现率（%）	14	15.4	15	14.5
折现率取值（%）	14.7			

在这里我们使用了$P=a[1-1/(1+r)^n]/r$来求取公式中的折现率r。第二章的收益法里提到过，折现率不同于资本化率。资本化率通常直接用某一年的净收益譬如预期第一年的收益除以价格求得，即$r=a_1/P$。我们使用表4-8中的每个可比交易实例的净收益除以出售价格，可以分别得到14.2%、15.7%、15.4%、14.8%，平均等于15%。这个15%可以理解为资本化率（净收益除以价格），而不同于折现率。15%只可用于公式$P=a/r$，这里的r为资本化率。当然，由于我国的土地制度及土地使用年限规定问题，在应用资本化率进行房地产评估时，求取资本化率的可比交易实例的剩余年限应当与被评估房地产的剩余年限接近，或者说在年限方面具有一定的可比性。如果这里要用收益法求取一宗剩余年限为50年的类似房地产的价值，折现率是可用的，而资本化率就不适用了，毕竟30年和50年的差距有点大了。现实中比较常见的错误是，用市场比较法求取的明明是由“净收益/价格”得到的资本化率，却将其作为折现率参数，应用到有收益年限的收益法计算公式中。

（二）资本资产定价模型

该模型认为折现率等于无风险报酬率加风险报酬率。其计算公式为：

① 在我国的《城镇土地估价规程》（GB/T 18508-2014）中，折现率被称为“还原率”，在《房地产估价规范》（GB/T 50291-2015）中，它被称为“报酬率”。当使用“资本化率”一词时则不考虑收益期限。

$$r=r_f+\beta(r_m-r_f)$$

式中，r 为折现率，r_f 为无风险报酬率，β 为投资评估对象房地产的不可分散（系统性）风险系数，r_m 为社会投资平均报酬率或市场利率。β 大于 1，说明该投资的风险高于社会投资的平均（系统性）风险；β 等于 1 或小于 1，分别说明该投资的风险等于或小于社会投资的平均风险。无风险报酬率一般选用一年期国债利率。风险系数根据评估对象所在地区的经济趋势、评估对象的用途等确定。仅从用途角度来说，商业用房、写字楼、工业用房的投资风险依次降低，β 值也依次下降。在较难取得 β 值的情况下，有时也可以根据相同的原理采用加和法求取折现率，如表 4－9 所示。

表 4－9　　　　采用加和法求取折现率

无风险报酬率	0.100
对承受营业风险的补偿	0.020
对缺乏流动性的补偿	0.013
对经营管理的补偿	0.002
易于抵押贷款	－0.003
折现率	0.132

四、收益法应用举例

评估对象为一栋写字楼，它是钢筋混凝土结构。土地面积为 10 000 平方米，建筑面积为 50 000 平方米，使用面积为 35 000 平方米，土地使用权年限为自 2015 年 6 月 30 日起 50 年，现需要评估该写字楼在 2020 年 6 月 30 日的价格。评估过程如下：该评估对象为收益性房地产，适宜选用收益法进行评估。市场调查分析表明，该写字楼已经全部租出。目前的契约租金月平均为 250 元/平方米，其中有 50％面积的租期截止到 2020 年 12 月底，另外 50％面积的租期截止到 2021 年 6 月底。该写字楼的市场租金应为 300 元/月・平方米，可出租使用面积为 32 000 平方米，其余 3 000 平方米为管理人员用房和设备用房。同类物业的市场平均空置率预期将继续保持在 12％左右。楼内办公家具由出租人提供，原价值为 400 万元，经济耐用年限为 10 年，残值率为 2％。日常管理及维修费用每月为 75 万元，房产税为房屋租金（扣除家具部分）的 12％，其他税费约为实际总租金收入的 6％。

第一步，估算 2020 年 6 月 30 日至 2020 年 12 月 30 日期间的有效总收入、有关税费和净收益。

（1）有效总收入为：

6×250×32 000＝4 800（万元）

（2）家具折旧费为：

0.5×400×(1－2％)/10＝19.6（万元）

（3）日常管理及维修费用为：

75×6=450（万元）

（4）房产税为：

(4 800−19.6)×12%=573.648（万元）

（5）其他税费为：

4 800×6%=288（万元）

（6）净收益为：

4 800−19.6−450−573.648−288=3 468.8（万元）

第二步，估算2021年的净收益。

（1）有效总收入为：

32 000×0.5×250×6+32 000×0.5×0.88×300×6

+32 000×0.5×0.88×300×12=10 003.2（万元）

（2）家具折旧费为：39.2万元。

（3）日常管理及维修费用为：900万元。

（4）房产税为：

(10 003.2−39.2)×12% =1 195.7（万元）

（5）其他税费为：600.2万元。

（6）净收益为：7 268.1万元。

第三步，估算自2022年起每年的净收益。

（1）有效总收入为：

32 000×0.88×300×12=10 137.6（万元）

（2）家具折旧费为：39.2万元。

（3）日常管理及维修费用为：900万元。

（4）房产税为：

(10 137.6−39.2)×12% =1 211.8（万元）

（5）其他税费为：608.3万元。

（6）净收益为：7 378.3万元。

第四步，确定折现率。

通过市场比较估算确定折现率为10%。

第五步，计算房地产价格。

由调查分析可知，该写字楼可以使用到2065年6月底。2020年6月30日的房地产评估总价值为：

$$\frac{3\ 468.8}{1.1^{0.5}}+\frac{7\ 268.1}{1.1^{1.5}}+\frac{7\ 378.3\times[(1+0.1)^{43.5}-1]}{0.1\times(1+0.1)^{43.5}\times1.1^{1.5}}=72\ 548.94\text{（万元）}$$

每建筑平方米价格为：

72 548.94÷5=14 509.79（元）

第五节 房地产的假设开发法评估

一、假设开发法的基本理论

（一）假设开发法的原理及适用范围

假设开发法（hypothetical development method）又称剩余法（residual method）、倒算法等。假设开发法是将评估对象房地产预期开发后的价值，扣除预期各种开发及销售的费用、税金、期望利润，所得剩余额作为评估对象房地产的评估价格。假设开发法的基本理论依据是古典经济学的地租剩余理论。

假设开发法适用于具有投资开发或再开发潜力的房地产价格评估，具体来说包括以下情况：（1）将生地开发为熟地租售；（2）在熟地上建造房屋租售；（3）由生地建造房屋租售；（4）将毛地开发为熟地租售；（5）由毛地建造房屋租售；（6）将旧房屋装修改造为新房屋后租售；（7）将在建工程完成为房地产租售。综合各种情况的基本公式为：

待评估房地产价值＝预期开发完成后的房地产价值－价值时点后预期开发成本
－预期管理费用－销售费用－销售税费－投资利息
－投资利润－取得评估对象的税费

在假设开发法中，生地是指已经完成土地使用批准手续（包括土地使用权出让手续），可用于建设开发的土地，该土地无基础设施，或虽有部分基础设施，但尚不完全具备道路、（临时用）水及电等三通条件，同时地上地下待拆除的房屋和构筑物尚未被搬迁拆除。毛地是指已经完成土地使用批准手续（包括土地使用权出让手续），至少具备道路、（临时用）水及电等三通条件，但地上地下待拆除的房屋和构筑物尚未被搬迁拆除的可用于建筑的土地。熟地是指具有完善的基础设施，且地面平整，可用于建筑的土地。

运用假设开发法，应把握评估对象在开发投资前后的状态，以及开发后房地产的经营方式。

（二）假设开发法的评估步骤

假设开发法的评估步骤包括：（1）调查评估对象的基本情况，包括评估对象的区位、宗地面积及形状等特征、土地利用的规划限制、产权状况。（2）选择最佳开发利用方式。通过对评估对象的现状及规划前景、开发投资市场前景等因素的分析，确定最佳开发利用方式。（3）估计开发经营期，包括建设期估计、租售经营期估计。准确的开发经营期估计，是租售价格、建筑费用投入、利息等参数估计及考虑货币时间价值的基础，也是降低评估对象投资购买风险的重要措施。（4）预测开发完成后的房地产价值。在预期市场发展较为稳定的情况下，可以采用市场比较法确定一个合理的价格，再从市场未来发展变化的角度对市场比较法结果进行适当的修正。在有较多可供分析利用的长期历史价格资料的条件下，可以采用数理统计分析方法进行市场价格趋势预测，再根据预期开发完成后的房地产状况和市场上买卖的房地产平均状况，进行比较分析，判定预测房地产价值。这里要注意所用数理统计分析方法的局限性。（5）估算开发成本、管理费用、投资利息、销售费用、开发利润、购买估价对象应负担的税费。开发利润的估算，可以以待评估房地产价值及取得税费和开发成本之和为基数计算直接成本利润，或再加上管理费用、销售费用，以此为基数计算投资利润，或进而加上投资利息，以此为基数计算成本利润，或以预期开发完成后的房地产价值为基数计算销售利润。要注意在取不同的基数时，利润率也有所不同。利润率一般按照同类房地产项目开发的市场平均利润率计算，不同的投资者也可以根据自己的投资期望，确定适合自己的利润率。（6）在完成假设开发法公式中的各项参数估算后，参考基本公式进行具体的计算。具体计算时，也可以考虑运用折现方法，将预期开发完成后的房地产价值、开发成本及管理费用、销售费用及销售税费等参数估算结果，折现为价值时点或者评估基准日的价值，而对投资利息及开发利润不再进行单独估算和扣减。这两种计算方式分别称为静态法和动态法，也可称为传统方法和现金流量折现法。通常认为静态法或传统方法没有考虑货币的时间价值，其实两种计算方式在本质上都考虑了货币的时间价值，无非对货币时间价值的考虑方式不同，一个是通过利息、利润估算考虑货币的时间价值，另一个是用折现率来考虑货币的时间价值。

二、假设开发法应用举例

例：1988 年上海虹桥经济技术开发区第 26 号地块面向国际招标。该地块面积为 12 927 平方米，可利用方式为商住综合用途，容积率为 5。该地块最终由日本孙氏企业有限公司于 1988 年 6 月 30 日以 10 416 万元取得。香港一家地产咨询公司受托为日本孙氏企业有限公司进行该地块投标报价的评估。该咨询公司的评估过程如下。

（1）上海市高级宾馆、高级公寓的市场调查。1）高级宾馆市场调查。调查结果表明，到上海市或途经上海市的海外游客数量按年 110%的速度递增，而高级宾馆类客房年增长率为 130%，到 1990 年高级客房数量将达到 2 万间。1987 年客房空置率为 25%，今后随着几家高级宾馆的建成和投入使用，客房空置率将进一步上升。华亭等高级宾馆或酒店已经开始采取降低价格吸引顾客的措施。2）高级公寓市场调查。1984—1987 年，外商在上海设立的公司或办事机构年增长率为 77%，到 1990 年底预计达到 3 000 家左右。这些外企的白领阶层都希望租到或买到高级公寓住房，而市场所能够提供的数量较少。外国驻上海领事和商务代办处的外职人员，近年以每年 26%的速度递增，1988 年初外职人员及其家属大约有 4 000 人，到 1990 年有望达到 8 000 人。上海的归侨及华侨家属约有 60 万人，今后这一数量将会增加，他们也对高级公寓有需求。3）市场分析表明，兴建多功能高级公寓是一种最佳利用方式。通过对国内主要城市的高级公寓及上海市近期开盘出售的高级公寓和写字楼价格的调查分析，预期建成后的高级公寓出售价格不低于 10 760 港元/平方米。

（2）造价估算。由国内建筑承包商施工，每平方米造价可以控制在 5 382 港元内，建筑成本大约占楼价的 50%。

（3）单位面积地价及总地价测算。假定售价为 11 840 港元/平方米，开发每平方米的资本投入利息及利润为 3 229 港元，则楼面地价为 11 840－5 382－3 229＝3 229（港元/平方米）。容积率为 5，因而每平方米地价大约为 16 145 港元。总地价为 20 871 万港元，兑换成美元为 2 676 万美元（1988 年 6 月 30 日美元兑港元汇率为 1∶7.8）。

日本孙氏企业有限公司董事长孙忠利先生 1988 年 6 月 30 日以 10 416 万元报价夺标，按当日国家外汇买入价折算成 2 805 万美元支付。实际成交地价高出评估地价 4.8%。

例：某建设用地使用权于 2020 年 4 月 15 日以出让方式取得，总面积为 200 000 平方米，规划容积率为 2，其中配套建设 20%的经济适用房，价格为 4 800 元/平方米，其余为商品房。项目建筑安装费用为 1 500 元/平方米，前期工程费、管理费分别为建筑安装费的 10%和 6%。到 2021 年 10 月 15 日完成主体结构，预计完全建成尚需要 1.5 年，还需要投入 40%的建筑总费用，费用均匀投入。产权人因资金问题需要转让该在建工程项目，以至于工程项目需要停滞 0.5 年后才能够续建。契税税率为 3%。同类商品房售价为 7 000 元/平方米，销售费用及销售税费分别为售价的 3%和 6%，销售费用在建成前半年均匀投入，项目建成时全部售出。折现率为 10%。估算该在建工程 2021 年 10 月 15 日的市场价值。

（1）动态法估算。

1）总建筑面积＝20×2＝40（万平方米）；

2）预期总楼价的现值＝[40×20%×4 800＋40×80%×7 000]÷1.1^{2}＝216 860（万元）；

3）开发成本＝1 500×(1＋10%＋6%)×40×40%÷$1.1^{1.5/2}$÷$1.1^{0.5}$＝24 713（万元）；

4）销售费用＝[40×20%×4 800＋40×80%×7 000]×3%÷$1.1^{0.5/2}$÷$1.1^{1.5}$＝6 663（万元）；

5）销售税费＝216 860×6%＝13 012（万元）；

6）契税为在建工程价格的 3%；

7）在建工程估值＝(216 860－24 713－6 663－13 012)÷1.03＝167 449（万元）。

（2）静态法估算。

1）预期总楼价＝40×20%×4 800＋40×80%×7 000＝262 400（万元）；

2）开发成本＝1 500×(1＋10%＋6%)×40×40%＝27 840（万元）；

3）销售费用＝［40×20%×4 800＋40×80%×7 000]×3%＝7 872（万元）；

4）销售税费＝262 400×6%＝15 744（万元）；

5）利息利润＝27 840×($1.1^{0.75}$－1)＋在建工程价格×1.03×(1.1^{2}－1)＋ 7 872×($1.1^{0.5/2}$－1)＝2 063＋0.216 3×在建工程价格＋189.8；

6）契税为在建工程价格的 3%；

7）在建工程估值＝（262 400－27 840－7 872－15 744－2 063－189.8)÷1.246 3＝167 449（万元）。

第五章

无形资产评估

本章学习目的

1. 熟悉无形资产的分类和特点。

2. 理解无形资产价值评估的前提。

3. 理解并掌握无形资产价值的影响因素及其在无形资产价值评估中的运用。

4. 掌握收益法、成本法在无形资产评估中的应用。

5. 运用收益法、成本法等评估方法，对专利权、专有技术、商标权、特许权、著作权、租赁权、商誉等无形资产的价值进行评估。

案例导入

中联资产评估集团有限公司接受中国航天时代电子有限公司，以及北京航天控制仪器研究所的委托，对北京航天控制仪器研究所拟用于出资所涉及的 32 项软件著作权的市场价值进行评估，评估范围主要涉及基础软件平台、智慧公交产业、智慧冷链产业、地灾监测产业和智慧狱所产业等领域。资产评估师以持续使用和公开市场为前提，采用成本法和收益法对北京航天控制仪器研究所拥有的 32 项软件著作权进行了评估，在进一步分析两种方法估算结果的基础上，最终以成本法评估值作为评估结论，确定 32 项软件著作权在评估基准日 2020 年 12 月 31 日的评估价值为 2 536.00 万元（不含增值税）。随着《知识产权强国建设纲要（2021—2035 年）》和《“十四五”国家知识产权保护和运用规划》等知识产权制度和政策的实施，上述以软件著作权等无形资产进行转让、质押、投资、损害赔偿和诉讼，以及无形资产自身价值管理等行为将日益增多，无形资产评估也将在知识产权保护、创造、运用、管理和服务等创新驱动发展领域发挥重要作用。掌握不同类型无形资产在不同评估目的之下的评估方法将是本章学习的重要目标。

第一节　无形资产评估概述

一、无形资产的概念

（一）无形资产的定义

无形资产是指不一定占有空间、不具有实物形态，而可以进入流通领域，为其权利人带来经济利益的资产。无形资产同有形资产一样具有价值，具备为权利人所用而获取经济利益的功能，而与一般有形资产不同的是，很难直接根据无形资产的生产成本投入来计算其价格。

无形资产的具体范围目前并没有明确的界定，各个国家只是在不同的领域具有不同的规范。比如，我国《企业会计准则第 6 号——无形资产》规定："无形资产，是指企业拥有或者控制的没有实物形态的可辨认非货币性资产。"2017 年 10 月 1 日起施行的《资产评估执业准则——无形资产》规定："无形资产，是指特定主体所拥有或者控制的，不具有实物形态，能持续发挥作用并且能带来经济利益的资源。"中华人民共和国国家标准《无形资产分类与代码》（GB/T 35416－2017）将无形资产定义为"特定主体拥有或者控制的，不具有特定实物形态，能持续发挥作用且能带来经济利益的非货币性资源"，将无形资产划分为专利、非专利技术、著作权、资源资质、商标权、信息数据、经营等七类。① 美国评估公司认为企业的无形资产范围包括促销型资产、制造型资产、金融型资产（见表 5－1）。

表 5－1　美国评估公司认定的无形资产的范围

促销型资产（marketing assets）
商标（trademarks）
顾客名单（customer lists）
包装（packaging）
订单（backlogs）
广告资料（advertising materials）
特许权（franchises）
货架空位（shelf space）
许可证（licenses）
经销网（distribution network）

① 中国香港地区并不将土地使用权列入无形资产。

续表

制造型资产（manufacture assets）
专利（patents） 配方（formulas） 经营秘密（trade secrets） 专有技术（know-hows） 图纸（drawings） 供应合同（supply contracts） 新产品开发（new product development）
金融型资产（financial assets）
优惠融资（favorable financing） 配套员工（assembled workforce） 软件（software） 版权（copyrights） 核心存款（core deposits） 不竞争契约条款（covenant not to compete） 租赁权（leasehold interests） 雇佣合同（employment contracts） 数据库（database） 超额年金计划（overfunded pension plans） 解雇率（unemployment ratings） 商誉（goodwill）

（二）无形资产的分类

对无形资产可以按照以下标准进行分类。

1. 按存在期限，划分为有期限无形资产和无期限无形资产。

有期限无形资产是指资产的有效期为法律或合同所规定了的无形资产，如专利权、版权、特许权、商标权等；无期限无形资产是指资产的有效期没有以法律或合同等形式加以规定的无形资产，如商誉、非专利技术等。

2. 按能否独立存在，划分为可辨认无形资产和不可辨认无形资产。

一项资产如果满足以下特点就是可辨认的：(1) 它是可分离的，即不论其实体是否打算将它分离，它都能够单独地或连同有关的合同与确定的资产或负债分离，或者能从实体中分割出来，用来进行销售、转让、许可、出租或交换；(2) 它是源自合同或其他合法权利的资产，无论这些权利可否被转让或从实体或其他权利和义务中分离。

一般而言，可辨认的无形资产主要包括以下类别：(1) 市场关系类无形资产。这些资产主要集中在市场营销或提升产品或服务中使用。比如：商标、商业名称、服务商标、集体商标和证明商标；商业外观（独特的颜色、形状或包装设计）；报纸标题；互联网域名；非竞争条款。(2) 客户或供应商关系类无形资产。这类资产源于与客户或供应商的关系和专业知识。比如：广告、建筑、管理、服务或供货合同；许可、使用和停止的协议；服务合同；订单；雇佣合同；使用权，如钻井、水、空气、木材切割和机场降落位置；

特许经营协议；客户关系；客户名单。(3) 技术类无形资产。这类资产主要指权利和技术使用权（专利技术和非专利技术）、数据库、公式、设计、软件、流程和制作方法。(4) 艺术类无形资产。这类资产是指获取利益的权利，例如从戏剧、书籍、电影和音乐等艺术作品中获得特许权使用费，以及从非合同性质的版权保护中获得收益。

任何与企业相关的不可辨认无形资产通常被称为商誉，它不能从企业中单独分离出来进行买卖、抵押。商誉的价值是从企业的总价值中扣除所有可辨认的有形资产、无形资产和货币性资产，并去除负债和或有负债后的剩余数额。商誉包括以下几种：(1) 客户资源；(2) 一个企业所产生的额外收入，超过或高于来自可辨认有形资产、无形资产或货币性资产的公平回报；(3) 企业作为一个整体的额外价值，超过或高于其可辨认有形资产、无形资产或货币性资产的总价值。

赖利和施韦斯还从适合运用相似评估方法的角度，将无形资产分类为：与市场营销相关的无形资产，如商标、商业名称、品牌、标识；与技术相关的无形资产，如程序专利、专利申请、技术资料、实验记录、技术诀窍；与艺术相关的无形资产，如著作权、图纸、雕刻；与数据处理相关的无形资产，如计算机软件、数据库；与工程相关的无形资产，如工业设计、商业秘密、工程图纸；与客户相关的无形资产，如客户名单、客户关系；与合同相关的无形资产，如许可证协议、优惠供货合同；与人力资源相关的无形资产，如劳动合同；与位置相关的无形资产，如采矿权、租赁权；与商誉相关的无形资产等。①

另外，还可以按技术含量分为技术型无形资产和非技术型无形资产，按取得方式分为自创型无形资产和受让型（包括外购、继承、受赠等）无形资产，按作用领域分为促销型无形资产、制造型无形资产、金融型无形资产。

（三）无形资产的特点

无形资产除了具有一般资产的共性外，还具有其自身的特点，这表现为以下几个方面。

1. 非实体性。

无形资产看不见、摸不着，是隐形存在着的，没有实体形态，一般只能通过某一法定的凭证如资料、表格、文件、图表、软盘、目录、合同等有形的形式来表现。由于无形资产的非实体性，因而它一般只存在无形损耗，不存在有形损耗。

2. 价值形成的积累性。

知识型无形资产、关系型无形资产及结合型无形资产，往往是通过资产主体长期的研究开发或生产经营活动的积累而逐渐形成的，其价值也随资金、劳动、管理等各类资本投入的积累而日益增加。

3. 开发成本界定的复杂性。

大多数无形资产是通过日积月累的资本投入而逐渐形成的，如专利技术、版权、客户名单、商誉等，特别是一般企业可能往往同时拥有多项无形资产，而许多无形资产很难界定是由哪些资本、多少资本投入形成的，如客户关系。一项资本投入到底可以形成哪些无形资产，对各无形资产的价值增加产生多大的贡献也很难衡量，比如某个企业的

① 赖利，施韦斯．无形资产评估．北京：中国大百科全书出版社，2001：15.

一项专利技术开发成功，会使得该企业因拥有了该专利技术而增加价值，而该项专利技术的使用或转让，也可能同时会增加该企业的客户关系、商誉等无形资产的价值，但很难衡量对这些无形资产价值增加产生了多大的“衍生”贡献，因而大多数无形资产形成所花费的成本难以界定清楚。

4. 价值的较大不确定性。

相对于机器设备、房地产等有形资产而言，无形资产的经济寿命受到技术进步、市场变化等外在不确定性因素的影响更大，以致其预期收益的实现即价值具有较大的不确定性。

无形资产与有形资产的本质区别在于：有形资产的价值完全来自它的有形的物质特性，而无形资产的价值仅来自与无形资产所有权相联系的财产权利，以及一些无形的因素或影响。比如，一个无形资产文件的价值并不是来自储存该文件的计算机软盘，其价值更不会随该软盘的复制而“复制”。不过，无形资产价值的实现，则必须借助于有形资产。

二、无形资产的价值评估

（一）无形资产价值评估的前提

无形资产的使用能够产生超额利润，是无形资产价值评估的前提。如果一项无形资产的使用不能给买方带来预期的超额利润，对买方来讲也就没有投资购买的价值。现实中，这种超额利润一般表现为与使用该无形资产前相比所产生的追加利润。

（二）影响无形资产价值的因素

一般说来，影响无形资产价值的因素主要有：

1. 开发成本。

同其他资产一样，无形资产的开发成本也影响到其价值。虽然无形资产的开发成本较难界定，但这并不否定其对价值产生的影响。一般来说，技术复杂程度较高、需要较高开发成本的无形资产，其价值往往也较高。无形资产的开发成本包括发明创造成本、法律保护成本、发行推广成本等项目。

2. 产生追加利润的能力。

在一定的环境、制度条件下，一项无形资产的价值高低与其未来能够产生的经济效益密切相关。也就是说，其能够为使用者产生的追加利润越多，其价值就越大。

3. 技术成熟程度。

科技成果一般都有一个发展、成熟、衰退的过程。一项技术的开发程度越高，技术越成熟，运用该技术成果的风险就越小，其价值就相对越高，因而一项技术类无形资产成熟程度如何，直接影响到其价值的高低。不过一般来说，如果一项技术较为成熟，其替代技术或同类技术也比较成熟，该类技术的应用可能也已经较为普遍，以至于其产生超额利润的能力下降，其价值也就较低。

4. 剩余经济使用年限。

无形资产的剩余经济使用年限越长，其价值相对就越高。无形资产的剩余经济使用年限的长短，取决于该无形资产在评估基准日的先进程度、无形损耗的程度、剩余法律保护期的长短等因素。

5. 无形资产权利的内容。

无形资产权利内容的丰富程度影响到其价值的高低。比如，一项无形资产的所有权价值高于该无形资产的使用权价值，一项可以在较广阔地域范围内使用某无形资产的权利的价值，高于在上述地域范围内的一个相对狭小地区使用该无形资产的权利的价值。

6. 同类无形资产的市场状况。

无形资产的价值高低最终是市场供求作用的结果，因而同类无形资产的市场供求状况及市场价格的高低，必然影响该无形资产的价值。

7. 同类无形资产的发展及更新趋势。

同类无形资产的发展及更新速度越快，该无形资产的贬值速度就越快，其预期能够创造超额利润的期限就越短，从而价值也就越低。

（三）无形资产转让价格的支付方式

和一般资产交易价格的支付方式不同，无形资产转让价格的支付方式分为总付、提成支付、混合支付三类。

1. 总付。

总付是指买卖双方谈妥一项无形资产的价格后，由买方按价格的现值一次或分期付清。这种支付方式的价格不随无形资产买方的收益多少而变化，与买方对无形资产的利用效果无关，因此对卖方来讲收益有保证、风险小，不过卖方也失去了分享买方由于收入的增加而带来额外收益的机会。对买方来说，总付方式使得买方失去了卖方分担其风险的机会，而且一般也不能够继续从卖方处得到技术上的有效协助，再者，在取得经济效益之前就支付大量资金，会影响其资金的周转，不过这种方式有利于进行无形资产国际贸易时的买方避免汇率变动的支付风险。总付方式对卖方来说是利多弊少，对买方来说是弊多利少。总付方式一般需要具备几方面条件：转让的无形资产具有整体性，可以一次性全部转移，并且能够被买方立即吸收，如配方、软件程序等；买方有充足的资金，或买方的实力雄厚，希望尽快摆脱对卖方的依赖；交易的价额相对较小或转让后产生的效益较为确定。

2. 提成支付。

提成支付是以受让方的销售额或利润额或产品数量为基础提成支付。在提成支付的合同中规定提成的基础和提成比例。从理论上讲，以所转让无形资产能够创造的新增利润为基础来确定卖方提成额的方法是比较合理的，但在实际执行中有许多困难。因为利润是一种计算结果，取决于进入成本的项目和金额，具有较大的主观随意性，不像销售额那样比较公开和有据可查，以至于卖方所期望得到的利润提成额得不到保障；再者，无形资产转让后产生的经济效益可能不佳，这有可能是买方的消化吸收能力不够或其他因素造成的，而不是无形资产本身的问题，由此造成的损失不应该由卖方来承担。

3. 混合支付。

混合支付要求买方在合同开始执行时支付转让费总额的一部分，剩余部分按照规定的办法提成。首次支付的总额的一部分称为入门费或最低收费额。

无论采取哪种支付方式，交易价格都是买卖双方对由无形资产使用所带来的预期新增利润的分配。交易价格的变动范围如图 5－1 所示。

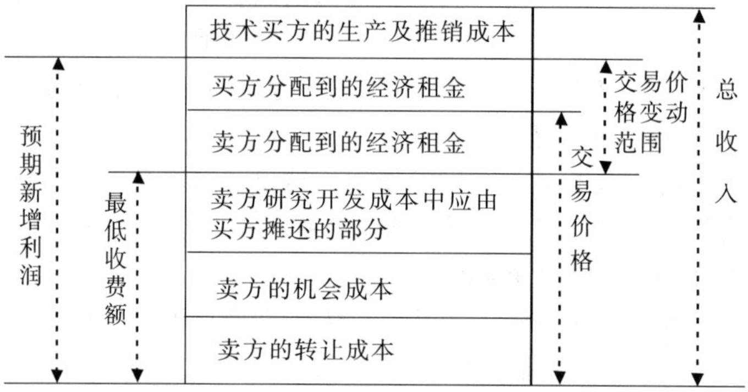

图 5－1　无形资产交易价格的变动范围

第二节　无形资产的评估方法

由于无形资产存在着非实体性、价值形成的积累性、开发成本界定的复杂性、价值的较大不确定性等特点，因而对无形资产价值进行评估的难度也就较大，评估结果的精确度也较低。

收益法、成本法、市场比较法评估无形资产的适用程度依次降低。无形资产的非实体性，使得人们对不同无形资产个体之间进行比较时的指标选择及测度十分困难，每位购买者都有一套不同的确认无形资产价值的参量，很难有统一的标准，这就使得进行无形资产市场比较分析的信息不可得，因而运用市场比较法评估无形资产的价值是很困难的。前面已经阐明，大多无形资产开发成本的界定很复杂，比如，现在要确定建立可口可乐品牌所花费的历史成本，或者重新建立可口可乐这样一个品牌的现时成本都是不可能的。不过，对外购的无形资产及有些自创的知识型无形资产来说，其原始购买成本或开发研制成本的确定可能是比较容易的，运用成本法评估其价值具有一定的适用性。虽然无形资产预期收益的实现具有较大的不确定性，但从逻辑上和实践上看，收益法还是评估无形资产最为适宜的方法。至于具体选择哪种评估方法，需要充分地综合考虑数据资料的数量和质量、相关数据的获取途径、行业交易数据的可得性、待评估无形资产的类型和性质及其所处的行业条件、法律及合同、管理因素、评估的目的、评估人员的专业判断和专业技能等因素。

一、无形资产的收益法评估

无形资产的收益法评估包括无形资产的预期经济收益、收益期限、资本化率等三个基本方面。无形资产的预期经济收益包括从与无形资产有关的收入增长中获得的收益、从与无形资产有关的生产费用减少中获得的收益、从与无形资产有关的投资减少中获得的收益。无形资产收益的创造是通过无形资产的所有者对无形资产的使用、对无形资产的拥有（许可给他人使用）、对无形资产的暂不使用等方式实现的。拥有但暂不使用无形资产，可以阻止竞争对手使用该项资产，从而起到保护无形资产所有者的竞争地位和市场份额的作用，在这种情况下该无形资产的经济收益就不是直接产生于其本身的使用，与它有关的经济收益就等于无形资产的所有者如果不拥有该无形资产则可能产生的损失。无形资产收益的具体分析方法有超额收益分析法和利润或销售收入分成法两种。超额收益分析法是对使用和不使用无形资产两种情况下的预期收入、预期成本进行比较分析，将前者相对于后者的收入增加额和成本节约额，归功于无形资产所创造的经济价值。利润或销售收入分成法是从利润或销售收入中分割一定的比例，作为对无形资产所创造的经济价值的衡量。超额收益分析法在专利权评估中介绍，这里主要阐述利润或销售收入分成法。

根据无形资产转让价格支付方式的不同，收益法在应用上可以表示为①：

$$\begin{aligned}\text{无形资产评估值} &= \sum_{i=1}^{n} \Delta R_i (1-T)/(1+r)^i \\ &= \sum_{i=1}^{n} k \times R_i (1-T)/(1+r)^i\end{aligned}$$

式中，ΔR_i 为新增年利润；k 为销售收入或利润分成率；R_i 为分成基数，即销售收入或销售利润；i 为收益期限；r 为折现率；T 为所得税税率；n 为销售收入或利润分成的年限。

（一）销售收入分成率或销售利润分成率的确定

销售收入分成率与销售利润分成率存在如下关系：

销售收入×销售收入分成率×(1－所得税税率)

＝销售利润×销售利润分成率×(1－所得税税率)

因而，

销售收入分成率＝销售利润分成率×销售利润率

销售利润分成率＝销售收入分成率/销售利润率

销售收入分成率的确定是以销售利润分成率为基础的。而销售利润分成率的确定是以无形资产带来的追加利润在利润总额中所占的比例为基础的。确定销售利润分成率的方法主要有边际分析法、约当投资分成法和市场比较法等。

1. 边际分析法。

边际分析法是以使用无形资产前后企业实现的利润差额即新增利润占无形资产使用后企业总利润的比例来确定销售利润分成率的方法。无最低收费额时的无形资产销售利润分成率可用公式表示为：

---

① 此处假定转让方分成所得部分收入的所得税由受让方代缴，转让方所得部分不再缴纳企业所得税，以下同此假定。如果转让方以其所得缴纳所得税，则：无形资产评估值＝$\sum_{i=1}^{n}\Delta R_i/(1+r)^i = \sum_{i=1}^{n} k \times R_i/(1+r)^i$ 。

$$\text{无形资产销售利润分成率}=\frac{\sum \text{无形资产使用后的新增利润现值}}{\sum \text{无形资产使用后的总利润现值}}$$

2. 约当投资分成法。

约当投资分成法是将卖方的无形资产投资与买方的资产投资，按照各自的适用成本利润率，折合成约当投资量，然后按照各自约当投资量的比例关系确定销售利润分成率的方法。用公式表示为：

$$\text{无形资产的约当投资量}=\text{无形资产的重置成本}\times(1+\text{适用成本利润率})$$

$$\text{买方资产的约当投资量}=\text{买方投入的总资产的重置成本}\times\left(1+\text{适用成本利润率}\right)$$

$$\text{无形资产销售利润分成率}=\frac{\text{无形资产的约当投资量}}{\text{无形资产的约当投资量}+\text{买方资产的约当投资量}}\times 100\%$$

确定无形资产的约当投资量时，适用成本利润率按卖方无形资产总成本占企业（产品）超额利润的总额计算。当没有企业的实际收益时，按社会平均水平确定。确定买方资产的约当投资量时，适用成本利润率按买方的现有水平测算。

例：甲公司将一项专利使用权转让给乙公司使用5年，拟采用利润分成的方式收取转让费。该专利的重置成本为100万元，专利成本利润率为500%，乙公司的资产重置成本为3 000万元，成本利润率为15%。乙公司的年实际生产能力为20万件，每件生产成本为50元，预计未来5年的市场出售价格分别为90元、90元、85元、75元、75元。折现率为10%，所得税税率为25%。试确定该专利的使用权转让费。

（1）该专利资产的约当投资量为：

$100\times(1+500\%)=600$（万元）

（2）乙公司的约当投资量为：

$3\ 000\times(1+15\%)=3\ 450$（万元）

（3）无形资产销售利润分成率为：

$600/(600+3\ 450)=14.8\%$

（4）该专利的使用权转让费为：

$$20\times\left[\frac{90-50}{1+10\%}+\frac{90-50}{(1+10\%)^2}+\frac{85-50}{(1+10\%)^3}+\frac{75-50}{(1+10\%)^4}+\frac{75-50}{(1+10\%)^5}\right]$$

$\times 14.8\%\times(1-25\%)=284.9$（万元）

3. 市场比较法。

市场比较法是通过对与待评估无形资产类似的资产交易市场进行调查分析来确定分成率。

（二）折现率的确定

无形资产评估的折现率实质上是无形资产投资的预期收益率，由于无形资产的使用能给所有者或使用者带来超额收益，因此，无形资产评估的折现率也往往高于有形资产评估的折现率。在具体估算目标无形资产的折现率时，可以通过估算无形资产投资的预期风险报酬率来实现。由于任何投资的收益总是与一定的风险相联系的，因此在确定预期风险报酬率时，应该充分考虑并量化与收益有关的风险因素。一般地，当单独评估一项无形资产的时候，往往可以将其作为持续经营的企业的一部分看待，此时可以以其所隶属企业的整体风险报酬率作为该无形资产的预期风险报酬率。

（三）无形资产收益期限的确定

无形资产的收益期限或称有效期限，是指无形资产发挥作用，并具有超额获利能力的时间。预计和确定无形资产的有效期限，要充分考虑该无形资产在估价时点后的法律寿命、合同寿命、技术寿命、经济寿命等。法律寿命是通过法律、条例、法令或行政规章来确定的；合同寿命是通过合同、协议、许可证或特许经营证确定的；技术寿命受到技术进步和变化的影响；经济寿命受无形资产对所有者或使用者提供一个公平的投资报酬率能力的影响。由于受人们偏好的转变、经济形势的变化、科学技术的进步等多种因素的影响，无形资产的更新周期加快，其有效期限要比其法定保护期短得多。收益期限的具体确定原则为在各种寿命因素中选择最短的寿命作为收益期限。例如一项专利技术还有 15 年的法律寿命、12 年的合同寿命、10 年的技术寿命，则将预期收益期限确定为 10 年是恰当的。预计收益期限也可以通过统计分析或与同类资产比较得出。

二、无形资产的成本法评估

采用成本法评估无形资产的基本公式为：

$$\text{无形资产的评估价值}=\text{无形资产的重置成本}\times\text{成新率}$$

（一）无形资产重置成本的估算

1. 自创型无形资产重置成本的估算。

自创型无形资产的重置成本包括研究、开发该无形资产的全部资本投入（包括直接投入和间接投入），以及所投入资本应取得的正常报酬。无形资产的成本分析中一般应包括材料成本、人工成本、间接成本、开发商利润及企业家奖励等方面的要素。材料成本包括无形资产开发过程中有形要素的支出，该部分在无形资产开发过程的总体成本中通常所占比重不大；人工成本包括与无形资产开发有关的人力资本耗费，通常包括员工的全部工资薪金和给合同商的所有货币报酬；间接成本通常包括与就业有关的税收、与就业有关的额外收入和福利附加（支付给雇员的养老金、健康保险、人身保险及其他福利）、管理和监督成本，以及公用设施和经营费用；开发商利润可以用开发商在材料成本、人工成本及间接成本上的投资报酬百分比来评估，也可以用开发所耗费时间量的加价百分比或确定的金额加价来评估；企业家奖励是激励无形资产所有者进入开发过程的经济收益额，可以看作是时间机会成本。用公式表示为：

$$\text{无形资产的重置成本}=\text{研制开发无形资产的全部资本投入}\times\left(1+\text{无风险投资报酬率}\right)^{n/2}/(1-\text{风险率})$$

或

$$\text{无形资产的重置成本}=\text{研制开发无形资产的全部资本投入}\times\left(1+\text{同类无形资产平均投资报酬率}\right)^{n/2}$$

式中，n 为开发研制的投资期限。这里需要说明的是，所谓全部资本投入不仅仅指会计账面上反映的各项实验材料及设备耗费，以及研制人员的工资，还应包括有关的管理费及对与项目的研究开发和管理有关的人员提供的各项福利费用，此外还要对以上费用按照评估基准日的现实价格进行调整。由于知识型无形资产研究开发投资的风险很大，这应在投资期望报酬率的确定中予以考虑，所以知识型无形资产投资的报酬率远大于一般投资报酬率。开发商利润和企业家奖励均在投资报酬率中加以考虑。

例：某化工生产工艺流程专利技术有偿转让，需要评估其价值。调查分析表明，该专利技术研究开发耗时两年，耗费材料费、燃料动力费、专用设备费等共计 8 万元，有关人员工资及各类津贴为 12 万元，人员培训费及资料费为 1 万元，差旅费为 2 万元，占用固定资产的折旧费为 2 万元，管理费为 2 万元，专利申请费为 0.3 万元。无风险投资报酬率为 5%，该类技术研发成功的平均风险率为 80%。

$$\begin{aligned}\text{该无形资产的重置成本}&=(8+12+1+2+2+2+0.3)\times(1+5\%)/(1-80\%)\\&=143.3\ (\text{万元})\end{aligned}$$

2. 外购型无形资产重置成本的估算。

外购型无形资产的重置成本一般以其账面原始成本为依据，进行适当的价格指数调整。账面原始成本包括无形资产的购买价和购买无形资产的有关税费。例如，某无形资产 2018 年被购买时的账面价值为 100 万元，2020 年对其进行评估，2018 年、2020 年适用的定基价格指数分别为 110%、125%，则该无形资产的重置成本为：

$$100\times125\%/110\%=113.6\ (\text{万元})$$

（二）无形资产成新率的估算

无形资产的损耗（或称为贬值）表现为功能性损耗和经济性损耗。功能性损耗是指出于科学技术的进步或该无形资产的普遍使用等原因，拥有该项无形资产获取超额利润的能力减弱，从而造成其价值降低。经济性损耗是指由于无形资产外部环境的变化，使用该无形资产的产品价值或需求下降，以致其经济价值降低。

无形资产成新率的估算，可以采用专家鉴定法和使用年限法。专家鉴定法是指通过有关技术领域专家对评估标的无形资产的先进性和适用性进行分析判断，从而确定其成新率。使用年限法是根据无形资产的特征，分析判断其剩余经济使用寿命，从而确定其成新率。分析的原则参照收益法中的收益期限确定原则。计算公式为：

$$\text{成新率}=\frac{\text{无形资产的剩余经济使用年限}}{\text{无形资产已使用年限}+\text{无形资产的剩余经济使用年限}}$$

三、无形资产的市场比较法评估

无形资产的市场比较法评估是通过分析最近被出售或被许可使用涉及的类似无形资

产，并将待评估的无形资产与这些成交的无形资产进行对比，进行差异调整而得到其评估价值的过程。这些可以比较的要素一般代表了无形资产的价值影响因素。虽然无形资产所具有的非标准性或者唯一性限制了市场比较法在无形资产评估中的使用，但这不排除在评估实践中应用市场比较法的可能性。

运用市场比较法评估无形资产，需要满足以下基本条件：第一，需要有一个充分活跃的资产市场；第二，能够找到与被评估无形资产相同或类似的参照物；第三，参照物与被评估无形资产之间具有可比较的参数并且这些参数易于寻找和量化。相比较而言，上述基本条件中的第二条和第三条更难满足。实际上，与被评估无形资产完全相同的无形资产很难找到，所以，寻找到可比较的类似资产参照物并对类似资产参照物进行调整显得尤为重要，特别是差异调整成为市场比较法能否运用的关键。

关于如何选取参照物，我国《资产评估执业准则——无形资产》规定，采用市场比较法评估无形资产时应当收集类似无形资产交易案例的市场交易价格、交易时间及交易条件等交易信息；选择具有比较基础的可比无形资产交易案例；收集评估对象近期的交易信息；对可比交易案例和评估对象近期交易信息进行必要调整。至于如何进行差异调整，可根据宏观经济发展、交易条件、交易时间、行业和市场因素、无形资产实施情况的变化等，对可比交易案例和被评估无形资产以往交易信息进行必要调整。

第三节 专利权和非专利技术的评估

一、专利权的评估

（一）专利权的概念及特点

1. 专利权的概念。

专利权是指经国家专利机关依法认定、批准的，授予发明创造人或其权利受让方在一定期限内对某发明成果享有的独占权或专有权。专利权人依法对其发明创造享有制造、使用、销售的独占实施权或许可他人实施的权利。专利权包括发明、实用新型和外观设计三种。发明是指对产品、方法或者其改进所提出的新的技术方案，包括产品发明和制造产品的方法发明。实用新型是指对产品的形状、构造或者其结合所提出的实用的新的技术方案，不包括制造产品的方法。外观设计是指对产品的整体或者局部的形状、图案或者其结合以及色彩与形状、图案的结合所作出的富有美感并适于工业应用的新设计。

2. 专利权的特点。

专利权具有以下特点：（1）独占性，也称为排他性。同一内容的专利发明只授予一次专利，任何人未经许可不得对已经取得专利权的技术进行营利性实施。（2）地域性。任何一项专利只在其授权地域范围内才具有法律效力，而在其他地域范围内不具有法律效力。(3) 时间性。依法取得的专利权只在法定期限内受法律保护，期满后专利权自行终止。《中华人民共和国专利法》(2020年修正）规定，发明专利权的期限为20年，实用新型专利权的期限为10年，外观设计专利权的期限为15年，均自申请日起计算。

（二）专利权的评估程序

1. 明确评估目的。

专利权的评估目的包括一般的转让、投资、清算、法律诉讼等。这里主要阐述一下专利权的转让。

专利权的转让形式包括全权转让和许可使用。全权转让是将专利的所有权通过合同转让给受让方所有。许可使用是指专利所有权人通过与受让方签订实施许可合同，按一定条件在一定地域范围内许可受让方使用或实施其专利的一种技术交易。通常将专利技术的提供者称为许可人，受让方称为被许可人。按照专利许可使用的权限大小，可以将许可使用分为以下几种形式：(1) 独占使用许可。这种许可给予被许可人在规定的期限和地区内，利用专利技术的独占权利。同时，许可人也失去了在合同规定地区和期限范围内使用该专利技术或销售使用该专利技术生产的产品的权利。这种形式实际上是许可人将专利技术产品在合同规定的期限及地区范围内的市场转让给了被许可人。(2) 排他使用许可。这种许可是指许可人在将转让合同规定范围内的专利使用权给予被许可人的同时，自己仍然保留该专利的使用权和专利技术产品的销售权，但不得再将合同规定范围内的专利技术许可给其他人使用。(3) 普通使用许可。这种许可是指许可人在将转让合同规定范围内的专利使用权给予被许可人的同时，自己仍然保留该专利的使用权和专利技术产品的销售权，但还可以再将专利技术许可给其他人。(4) 次级使用许可。这种许可是指许可使用合同中规定，在允许被许可人（次级许可人）将取得的该专利技术的使用权转让予他人（次级被许可人）使用时，在原被许可人与次级被许可人之间产生的许可使用关系。(5) 交互使用许可。这种许可是指双方专利权人就各自价值相当的专利技术，相互交换许可使用，多见于一项专利技术的被许可人，将自己对该专利技术的改进和发展许可（反馈）给原许可人使用。

2. 证明和鉴定专利权的存在。

搜集能够证明专利权存在的专利说明书、权利要求书、专利证书及有关法律性文件等资料，并请有关专家鉴定该专利的有效性和可用性。

3. 确定评估方法及技术参数。

专利技术的评估一般采用成本法和收益法，其中收益法是最常用的方法。若运用成本法进行评估，则需要搜集专利技术研制开发的材料费用、工资、资料费、培训费、管理费等成本资料，并对专利技术的成新率进行鉴定评估。若运用收益法进行评估，则需要对专利的技术状况、收益能力、产品的市场前景、投资风险及其可行性等进行分析，确定有关的评估技术参数和指标。

4. 计算分析并完成评估报告。

评估报告是评估结果的最终反映。为了有助于说明评估结果的有效性和适用性，需要对专利技术的成熟程度及受让方在应用专利技术时的素质、资金等基本要求做详尽说明。

（三）专利权的评估方法

1. 收益法。

运用收益法评估，需要测算专利技术使用所产生的追加利润或称收益额、受益年限、折现率等指标。从理论上讲，因专利技术使用而产生的追加利润可以用下式表示：

$$R=[(P_2-C_2)\times Q_2-(P_1-C_1)\times Q_1](1-T)$$

式中，R 为专利技术使用后产生的追加利润，P_2、C_2、Q_2 分别为专利技术使用后的单位产品售价、单位产品成本、产品销售量，P_1、C_1、Q_1 分别为专利技术使用前的单位产品售价、单位产品成本、产品销售量，T 为所得税税率。在实际评估工作中，通常采用销售利润分成法或销售收入分成法来估算追加利润，用公式表示为：

$$R=(P_2-C_2)\times Q_2\times f_r(1-T)=P_2\times Q_2\times f_i(1-T)$$

式中，f_r 为销售利润分成率，f_i 为销售收入分成率。

例：某公司于 2017 年开发研制了一项新技术方法并取得了专利权，通过两年的使用，该方法显示具有较好的经济效益。2020 年该公司准备将该专利技术的所有权出售给昌达有限责任公司，昌达公司因购买后要进行会计账面摊销而需要评估其价值。买卖双方经共同协商认为，该专利技术的剩余经济使用年限为 4 年，专利技术的价格按实际年销售收入的一定比率分期支付，销售收入分成率为 25%。预期今后 4 年的销售收入额分别为 500 万元、700 万元、800 万元、800 万元。适用折现率为 20%。所得税税率为 25%。该专利技术的价值估算过程如下。

（1）未来 4 年销售收入分成收益额的估算。

$$R=P_2\times Q_2\times f_i(1-T)=P_2\times Q_2\times 25\%\times(1-25\%)$$

计算表明，2020 年、2021 年、2022 年、2023 年的预期分成收益额分别为 93.75 万元、131.25 万元、150 万元、150 万元。

（2）估算未来收益额的现值即评估值。

$$93.75/1.2+131.25/1.2^2+150/1.2^3+150/1.2^4=328.4\text{（万元）}$$

2. 成本法。

运用成本法的关键在于分析计算专利技术的重置成本及其成新率。对于外购型专利技术的重置成本的确定比较容易。自创型专利技术的重置成本构成如图 5-2 所示。

由于评估目的不同，评估对象的重置成本构成内涵也不一样，在具体评估时应视不同情形考虑上述成本的全部或一部分。

例：某实业股份有限公司有一项 2017 年 12 月自行研制开发成功并获专利的实用新型专利技术。2020 年 1 月因出售需要对其价值进行评估。财务核算表明，该专利技术的开发研制花费了 4 年时间，总费用为 20 万元。2018—2019 年期间生产及生活资料物价上涨了 5%，无风险投资报酬率为 6%，该类专利技术开发研制的平均风险率为 70%。经专家鉴定该专利技术的剩余经济使用年限为 6 年。该专利技术的价值估算过程如下。

（1）该专利技术的重置成本为：

$$20\times(1+6\%)^{4/2}\times(1+5\%)/(1-70\%)=78.65\text{（万元）}$$

（2）该专利技术的成新率为：

$$6/(2+6)=75\%$$

（3）该专利技术的评估价值为：

$$78.65\times 75\%=59\text{（万元）}$$

- 自创型专利技术的重置成本
  - 研制成本
    - 直接成本
      - 材料费用：完成技术研制所耗费的各种材料费用
      - 工资及各种福利费用：参与研制技术的科研人员和相关人员的费用
      - 专用设备费：为研制开发技术所购置的设备或专用设备的摊销
      - 资料费：研制开发技术所需要的图书、资料、文献、印刷等费用
      - 咨询鉴定费：为完成本项目发生的技术咨询、技术鉴定费用
      - 协作费：研制开发过程中某些零部件的外加工费以及使用外单位资源的费用
      - 培训费：为完成本项目而委派有关人员接受技术培训的各种费用
      - 差旅费：为完成本项目发生的差旅费
      - 其他费用
    - 间接成本
      - 管理费：管理、组织本项目开发所负担的管理费用
      - 非专业设备折旧费：采用通用设备、其他设备所负担的折旧费
      - 应当分摊的公共费用及能源费
  - 交易成本
    - 技术服务费：为受让方提供的专家指导、技术培训、仪器安装调试及市场开拓费
    - 交易过程中的差旅费及管理费
    - 公证费、审查注册费、法律咨询费等手续费
    - 税金

图 5-2　自创型专利技术的重置成本构成

二、非专利技术的评估

（一）非专利技术的概念及特点

非专利技术，又称专有技术、技术秘密，是指未公开或未申请专利，但为拥有者带来超额经济利益或竞争优势的技术信息和知识。具体包括设计资料、工艺流程、材料配方、经营管理诀窍、图纸数据等。从法律角度讲，非专利技术不是一种法定权利，而仅仅是一种自然的权利，没有法定的保护期限，所有者只能通过保密手段进行自我保护。专有技术的持有人不享有该技术的所有权，一旦该技术泄密和公开，该非专利技术就不具有资产形态。

非专利技术具有实用性、新颖性、保密性、价值性等特点。

（二）非专利技术的评估方法

非专利技术的评估方法与专利技术的评估方法基本相同，这里仅通过例题加以说明。

1. 收益法。

例：某饮料生产企业将其饮料生产专有配方转让给另一家饮料生产厂家。由于该配方具有一定的先进性，生产的饮料口感特别受消费者喜爱，预计使用该配方后生产出的饮料会比较畅销。双方签订合同约定，受让方在未来4年内，每年从其销售毛收入中提取10%给该配方持有企业，作为该配方的转让费。折现率为15%。所得税税率为25%。该配方的转让评估价值估算过程如下。

（1）预测使用该配方后未来4年的销售收入分别为80万元、90万元、95万元、95万元。

（2）该配方的转让评估价值为：

$10\%\times(80/1.15+90/1.15^2+95/1.15^3+95/1.15^4)\times(1-25\%)=19$（万元）

2. 成本法。

例：某机械加工企业有5 000张机械零部件工艺设计图纸，已经使用5年。专家从工艺设计图纸的设计先进性和保密性等方面鉴定认为，有4 500张图纸仍然可以作为有效的非专利技术资产，预计剩余经济使用年限为4年。根据该类图纸的设计、制作耗费估算，当前每张图纸的重置成本为250元。该批图纸的价值估算过程如下。

（1）该批图纸的重置成本为：

$4\ 500\times250=1\ 125\ 000$（元）

（2）该批图纸的成新率为：

$4/(4+5)=44.4\%$

（3）该批图纸的价值为：

$1\ 125\ 000\times44.4\%=499\ 500$（元）

第四节 商标权的评估

一、商标权的概念

（一）商标的定义

商标是商品和商业服务的标记。它是商品生产者或经营者用以标明自己所生产或销售的商品，或是商品服务者用以标明自己所提供的服务，以区别于其他同类商品或服务的标记。这种标记一般用文字、图形或者它们的组合来表示，并置于商品表面或商品包装上，以及服务场所或服务说明书上。

商标的主要作用是：区别同一种商品和服务的不同生产经营者和服务者；促进生产经营者和服务者保证商品和服务的质量；便于广告宣传；便于开展商品竞争；有利于开展国际贸易。

（二）商标权的内涵

商标权，也称注册商标专用权，是指经过注册的某商标的所有人，对该注册商标享有的独占使用权。注册商标专用权的有效期为自核准注册之日起10年，到期可以续展。未经商标局核准注册的商标不受法律保护，也就不具有商标权。

注册商标所有权人可以依法将商标权转让给他人，而失去该商标的专用权。同时，受让方成为该商标的所有权人。注册商标所有权人还可以在不转让其商标权的前提下，许可他人使用其注册商标。

商标权具有专有性、时间性、地域性、可转让性等特点。

二、商标权的评估程序

（一）明确评估目的

与商标权有关的经济行为一般包括转让、许可使用、投资入股等。在商标权转让时，需要评估商标权的价值；在许可使用商标时，需要评估商标的许可使用费；在以商标权投资入股时，需要对商标权价值进行评估。

（二）搜集商标的有关资料

搜集的资料包括商标注册的有关法律特征、商标的历史和知名度，以及使用该商标的企业的经营状况。

（三）商标产品的市场分析

分析的内容包括使用该商标的产品的市场现状、市场前景、市场竞争能力、市场环境变化等方面。

（四）确定评估方法及有关指标

商标权的评估一般采用收益法。使用商标所产生的超额利润、折现率、收益期限等三项指标的确定，是评估商标权的关键。确定收益期限的依据是能够获得超额利润的时间，而注册年限及到期后的续展只是分析收益期限的前提。

（五）计算分析并完成评估报告

最后，计算分析并完成评估报告。

三、商标权的评估方法

（一）商标权转让价值的评估

例：某饮料厂将其已经使用了25年的金浪啤酒注册商标转让。根据历史资料，该企业近5年使用这一商标的啤酒比市场上同类啤酒售价每吨高出500元，该企业目前每年生产5 000吨啤酒，市场供求基本平衡。预计该品牌能够获取超额利润的时间是10年，前4年基本可以维持当前水平，由于其他品牌的竞争力提高，后6年其啤酒售价每吨高出其他品牌的幅度会下降为300元，不过产量可能会扩大到5 400吨。该商标的转让价值评估过程如下。

（1）预期前4年的年超额利润为：

$$500\times0.5=250\text{（万元）}$$

（2）预期后 6 年的年超额利润为：

$300\times0.54=162$（万元）

（3）根据该企业的资金成本率及相应的风险率，确定其折现率为 10%。

（4）估算该商标权的转让价值为：

$$\{250\times(1-1/1.1^4)/0.1+162\times(1-1/1.1^6)/[0.1\times(1+0.1)^4]\}\times(1-25\%)$$
$$=(792.47+481.90)\times75\%=955.78\text{（万元）}$$

（二）商标权许可使用费的评估

例：某农用运输车生产企业所生产的“巨力”（已经注册商标）牌三轮车，在同类产品中享有较好的声誉，平均每辆三轮车的超额售价为 80 元。现有一个集团公司拟介入农用三轮车的生产经营领域，为了降低经营风险，该集团公司与该农用运输车生产企业协商有关使用“巨力”商标的事宜。经双方协商，该集团公司近 5 年内每年可在 1 500～1 600 辆三轮车上使用“巨力”商标，但需要标明其真实生产厂家，且每年将其使用“巨力”商标的车辆销售收入的 4%缴给该农用运输车生产企业，以作为使用“巨力”商标的许可使用费。所得税税率为 25%。现评估该许可使用费的现值。

（1）预计该集团公司使用“巨力”商标的三轮车平均售价为 2 500 元/辆，5 年内可生产销售的三轮车数量分别为 1 450 辆、1 500 辆、1 550 辆、1 600 辆、1 600 辆。因而，5 年内的销售收入预计分别为：

第 1 年：$1\,450\times2\,500=3\,625\,000$（元）。

第 2 年：$1\,500\times2\,500=3\,750\,000$（元）。

第 3 年：$1\,550\times2\,500=3\,875\,000$（元）。

第 4 年：$1\,600\times2\,500=4\,000\,000$（元）。

第 5 年：$1\,600\times2\,500=4\,000\,000$（元）。

（2）确定销售收入分成率为 4%。确定折现率为 10%。

（3）许可使用费的现值为：

$$4\%\times\left[\frac{3\,625\,000}{1+10\%}+\frac{3\,750\,000}{(1+10\%)^2}+\frac{3\,875\,000}{(1+10\%)^3}+\frac{4\,000\,000}{(1+10\%)^4}+\frac{4\,000\,000}{(1+10\%)^5}\right]\times(1-25\%)$$
$$=435\,651\text{（元）}$$

第五节　其他无形资产的评估

一、特许权

（一）特许权的概念

特许权，又称特许经营权或专营权，是指政府或企业所授予的在一定地区和时间范围内经营或销售某种特定商品的专有权利。特许权一般可以分为两种：一种是政府特许的专营权，如生产许可证、进出口许可证、烟草专卖许可证等；一种是某一企业特许其他企业使用其商标或在特定地区内经营销售其产品的专营权。

（二）特许权的评估

特许权会给其所有者提供在特许权有效期内赚取超额利润的机会。[①] 因而，特许权的评估是以被许可人在生产经营中使用特许权所带来的超额利润为基础的。

例：经国家批准，某进出口公司获得了5年内每年进口20 000辆某世界名牌轿车的许可证，市场分析表明每辆车可获得净利润5 000元，资金利润率为20%，国内一般汽车销售企业的利润率平均为10%。国家规定该进出口公司一次性缴纳一定的许可费，现需要评估该许可费的数额。该许可费评估过程如下。

（1）估算该进口公司所获得的许可证每年所带来的超额利润。

$2\times5\ 000-10\%\times2\times5\ 000/0.2=5\ 000$（万元）

（2）估算适合于该经营活动的折现率为12%。

（3）许可费为：

$5\ 000\times(1-1/1.12^5)/0.12=5\ 000\times3.604\ 8=18\ 024$（万元）

例：某市拟发出租车牌照3 000个（假定10年内控制在此数），可使用10年期。所有出租车的票价由市出租车管理委员会统一规定，并保留对不遵守规章制度的牌照所有者处罚的权利。目前购买一辆出租车的成本是8万元，预期经济寿命为10年（残值为零）。一辆出租车一般每年正常运营330天，一天可赚毛收入200元。汽油及保养等成本为年毛收入的30%，汽车保险费每年1 000元，每辆出租车向市出租车管理委员会缴纳的年费是500元，出租车司机的日时间机会成本为50元（全年365天均计入），所得税税率为25%，年折现率为14%。现估算该市应对所发的每个出租车牌照收取的费用。

（1）出租车运营的年毛收入为：

$330\times200=66\ 000$（元）

（2）年经营费用：

司机的时间机会成本（工资）	365×50=18 250（元）
汽油及保养等成本	66 000×30%=19 800（元）
汽车保险费	1 000（元）
年费	500（元）
合计	39 550（元）

（3）年折旧费为：

$80\ 000/10=8\ 000$（元）

（4）所得税为：

$(66\ 000-39\ 550-8\ 000)\times25\%=4\ 612.5$（元）

① 达摩达兰认为产生超额利润的因素有：商标名称的价值（如受权使用某种商标名称）、专利保护（受权生产某种产品）、合法垄断（受权提供垄断性服务）。参见达摩达兰．投资估价．北京：清华大学出版社，1999：394。

(5) 年纯收入为：

66 000－39 550－4 612.5＝21 837.5（元）

(6) 未来 10 年纯收入的现值为：

$21\ 837.5\times(1-1/1.14^{10})/0.14=113\ 907$（元）

(7) 每个出租车牌照价值为：

113 907－80 000＝33 907（元）

二、著作权的评估

（一）著作权的概念

著作权也称版权，是指著作权人对作品所享有的权利。作品是指文学、艺术和科学领域内具有独创性，并能够以某种有形形式复制的智力创作成果。《中华人民共和国著作权法》(2020 年修正）第十条规定，“著作权包括下列人身权和财产权：（一）发表权，即决定作品是否公之于众的权利；（二）署名权，即表明作者身份，在作品上署名的权利；（三）修改权，即修改或者授权他人修改作品的权利；（四）保护作品完整权，即保护作品不受歪曲、篡改的权利；（五）复制权，即以印刷、复印、拓印、录音、录像、翻录、翻拍、数字化等方式将作品制作一份或者多份的权利；（六）发行权，即以出售或者赠与方式向公众提供作品的原件或者复制件的权利；（七）出租权，即有偿许可他人临时使用视听作品、计算机软件的原件或者复制件的权利，计算机软件不是出租的主要标的的除外；（八）展览权，即公开陈列美术作品、摄影作品的原件或者复制件的权利；（九）表演权，即公开表演作品，以及用各种手段公开播送作品的表演的权利；（十）放映权，即通过放映机、幻灯机等技术设备公开再现美术、摄影、视听作品等的权利；（十一）广播权，即以有线或者无线方式公开传播或者转播作品，以及通过扩音器或者其他传送符号、声音、图像的类似工具向公众传播广播的作品的权利，但不包括本款第十二项规定的权利；（十二）信息网络传播权，即以有线或者无线方式向公众提供，使公众可以在其选定的时间和地点获得作品的权利；（十三）摄制权，即以摄制视听作品的方法将作品固定在载体上的权利；（十四）改编权，即改变作品，创作出具有独创性的新作品的权利；（十五）翻译权，即将作品从一种语言文字转换成另一种语言文字的权利；（十六）汇编权，即将作品或者作品的片段通过选择或者编排，汇集成新作品的权利；（十七）应当由著作权人享有的其他权利。”作者的署名权、修改权、保护作品完整权的保护期不受限制。自然人的作品，其发表权、上述第五项至第十七项规定的权利的保护期为作者终生及其死亡后五十年；如果是合作作品，截止于最后死亡的作者死亡后第五十年的 12 月 31 日。法人或者非法人组织的作品、著作权（署名权除外）由法人或者非法人组织享有的职务作品，其发表权的保护期为五十年；上述第五项至第十七项规定的权利的保护期为五十年，但作品自创作完成后五十年内未发表的，其著作权不再受到保护。视听作品，其发表权的保护期为五十年；上述第五项至第十七项规定的权利的保护期为五十年，但作品自创作完成后五十年内未发表的，其著作权不再受到保护。

著作权人可以将自己的权利交由他人使用，这称为著作权许可使用。例如，将自己的作品交给出版社，交给改编、翻译、注释者进行改编、翻译、注释等。著作权许可使用分为专有使用和非专有使用。著作权许可专有使用是著作权人只将权利许可给某人或某单位使用，该使用人从而取得对著作权人所创作作品的专有使用权。著作权许可非专有使用是著作权人将其作品授予两个或两个以上使用人使用。

（二）著作权的评估

例：预计某图书定价为24元/册，在著作使用权合同10年期内前5年的年销售量为7 000册，后5年的年销售量为3 000册，版税率（即收入提成率）为10%，稿酬的所得税税率为20%。折现率为10%。该著作使用权的价值评估过程为：

（1）前5年与后5年的年版税收入分别为：

7 000×24×10%=16 800（元）

3 000×24×10%=7 200（元）

（2）前5年与后5年的年所得税后版权收入分别为①：

16 800−16 800×(1−20%)×20%×(1−30%)

=16 800−1 882=14 918（元）

7 200−7 200×(1−20%)×20%×(1−30%)

=7 200−806=6 394（元）

（3）该著作使用权价值为：

$14\ 918\times(1-1/1.1^5)/0.1+6\ 394\times(1-1/1.1^5)/(0.1\times1.1^5)$

=71 601（元）

三、租赁权的评估

（一）租赁权的概念

租赁权是指在租赁合同规定的期限内，由出租人将财产的使用权转让给承租人，承租人按照合同规定所获得的财产使用权。承租方向出租方支付一定的租金，在租赁合同到期后，出租方收回财产。

租赁一般分为经营性租赁和融资性租赁。经营性租赁是指由出租方将财产交给承租方使用并收取租金，在租赁关系终止时收回财产。融资性租赁是指由出租方按照承租方所提出的租赁财产的规格要求及所同意的条款购买资产，而后将该资产出租给承租方使用并收取租金，在租赁合同到期时收回、续租或出售资产。对承租方来讲，这是一种以"融物"方式达到融资目的的交易方式。

（二）租赁权的评估

租赁权的评估，并非对租赁时的租金额进行评估，而是对租赁权在租赁合同期内所

① 稿酬的应纳所得税额为：应纳税所得额 × 税率（20%）×(1−30%)。每次收入不超过4 000元的，扣除费用800元之后，其余为应纳税所得额；每次收入在4 000元以上的，扣除20%的费用之后，其余为应纳税所得额。

能够带来的超额收益进行评估。这种超额收益一般表现为租赁权使用所带来的支付租金前的客观净收益高出合同租金的部分，或者说是市场租金高出契约租金的部分。比如某人承租一套房屋的契约租金为500元/月，于每月月初支付。按租赁合同剩余的租期为1年，而承租人不再需要租用该房屋，经出租人同意可以转租该房屋。承租人经过市场调查发现同类房屋当前的市场租金为550元/月。因而承租人认为向该租赁权的受让方收取600元的转租费比较合理。租赁权的评估采用收益法。

例：某企业向租赁公司租赁了一套设备，每年租金130万元，剩余租期为5年。预计该设备未来每年生产的产品销售收入为1 150万元，生产及销售总成本为1 000万元（包括租金支付），企业未来5年的资本成本预期为8%。所得税税率为25%。现评估该设备租赁权的价值。

（1）租赁权年净超额收益为：

$$(1\ 150-1\ 000)\times(1-25\%)-1\ 000\times8\%=32.5\text{（万元）}$$

（2）设备租赁权价值为：

$$32.5\times(1-1/1.08^5)/0.08=129.76\text{（万元）}$$

四、采矿权的评估

采矿权是在依法取得的采矿许可证规定的范围内，开采矿产资源和获得所开采的矿产品的权利。取得采矿权的单位或个人称为采矿权人。

采矿权人的权利有：按照采矿权许可证规定的开采范围和期限从事开采活动；除国务院规定由指定的单位统一收购的矿产品外，可以自行销售；在矿区范围内建设采矿所需要的生产和生活设施；根据生产建设的需要依法取得土地使用权；法律法规规定的其他权利。采矿权人的义务有：在批准的期限内进行矿山建设或开采；有效保护、合理开采、综合利用矿产资源；依法缴纳资源税和矿产资源补偿费；遵守国家有关劳动安全、水土保持、土地复垦和环境保护的法律法规；接受有关主管部门的监督管理，按照规定填报矿产储量表和矿产资源开发利用情况统计表。

采矿权人转让采矿权，应当具备下列条件：矿山企业投入采矿生产满1年；采矿权属无争议；按照国家有关规定已经缴纳采矿权使用费、采矿权价款、矿产资源补偿费和资源税；国务院地质矿产主管部门规定的其他条件。

对采矿权可以采用超额收益折现法进行评估，或者说采用扣除适当资本回报后的收益总额折现法进行评估。

例：某企业拥有某地区10年的铁矿开采权，该地区内的铁矿资源足以使得该企业以最适当的开采能力在未来10年内持续获得丰厚的利润。对铁矿产品的市场前景及矿产品的采选成本等经济指标进行的估测分析表明，从该地区的采矿作业中未来每年可获得大约2 000万元的净现金流量。但要获得上述数量的净现金流量，除了拥有该采矿权外，还需要拥有大量的包括净营运资本、机器设备、运输设备、训练有素的劳动力等在内的有形资产和无形资产。预计除了采矿权之外的所有有形资产和无形资产按照市场公平报酬率所要求的年资本回报为1 500万元，因而与该采矿权相联系的年经济收益为500万元。

该企业采矿经营的加权资本成本为16%。按照折现率为16%、折现期为10年，可计算出该采矿权的评估价值为：

$$500\times[1-1/(1+16\%)^{10}]/16\%=2\ 417\text{（万元）}$$

五、商誉的评估

（一）商誉的概念及特点

商誉通常是指一个企业预期将来的利润超过同行业正常利润的超额利润的价值。这种价值的预期是由企业所处的地理位置的优势，或由经营效率高、管理水平高、生产历史悠久、令人喜爱或尊敬的企业名称、良好的客户关系、高昂的士气等多种无形的资产因素综合形成的。这些无形的资产因素使得人们预期该企业会有超过一般企业的业绩。

商誉是企业长期积累起来的一项价值，它是由多种无法单独计量的个别因素综合作用形成的。商誉本身并不能单独产生收益，也不能离开企业而单独存在和出售。

商誉的存在形式有三种：以建立企业产品信誉为特征的商誉；与医疗、法律、会计及其他专业机构相关联的专业机构商誉，其构成要素包括从业人员要素（专业声誉和技能）和企业要素（老字号、经营方法、地点等）；与著名人士相关的（体育、娱乐、成就等）名望商誉。其中，名望商誉很难转让。

（二）商誉的评估

从商誉的概念可以看出，一般来讲，只有盈利企业才可能存在商誉这种无形资产。因而，对商誉价值的评估仅限于盈利企业或经济效益高于同行业或社会平均水平的企业。

（1）超额收益法。超额收益法是指估算企业的预期超额收益，并将其折现的方法。用公式表示为：

$$\text{商誉的价值}=\sum_{i=1}^{n}A_i/(1+r)^i=\sum_{i=1}^{n}(B_i-\sum_{j=1}^{k}C_{ij}\times r)/(1+r)^i$$

式中，A_i 为企业第 i 年的预期超额收益，r 为折现率（也为行业平均投资报酬率），n 为产生超额收益的年限，B_i 为企业第 i 年的预期净收益，$\sum_{j=1}^{k}C_{ij}$ 为企业第 i 年各单项资产 j（共有 k 项）评估价值之和。

例：某企业将在今后5年内保持具有超额收益的态势，预计5年内的年收益额为200万元，5年内该企业的各单项资产评估总价值为900万元，企业所在行业的平均投资报酬率为20%，并以此作为折现率，则该企业的商誉价值为：

$$(200-900\times20\%)\times(1-1/1.2^5)/0.2=59.8\text{（万元）}$$

（2）割差法。割差法是对企业整体资产评估价值与企业各单项资产评估价值之和进行比较以确定商誉评估价值的方法。基本公式为：

$$\begin{aligned}\text{商誉的价值}&=\sum_{i=1}^{n}(B_i-\sum_{j=1}^{k}C_{ij}\times r)/(1+r)^i\\&=\sum_{i=1}^{n}B_i/(1+r)^i-\sum_{i=1}^{n}\sum_{j=1}^{k}C_{ij}\times r/(1+r)^i\end{aligned}$$

$$
\begin{aligned}
&= \left[\sum_{i=1}^{n} B_i/(1+r)^i + \sum_{i=n+1}^{\infty}\sum_{j=1}^{k} C_{ij} \times r/(1+r)^i\right] \\
&\quad - \left[\sum_{i=1}^{n}\sum_{j=1}^{k} C_{ij} \times r/(1+r)^i + \sum_{i=n+1}^{\infty}\sum_{j=1}^{k} C_{ij} \times r/(1+r)^i\right]
\end{aligned}
$$

＝企业整体资产评估价值－企业各单项资产评估价值之和

例：预期某企业未来年净利润为 15 万元，假定这一状况可以永续存在下去。确定折现率为 10%。采用单项资产评估方法，评估确定该企业各单项资产评估价值之和为 130 万元。现估算该企业的商誉价值为：

15/0.1－130＝20（万元）

第六章
金融资产评估

本章学习目的

1. 阐明金融资产的概念及评估特点。
2. 运用市场比较法评估上市债券、上市股票的价值。
3. 运用收益法评估非上市债券、优先股、普通股的价值。
4. 了解可转债及远期、期货、期权、互换等金融衍生品的评估思路。

案例导入

金融资产评估是本书比较特殊的一个章节，主要体现在金融资产的概念较为宽泛，广义上可以泛指一切在市场上交易的金融工具，包括本书其他章节涉及的企业价值评估、房地产评估等，狭义上则特指一般企业持有的可划归为金融资产的各类金融工具，既包括短期的存款、票据等，也包括股票、债券等长期资产，还包括企业持有的可转债及远期、期货、期权、互换等金融衍生品。仅狭义上的这类金融资产的评估方法，也需要建立在较为全面的微观和宏观金融资产定价理论体系的基础上。具体来说，它们既包括传统的现金流量折现法、现代投资组合理论、资本资产定价模型、套利定价模型、期权定价理论等微观金融资产定价理论，对部分金融资产如与外汇、利率、固定收益产品相关的衍生品等，还包括货币银行学、国际金融学等宏观领域的理论体系。我国现有的资产评估实践较少涉及单一金融资产评估的案例分析。因此，结合本书的学习目标和整体架构，本章的学习重点为一些长期金融资产价值的评估原理学习，如普通债券、股票、优先股等的资产评估，本章对可转债及远期、期货、期权、互换等金融衍生品的评估则仅作概念性介绍。

以债券评估为例，假设企业持有一份面值为 1 000 元的国债，票面利率为 5%，按年付息、到期还本，剩余期限为 5 年，评估人员通过研究发现评估基准日的市场预期收益率是 4%，那么债券的价格是多少？假设在评估基准日已经预期到未来市场利率大概率下降

1%，债券价格将可能如何变化？

第一节 金融资产评估概述

一、金融资产的概念

金融资产是一切能够在金融市场上进行交易，具有现实价格和未来估价的金融工具的总称。也可以说，金融资产是一种合约，表示对未来收入的合法所有权。

金融资产按期限可分为短期金融资产和长期金融资产。短期金融资产主要指企业持有的、期限不超过一年的有价证券投资，如商业票据、短期公债、银行承兑汇票、可转让大额定期存单、回购协议等，主要在货币市场上进行交易。长期金融资产指企业持有的、期限超过一年的有价证券投资，如股权投资、债权投资等。

金融资产还可以按收益与风险的不同分类，分为：

①债权类金融资产，包括企业通过债券市场购买的企业债券、政府债券、金融机构债券等固定收益类资产，特点是收益稳定，风险低。

②股权类金融资产，包括企业长期持有的上市公司股票、非上市公司的股权等权益类资产。特点是未来收益不确定，风险高。

③混合性金融资产，包括企业持有的优先股、可转债、混合型投资基金等兼有股权和债权双重性质的资产；这类资产因具有期权特征，估值往往与期权等衍生品的估值归为一类。

④衍生品金融资产，包括企业持有的由股票、债券等基础资产衍生出来的各类派生资产，如远期和期货合约、期权合约、互换合约等。

二、金融资产评估的特点

(1) 它是对投资资本的评估。投资者之所以在金融市场上购买股票、债券，并不一定以谋求对所投资企业的某种管理权、参与权、控制权为单纯目的，多数情况下是为了取得投资收益，股票、债券收益的大小决定着投资者的购买行为。如债券投资者所关心的是利息的高低、债券的流动性及投资的安全性，而不管筹资者的资金用途；股票投资者关心的是按期收受的股利以及若干时间以后股票价格的变动情况。所以，投资者是把用于股票、债券的投资看作投资资本，使其发挥资本的功能。从这个意义上讲，金融资产投资的评估实际上是对投资资本的评估。

(2) 它是对被投资者的偿债能力和获利能力的评估。投资者购买股票、债券的根本目的是获取投资收益，而能否获得相应的投资收益，一是取决于投资的数量；二是取决于投资风险，而投资风险在很大程度上又取决于被投资者的获利能力和偿债能力。企业的获利能力和偿债能力与企业自身的管理、经营状况和财务状况紧密相关。因此，对于债券的评估，主要应考虑债券发行方的偿债能力；对于股票的评估，除了参照股市行情外，主要是对被投资者的获利能力的评估。从这个意义上说，金融资产评估是对被投资者的偿债能力和获利能力的评估。

第二节　债券的评估

一、债券的投资特点

债券是社会各类经济主体为筹集资金，按照法定程序发行的，承诺在指定日期还本付息的债务凭证，它代表债券持有者与企业的一种债权债务关系。由于债券收益主要是利息收入，对投资者来说，主要看被投资债券的利息为多少。其投资特点有：

（1）风险性较低。债券必须明确规定还本付息的时间、期限，一般从几年到几十年不等，到期必须偿还。债券的发行必须按国家规定严格执行。政府发行的债券由国家财政担保；银行发行的债券以银行的信誉及资产作后盾；企业债券则要以企业的资产担保，即使发生企业破产清算，债权人分配剩余财产的顺序也排在企业所有者之前。因此，投资债券的风险相对较小。

（2）收益的稳定性。在一般情况下，债券发行主体为了吸引投资者，通常把债券的利率定得高于同期银行储蓄利率，债券利率是固定利率，一经确定即不能随意改动，不能随市场利率的变动而变动。所以，在债券发行主体不发生较大变故时，债券的收益是比较稳定的。

（3）流动性。在发行的债券中有相当部分是可流通债券，它们可随时到金融市场上流通变现。

二、上市债券的评估

上市债券是指能够在市场上流通交易、自由买卖的债券。在一般情况下，上市债券的评估采用现行市价法，按照评估基准日的收盘价确定评估值。同时，评估人员应在评估报告中说明所用的评估方法和结论，并申明该评估结果应随市场价格变动而予以调整。在特殊情况下，如市场价格严重扭曲，不能代表债券的实际价值，债券价格与其收益现值严重背离，则按照非上市债券进行评估。

应当强调指出，不论按什么方法评估，已上市债券的评估值一般不应高于证券交易所公布的同种债券的卖出价。

例：被评估企业持有 2017 年发行的 5 年期债券 1 000 张，每张面值 100 元，年利率为 10%。2019 年 9 月 10 日评估其价值时，该面值 100 元的债券的市场交易价为 111 元，则评估人员认定该种债券评估基准日的评估值为：

评估值＝1 000×111＝111 000（元）

三、非上市债券的评估

非上市债券是指不能进入市场自由买卖的债券。因为无法通过市场取得债券的现行市价，所以对非上市债券主要采用收益法进行评估。债券的基本价值取决于投资者对未来利息预期收入的相对吸引力和到期收回本金的前景的评估。虽然投资者可以将债券出售而没有将其一直持有到期满的义务，但仍然要根据发行者未来产生足额现金以支付利息和本金的能力来考虑债券的潜在风险。

要估算债券的价值，首先要计算截至到期日收取的利息的现值，然后将其与最终本金支付的现值相加。根据非上市债券利息支付和本金偿还的条款，把债券分为定期支付利息到期还本和到期一次还本付息两类，并采取不同的评估方法进行计算。

（一）定期支付利息到期还本的债券评估

定期支付利息到期还本债券的评估，采用有限期收益法。其公式为：

$$P=\sum_{t=1}^{n}[R_t/(1+r)^t]+A/(1+r)^n$$

式中，P 为债券的评估值；R_t 为第 t 年的预期利息收益；r 为折现率，反映了投资者的机会成本或者说回报标准；A 为债券面值；t 为评估基准日到利息支付日的时期；n 为评估基准日到债券到期日的期限。这里的“定期支付”假定为“每年支付一次”。如果利息是每半年支付一次，则用于折现的时期数就不是债券到期的年数，而是年数的双倍，折现率则是要求年收益率的一半。

由上式可见，长期债券的收益现值评估，实际上是在投资年份里，长期投资带来的收益和投资本金的折现之和，即息票支付的现值和票面到期价值的现值之和。在这里，债券利率和还本期都是事先约定好的，因此计算预期收益并不困难。债券评估的折现率由无风险报酬率和风险报酬率两部分构成。前者常以国债利率为准，后者则应考虑发行债券的企业的财务状况、债券到期年限、行业经营风险等。

例：某一被评估企业拥有一批债券，本金为 120 000 元，期限为 3 年，年利率为 12%，按年付息，到期还本。评估时，债券被购入已满一年，而且企业已经收到这一年的利息并作投资收益入账。评估时，国库券年利率为 8%。考虑到企业所拥有的债券为非上市债券，不能随时变现，根据企业财务状况等因素，确定风险报酬率为 2%，因此测定该种债券的折现率为 10%。试求该企业拥有的债券的价值。

$$P=120\ 000\times\frac{12\%}{1+10\%}+120\ 000\times\frac{12\%}{(1+10\%)^2}+\frac{120\ 000}{(1+10\%)^2}$$
$$=13\ 090.91+11\ 900.83+99\ 173.55=124\ 165.29（元）$$

当投资者在两次利息支付期间，或者说下次利息在不到一年就进行支付的时刻购买债券时，可接受的债券价格计算方法为：

$$P=\sum_{t=1}^{n}\left[\frac{R_t}{(1+r)^k(1+r)^{t-1}}\right]+\frac{A}{(1+r)^k(1+r)^{n-1}}$$

式中，k 为交易结算日或评估基准日到下次利息支付日之间的天数/利息支付的定期天数。

（二）到期一次还本付息的债券评估

这类债券是指平时不支付利息，到期后连本带利一次性支付的债券。评估时，应将债券到期时一次性支付的本利之和折现，求得评估值。其计算公式为：

$$P=F/(1+r)^n$$

式中，P 为债券的评估值；F 为债券到期时本金和利息之和；n 为评估基准日到债券还本付息时的期限；r 为折现率。

债券利率采用单利和复利计算时，所计算出的本利之和是不同的。

（1）采用单利计算时，可按下式计算：

$$F=A(1+mr)$$

（2）采用复利计算时，可按下式计算：

$$F=A(1+r)^m$$

式中，A 为债券面值；m 为债券的期限或计息期限；r 为债券利率。

例：假设在前例中，不是每年付息一次，而是到期一次还本付息，且按单利计算，则该债券的评估价值为：

$$F=120\ 000\times(1+3\times12\%)=163\ 200（元）$$
$$P=163\ 200/(1+10\%)^2=134\ 876.03（元）$$

零息债券不需要进行任何周期性支付，而是将到期价值和购买价格之间的差额作为投资者得到的利息。因而零息债券价格的计算公式为：

$$P=A/(1+r)^n$$

在对某企业债券进行评估时，要注意债券价格和其利息收益之间的关系，受其产业环境的特定条件和特定的债券合约本身附加条款的影响。因而，既需要通过对企业收入模式的仔细分析和预期业绩的预测来对发行者的支付能力进行评估，也需要考虑债券契约的不同形式。比如，抵押债券由于发行企业以特定资产提供了担保，其附息利率低于无担保的债券利率，投资者承担的风险也较低。可转债的持有者最终可以将债券按照预定的价格转换为普通股，普通股的潜在市场增值机会对投资者形成新的吸引力，使得其附息利率低于一般债券。因而，可转债的价格受到普通股潜在市场价值、指定转换价格与普通股现行价格的差异、附息利率等因素的影响。

第三节 股票的评估

一、股票的投资特点

股票是企业为筹集资金而发行的一种有价证券，它证明股票持有者对企业资产所享有的相应所有权。因此，股票投资是一种股权投资。其投资特点有：

（1）风险性。股票投资属于永久性长期投资，股票一经购买，就不能退还本金。股票购买者能否获得预期利益，完全取决于企业的经营状况，因而股票投资具有投资收益的不确定性，利多多分，利少少分，无利不分，亏损承担责任。

（2）流动性。股票一经购买即不能退股，但可以随时按规则脱手转让变现，或者作为抵押品上市交易，这使股票的流动成为可行，从而促使社会资金的有效配置和高效利用，同时使筹资企业的资本具有长期的稳定性。

（3）决策性。普通股票的持有者有权参加股东大会、选举董事长，并可依其所持股票的多少参与企业的经营管理决策，持股数量达到一定比例还可居于对公司的权力控制地位。

（4）股票交易价格与股票面值的不一致性。股票的市场交易价格不仅受制于企业的经营状况，还受到国内及国外的经济、政治、社会、心理等多方面因素的影响，往往造成股票交易价格与股票面值的不一致。这不仅促使企业提高经营效益，同时也产生了投资者的资本选择行为。

二、股票价格

股票价格是股票在进行市场交易时自身价值的体现。要进行股票评估，就需要了解与股票评估有关的股票价格的概念。股票本身有很多种价格。

（一）票面价格

票面价格指企业在发行股票时所标明的每股股票的票面金额。

（二）发行价格

发行价格指企业在发行股票时的出售价格。股票发行可采用面额发行、溢价发行、折价发行方式，发行价格分别等于、高于、低于票面价格。一般同一只股票只能有一种发行价格。

（三）账面价格

账面价格又称股票的净值，是指股东持有的每份股票在企业财务报表上所反映的价值。它等于企业资产权益价值与优先股总面值之差，再除以普通股股数。

（四）清算价格

清算价格指企业清算时每股股票所代表的真实价格。股票的清算价格取决于股票的账面价格、资产出售损益、清算费用等因素。在大多数情况下，由于企业的许多资产在清算中只能压价出售，所以股票的清算价格一般小于账面价格。

（五）内在价格

内在价格是一种理论价值或模拟市场价值。它是根据评估人员对股票未来收益的预测折现得出的股票价格。股票内在价格的高低，主要取决于企业的发展前景、财务状况、管理水平以及获利风险等因素。

（六）市场价格

市场价格指证券市场上的股票交易价格。在发育完善的证券市场条件下，股票市场价格是市场对企业股票内在价值的一种客观评价；而在发育不完善的证券市场条件下，对于股票的市场价格能否代表其内在价值，应做具体分析和判断。

虽然股票价格多种多样，但与股票评估联系密切的只有股票的内在价格、清算价格和市场价格。

由于股票有上市和非上市之分，股票评估也分为上市股票的评估和非上市股票的评估。

三、上市股票的评估

上市股票是指企业公开发行的，可以在股票市场上自由交易的股票。在证券市场发育完善的条件下，股票的市场价格基本上可以作为股票评估的依据，即可采用现行市价法进行股票评估；对于发育不完善的证券市场，股票的市场价格就不能作为股票评估的依据，其评估应与非上市股票的评估相同。上市股票评估值的计算公式为：

上市股票评估值＝股票股数×评估基准日该股票市场收盘价

例：某人持有某企业上市股票 10 000 股，评估基准日该股票市场收盘价为每股 19 元。

上市股票评估值＝10 000×19＝190 000（元）

需要说明的是，依据现行市价法得出的评估值，应在评估报告中说明所用方法，并申明该评估结果应随市场价格的变化而予以调整。

如果企业是以控股为目的持有上市股票，则一般采用收益法进行评估。

四、非上市股票的评估

非上市股票是指不能在股票市场上进行交易的股票。因而，在市场上难以找到作为非上市股票评估依据的市场价格。这就需要综合分析股票发行企业的经营业绩、发展状况、财务风险等因素，合理预测股票投资的未来收益，并选择合理的折现率来确定评估值。

非上市股票分为普通股和优先股。由于普通股与优先股的特征不同，因此需采用不同的方法进行评估。

（一）优先股的评估

优先股是一种既具有股票特征又具有债券特征的混合证券。它不仅在股利分配和剩余财产分配上优先于普通股，而且在发行时就确定了股利率，并不得改变，所以优先股的股利是固定的，因而优先股的收益是比较有保障的，风险小于其他股票，它被称为"准企业债券"。年股利是优先股唯一较为确定的因素，因而其价值的评估，只能以比起债券来说不太确定的条件为基础。

由于优先股的股利是在税后支付，因此对优先股进行评估，首先要根据股票发行企业的经营和发展状况，判断其是否有足够的税后利润用于优先股的股利分配，若有足够的税后利润，则该优先股便具有"准企业债券"的性质，评估人员可根据事先确定的股利率，计算优先股的年收益额，然后进行折现或资本化处理，即可得出评估值。其计算公式为：

$$P=\sum_{t=1}^{\infty}[R_t/(1+r)^t]=A/r$$

式中，P 为优先股的评估值；R_t 为第 t 年优先股的收益；r 为折现率；A 为优先股的等额年股利收益。

例：某企业持有另外一家企业的优先股 200 股，每股面值为 100 元，年股利率为 11%，在评估时，国库券利率为 8%，经过调查分析，确定风险报酬率为 2%，从而确定该优先股的折现率（资本化率）为 10%。评估价值为：

$$\begin{aligned}P&=(200\times100\times11\%)/10\%\\&=22\ 000\text{（元）}\end{aligned}$$

如果非上市优先股有上市的可能，持有者又有转售意向，则该类优先股可按照下列公式评估：

$$P=\sum_{t=1}^{n}[R_t/(1+r)^t]+F/(1+r)^n$$

式中，P 为评估值；R_t 为持有其第 t 年的定额股利；F 为优先股的预期市场转让价格（变现价格）。

优先股的合约条款中也有许多变化，比如可转换性、参股性、回购条款等，这会像对债券一样影响到它的价格。

（二）普通股的评估[①]

普通股是发行量最多、占企业发行股票比重最大的一种股票，属于权益证券。其收

① 股权投资的评估方法与普通股的评估方法类似，不予赘述。股权投资是投资者以现金资产、实物资产或无形资产等直接投入被投资企业，从而取得被投资企业的股权，通过控制被投资企业获得收益的投资行为。

益额不固定，与企业的经营状况和发展水平密切相关。普通股的股利分配在优先股收益分配之后，是企业剩余权益的分配。对普通股的评估，相当于对股票发行企业经营业绩和前景的剩余索偿权的评估。

估算普通股价值的最快捷的方法是预测未来可能的每股收益，并用反映企业及其所在行业的预期恰当的收益倍数即市盈率，将该收益资本化。计算公式为：

每股价值＝每股收益×市盈率

不过，对股东支付股利的数额、经常性和趋势，都影响到普通股的价值。未来股利收入存在着一定的不确定性，它不仅取决于企业的经营能力，也取决于企业董事会的决定。一个企业的股利政策可能是支付70％以上的当期收益，也可能是不以现金形式支付股利。有时所支付的股利甚至会超过当期收益。普通股价值评估模型通常按其股利收益趋势分为固定红利模型、红利增长模型、分段式模型、几何随机模型四种。

（1）固定红利模型。对于企业经营比较稳定、红利分配固定，且能够保证在今后一定时期内红利分配政策比较稳定的普通股评估，应采用固定红利模型。其前提是将剩余权益全部用于股利分配，计算公式为：

$$P=R_1/r$$

式中，P 为股票评估值；R_1 为预期下一年的股票红利额；r 为折现率或资本化率。

例：甲企业持有乙企业的非上市普通股30万股，每股面值为10元。现假设乙企业生产经营比较稳定，财务状况良好。在可预见的年份中，保持12％的红利分配水平是可行的。因为乙企业奉行稳健经营原则，所以其股票风险性低，风险报酬率为2％。在国库券利率8％的基础上确定折现率为10％。根据上述资料，计算这30万股普通股的评估价值。

每股股票价格为：

$$P_0=12\%\times 10\div(2\%+8\%)=12\text{（元）}$$

甲企业持有的股票价值为：

$$P=12\times 300\,000=3\,600\,000\text{（元）}$$

（2）红利增长模型。该模型用于成长型企业股票评估。成长型企业具有发展前景好、潜力大、追加投资能带来较高收益的特点。该模型假设股票发行企业没有把剩余收益全部用作股利分配，而是将剩余收益的一部分用于追加投资，扩大企业再生产规模，继而增强企业的获利能力，最终增强股东的潜在获利能力，使股东获得的红利呈逐渐增长趋势。其股票评估值计算公式为：

$$P=\frac{R_1}{r-g}=\frac{R_0(1+g)}{r-g}$$

式中，P 为股票评估值；R_1 为预期下一年的股票红利额；r 为折现率；g 为股利增长率；R_0 为本年的股票红利额。

股利增长率 g 的测定方法有历史数据分析法和发展趋势分析法两种。前者是在企业历年红利分配数据的分析基础上，利用统计学方法计算出股票红利的平均（几何平均或算术平均）增长速度，依此确定股利增长率 g。后者主要是根据股票发行企业股利分配政策，以企业剩余收益中用于再投资的比率与企业净资产利润率的乘积作为股利增长率 g。

例：甲企业持有乙企业的非上市普通股30万股，每股面值为10元。在甲企业持股期间，每年股票收益率水平保持在12％左右。评估人员调查了解到：乙企业每年只将75％

的税后利润用于股利发放，将另外 25%用于扩大再生产，预计今后乙企业净资产利润率将长期保持在 15%左右，风险报酬率为 2%，无风险报酬率以国库券利率 8%为依据，则该种普通股评估值的计算过程为：

$$R=300\ 000\times 10\times 12\%=360\ 000\text{（元）}$$

$$r=8\%+2\%=10\%$$

$$g=25\%\times 15\%=3.75\%$$

$$P=360\ 000\times(1+3.75\%)\div(10\%-3.75\%)=5\ 976\ 000\text{（元）}$$

（3）分段式模型。对于具有很大风险的股票市场来说，由于企业的生产、经营遇到的不确定因素很多，固定的股利和按固定比例增长的股利都过于模式化，与实际情况不符，很难适用于所有的股票评估，分段式模型则是为了避免前两种模式的缺点而产生的。

分段式模型是先按照评估目的把股票收益期分为两段：一段是能够被客观预测的股票收益期或股票发行企业的某一经营周期，在这一阶段股票持有者能连续不断地取得股利；另一段是第一段期末以后的收益期，该阶段受到不可预测的不确定因素的影响较大，股票收益难以客观预测。在进行评估时，对前段逐年预期收益直接折现，对后段可采用固定红利模型或红利增长模型，收益额的计算采用发展趋势分析法或客观假设法。最后汇总两段现值，就是股票评估值。

例：甲企业持有乙企业的非上市普通股 30 万股，每股面值为 10 元。在甲企业持股期间，每年股票收益率水平保持在 12%左右。评估人员经调查分析，认为前 3 年保持 12%的收益率是有把握的；第 4 年技术进步可使收益率提高 5%，并将保持下去。评估时风险报酬率为 2%，无风险报酬率以国库券利率 8%为依据，折现率为 10%。该种股票评估值为：

$$\begin{aligned}P&=\text{前三年折现值}+\text{第四年后折现值}\\&=300\ 000\times 10\times 12\%\times[1-1/(1+10\%)^3]/10\%\\&\quad+(300\ 000\times 10\times 17\%/10\%)/(1+10\%)^3\\&=360\ 000\times 2.486\ 9+5\ 100\ 000\times 0.751\ 3\\&=895\ 284+3\ 831\ 630=4\ 726\ 914\text{（元）}\end{aligned}$$

（4）几何随机模型。几何随机模型引入了股利增长的随机概念。该模型假定预期股利为：

$$R_{t+1}=\begin{cases}R_t(1+g) & \text{概率为 } p \qquad t=1,\ 2,\ \cdots\\ R_t & \text{概率为 } 1-p\end{cases}$$

则股票价格为：

$$P=R_0(1+pg)/(r-pg)$$

该模型中的概率可以根据历史数据进行估算。比如股票发行企业在过去的 20 年中有 15 年的股利有所增加，我们就可以用 15/20 或 75%作为股利增长的概率（p）。这里所用的增长率可以是历史上存在股利增长年份中股利增长率的几何平均数。

如果考虑到股利下降的可能性，则该模型为：

$$R_{t+1}=\begin{cases}R_t(1+g) & \text{概率为 } p \qquad t=1,\ 2,\ \cdots\\ R_t(1-g) & \text{概率为 } q\\ R_t & \text{概率为 } 1-p-q\end{cases}$$

从而股票价格为：

$$P=R_0[1+(p-q)g]/[r-(p-q)g]$$

如果考虑到企业破产的可能，则该模型演化为：

$$R_{t+1}=\begin{cases}R_t(1+g) & \text{概率为 } p \qquad t=1,2,\cdots \\ R_t(1-g) & \text{概率为 } q \\ R_t & \text{概率为 } 1-p-q-s \\ 0 & \text{概率为 } s\end{cases}$$

从而股票价格为：

$$P=R_0[1+(p-q)g-s]/[r-(p-q)g+s]$$

第四节　其他金融资产的评估

一、可转债的评估

（一）可转债的概念与特点

可转债是一种可以在特定时间、按特定条件转换为普通股票的特殊企业债券。持有可转债相当于持有了债券和股票的买入期权。

可转债具有债权和股权的双重特性。债权性主要体现在：与其他债券一样，可转债也有规定的利率和期限，投资者可以选择持有债券至到期，收取本息。与普通债券相比，可转债具有较低的利息。股权性主要体现在：可转债在转换成股票之前是纯粹的债券，但转换成股票之后，债权人变成公司股东，可参与企业的经营决策和红利分配，一定程度上会影响公司的股本结构。可转债的转换价格一般高于股票现价。

（二）可转债的价值评估

可转债的价值从概念上可拆分为四个部分：同等直接债券、以股票为标的的看涨期权、可赎回期权、可回售期权。其中以股票为标的的看涨期权也即转股权，对于可转债投资者来说相当于持有了一份执行价格为转股价格的看涨期权。此外，一般情况下，可转债的发行者还具有期前可赎回权，意味着发行者具有在可转债转股之前赎回的权利；投资者具有期前可回售权，即投资者具有在可转债转股之前回售给发行者的权利。

因此，可以简单理解为可转债投资者持有的一份可转债的价值等于同等直接债券的价值＋以股票为标的的看涨期权的价值＋可回售期权的价值－可赎回期权的价值。不过，上述表达式的前提假设是各期权之间互相独立。实际上可赎回权、可回售权和转股权之间是相互作用的，甚至是相互排斥的。一旦可转债完成了转股，即转股权实施后，可赎回权和可回售权也就不存在了。因此，实际计算可转债的价值时往往不能直接简单相加。

对于可转债的估值，理论上通常使用布莱克-斯科尔斯期权定价模型①，假定股价的变化服从几何布朗运动，在此基础上研究以股票为标的资产的可转债的价格变化。需要注意的是，布莱克-斯科尔斯期权定价模型只适用于对欧式期权的计算，美式期权尚无确定的定价公式，往往采用二叉树模型计算，而可转债中附带的可赎回权、可回售权、转股权等，都属于美式期权的性质。

Longstaff 和 Schwartz（2001）② 两位学者提出了应用最小二乘蒙特卡洛模拟方法对具有美式期权特征的可转债进行定价。基本步骤为：首先，假设股票价格服从几何布朗运动，并将股票价格拆分成有限个离散的时间点，通过蒙特卡洛模拟抽样得到每个时间点的截面数据；其次，利用最小二乘法回归求得继续持有期权的期望收益，并将其与该时间点立即执行期权的收益相比较，如果后者大于前者，则立即执行期权，否则，继续持有期权。这样可以得到每条样本路径上的最优期权执行时间和相应的期权收益。最后，将每条样本路径的期权收益用无风险利率贴现（也称折现），然后取它们的均值即得到模拟的期权价值。

蒙特卡洛模拟本质上是离散地模拟资产价格的时间序列，即根据某一时点上的股票价格及股票价格的波动率等，对一定时段 Δt 后的价格进行预测，股票价格公式建立在股票价格服从几何布朗运动的前提下。如果假设无息股票价格服从几何布朗运动，则有：

$$\ln S_{t+\Delta t}-\ln S_t=\left(\mu-\frac{\sigma^2}{2}\right)\Delta t+\sigma\varepsilon\sqrt{\Delta t}$$

其中，$\ln S_t$ 为 t 时刻股票价格对数值，μ 为股票的预期收益率，σ 为股票价格的波动率，ε 表示符合正态分布的随机因子。

例：假设无息股票的当前价格为 25 元，年预期收益率为 10%，收益波动率为每年 30%，时间步长为 0.01 年，如果第一个随机变量值为 1.664，那么根据蒙特卡洛模拟的公式有：

$$\begin{aligned}\ln S_{t+\Delta t}&=\ln S_t+\left(\mu-\frac{\sigma^2}{2}\right)\Delta t+\sigma\varepsilon\sqrt{\Delta t}\\&=\ln 25+\left(0.1-\frac{0.3^2}{2}\right)\times 0.01+0.3\times\sqrt{0.01}\times 1.664\\&=3.269\end{aligned}$$

$$S_{t+\Delta t}=e^{3.269}=26.285$$

通过不断从标准正态分布样本中抽取 ε 的值代入上式，就可以得到一条股票价格的运动路径。得到该路径后，再计算不同时点上的利率（息票剥离法、样条函数法），然后根据可转债其他方面的规定，如可赎回权、可回售权、转股价等进行调整，确定不同时点上的现金流，进而对不同时点现金流用利率进行贴现获得债券价值。

二、金融衍生品的评估

金融衍生品特指给予合约持有者某种义务或对某一金融产品进行买卖的选择权，这

① 关于期权定价模型，可参考本书第九章的内容。

② Francis Longstaff, Eduardo Schwartz. "Valuing American Options by Simulation: A Simple Least-Squares Approach," *Review of Financial Studies*, 2001, 14 (1): 113－147.

些合约被称为衍生产品（相对于标的资产而言）。常见的金融衍生品主要包括远期和期货合约、期权合约、互换合约和混合衍生工具等。对于金融衍生品的评估思路仍然与前面债券、股票的评估一致。对于存在活跃交易市场的金融衍生品，活跃市场中的报价可以用于确定其评估基准日的价值；对于不存在活跃市场的金融衍生品，应当采用合适的评估方法确定其价值。

（一）远期和期货合约

远期合约是指交易双方约定在未来某一特定时间按照提前确定好的价格进行交易的合约。远期合约在到期日进行交割是交易双方必须履行的协议。空头持有者将基础资产出售给多头持有者，多头按交割价格支付现金。

期货合约是指由期货交易所统一制定的、规定在将来某一特定的时间和地点交割一定数量和质量商品的标准化合约。出售期货合约被称为建立空头，购买期货合约被称为建立多头。期货合约可通过交收现货或进行对冲交易来履行或解除合约义务。

与期货合约相比，远期合约不是标准化合约，也不在特定交易所内进行交易，通常是买卖双方私下的协议，是一种场外交易。而期货合约作为标准化合约，可以在期货交易所大量交易，流动性更好。二者的定价原理相似，可以利用无套利原理进行定价分析。

如果投资者在合约初始时购入资产的远期合约，期限为 T；在时刻 t 卖出同一资产的远期合约，期限为 $T-t$，那么在时刻 T，投资者以价格 F_0 购入资产，同时以价格 F_t 卖出资产，投资者的净现金流量为 F_t-F_0。由于购入或卖出资产的远期合约并不需要发生现金流，因此，在时刻 t，远期合约的价值为净现金流的折现值：

$$V_t=(F_t-F_0)\times \mathrm{e}^{-r(T-t)}$$

其中，F_0 为初始合约中的远期交割价格，F_t 为远期合约处于时刻 t 时的远期交割价格。

由于期货合约往往具有活跃的交易市场，因此进行估值时可采用现行市价法进行评估。

（二）期权合约

期权是一种选择权，是指在未来特定时间以特定价格买入或者卖出一定数量金融产品的权利，是在金融期货基础上产生的一种金融衍生工具。期权的持有者可以在期权有效期内选择执行或者放弃，期权的出售者则负有期权合约规定的义务。期权的合约也是一种标准化合约。期权的价格是在市场上公开竞价形成的，在进行评估时也可以采用基于市场公开交易得到的交易价格作为基准日的价值。

理论上，期权的价值评估常用的模型为布莱克-斯科尔斯期权定价模型和二叉树模型，本书第九章有进一步的解释，此处不再展开。

（三）互换合约

互换合约是指约定在将来某一特定时间内相互交换特定标的物的金融合约。在金融资产评估领域内，主要体现为在未来互换现金流，如利率互换、货币互换。互换合约可理解为远期和期货合约的扩展分支。互换合约之所以为市场所接受，一种主流解释为比较优势。例如一些企业在固定利率市场贷款具有比较优势，而另一些企业在浮动利率市场贷款具有比较优势。关于比较优势可通过下面的例题进一步理解。

例：假设企业A和企业B都计划筹集期限为5年的债务资金500万元，企业A希望按浮动利率筹集资金，企业B希望按固定利率筹集资金。但企业A与企业B的信用等级不同，在不同的利率市场具有各自的优势。企业A在固定利率市场存在比较优势，可以按照10%的利率进行融资，而企业B只能按照11.2%融资。在浮动利率市场，企业B的融资成本为SOFR+1%，企业A的浮动利率融资成本为SOFR+0.3%。[①] 企业A与企业B首先在自己具有比较优势的市场进行融资，进而再通过互换合约实现各自的融资目标和需求，从而降低融资成本。对于企业A来说，首先按照10%的利率从固定市场融资，再通过中介即掉期交易商与企业B进行互换，现金流收支包括三部分：（1）支付给外部贷款人的利率为10%的利息；（2）从掉期交易商处获得的利率为9.9%的利息；（3）向掉期交易商支付的利率为SOFR的利息。对于企业B来说，首先按照SOFR +1%从浮动利率市场融资，再通过掉期交易商与企业A进行互换，现金流收支也包括三部分：（1）支付给外部贷款人的年利率为SOFR+1%的利息；（2）从掉期交易商处获得的利率为SOFR的利息；（3）向掉期交易商支付的利率为10%的利息。在这项互换合约中，企业A实现了浮动利率融资的目标，但实际融资成本为SOFR+0.1%，企业B实现了固定利率融资的目标，实际融资成本为11%，二者的实际融资成本均有所下降。此外，掉期交易商作为中介的收益为1%。

互换合约的价值评估主要体现在对互换可能带来的风险与收益的确认和评估上。以利率互换为例，在合约开始时，利率互换的价值为零或者接近于零。随着时间的推移，利率互换的价值可能为正，也可能为负。关于利率互换的估值定价，一种思路是将利率互换的价值视为两种债券的头寸之差。例如，在例题中企业A收到固定利率并付出浮动利率的互换价值可视为固定利率债券的长头寸与浮动利率债券的短头寸的差。利率互换的产生与合理定价，往往需要一个相对成熟稳健的固定收益市场作为基础。

（四）员工持股计划

员工持股计划具有金融衍生品的特点。与普通的金融期权相比，员工持股计划的特点主要有：第一，它是企业与员工之间发生的交易；第二，它是以获取员工服务为目的的交易；第三，交易对价或其定价与企业自身的未来价值密切相关。这些特点决定了员工持股计划价值评估的特殊性。

在评估中一般采用期权定价模型估算其价值（布莱克-斯科尔斯期权定价模型或二叉树模型）。

但需要注意的是，对于员工持股计划来说，员工应当满足一定服务期限要求或达到一定业绩条件才可行权，因此在评估员工持股计划的价值时，需要充分考虑服务期限等限制条件。在评估基准日内，应当根据最新取得的可行权员工人数变动等后续信息作出最佳估计，修正预计可行权的股票期权数量。

---

① 担保隔夜融资利率（secured overnight financing rate，SOFR），以美国三大主要国债回购交易市场的交易数据为基础，可视为一种替代已退市伦敦同业拆出利息率（LIBOR）的金融市场基准利率。

第七章

流动资产和其他资产评估

本章学习目的

1. 理解流动资产的评估特点。

2. 运用成本法和市场比较法评估实物类流动资产的价值。

3. 掌握应收账款、预付账款、应收票据、待摊费用及预付费用和其他资产的价值评估。

案例导入

2020 年 6 月，北京北方亚事资产评估事务所（简称“北方亚事”）受托对深圳市兴飞科技有限公司（简称“兴飞科技”）存货价值进行评估并出具评估报告，为兴飞科技拟准备财务报告之经济行为提供价值参考依据。评估基准日为 2019 年 12 月 31 日，兴飞科技评估前存货总额为 1 489 796 449.64 元；评估后存货总额为 164 963 935.41 元，评估减值 1 324 832 514.23 元，减值率为 88.93%。2021 年 4 月，北京证监局公布《关于对北京北方亚事资产评估事务所（特殊普通合伙）采取出具警示函措施的决定》，其中认定北方亚事在兴飞科技存货项目评估中存在计算评估值时未按照评估报告描述的方法计算扣除销售费用率和税金及附加率、资料核查验证不到位、工作底稿不完整等问题，并对其采取了相应的监督管理措施。存货是企业流动资产的重要内容。流动资产有哪些特点？应当如何合理评估流动资产的价值？

第一节　流动资产评估概述

一、流动资产的含义及特点

（一）流动资产的含义

流动资产是指企业可以在一年内或者超过一年的一个营业周期内变现或者运用的资产，包括现金及各种存款、存货、应收账款、预付账款、短期投资等。具体来讲，现金是指企业的库存现金，其中包括企业内部各部门周转使用的备用金；各种存款是指企业的各种不同类型的银行存款；存货是指企业的库存材料、在产品、产成品、库存商品等；应收账款是指企业因销售商品、提供劳务等，应向购货和受益单位收取的款项，它是购货单位所欠的短期债务；预付账款是指企业按购货合同规定，预付给供货单位的购货定金或部分货款，以及企业预交的各种税、费等；短期投资是指企业购入的各种能随时变现、持有时间不超过一年的投资，包括不超过一年的股票、债券、基金等有价证券和其他投资。另外，流动资产还包括除以上资产之外的其他流动资产。

（二）流动资产的特点

流动资产是企业资产的重要组成部分，不同于固定资产。流动资产的独特性主要表现在周转方式、存在形式、变现能力等方面。这使得流动资产具有以下特点：

（1）流动性强。流动资产在生产经营活动中不能固定在一种使用形态上，而是随着生产过程的不断进行，不断地由一种形态转化为另一种形态。流动性强是流动资产的主要特点，这一特点要求在进行流动资产评估时，必须合理确定评估时点，并且严格在规定时点上进行资产清查，确定被评估资产数量，避免发生重估、漏估的现象，以至于影响评估的准确性。

（2）周转速度快。流动资产具有周转快、时间短的特点。由于流动资产的价值在使用中是一次性全部转移的，一般不存在有形损耗，更无须考虑功能性贬值等因素，因此在价格变化不大的情况下，资产的账面价值基本上可以反映出流动资产的现值。

（3）形态多样性。流动资产在周转过程中不断改变其形态，并且各种形态的流动资产在企业中并存，分布于企业的各个环节，因此对于流动资产，应该按照单项资产进行评估。另外，流动资产数量大、种类繁多，所以评估前还必须对流动资产进行认真仔细的资产清查，同时又要分清主次，掌握重点。

二、流动资产的分类

流动资产形态多种多样，为便于进行流动资产评估，必须对其进行合理的分类。

（一）按流动资产所处领域分类

（1）生产领域的流动资产，指在产品生产过程中发挥作用的流动资产，例如，原材料、辅助材料、低值易耗品、包装物、在产品及自制半成品等。

（2）流通领域的流动资产，指在商品流通过程中发挥作用的流动资产，例如，产成品、购销过程中的结算资金和货币资金等。

（二）按现行会计制度分类

（1）货币资金，例如，现金、银行存款、其他货币资金。

（2）应收及预付款项，例如，应收票据、应收账款、应收内部单位款、其他应收款、预付货款和预付费用等。

（3）短期投资，指能随时变现，持有时间不超过一年的投资，主要是有价证券。

（4）存货，指企业在生产经营过程中为销售或耗用而储备的资产，例如，产成品、在产品、原材料、低值易耗品等。

（三）按流动资产在生产经营中的形态和作用分类

（1）储备资产，指处于生产准备阶段的流动资产，例如，原材料、低值易耗品、包装物等。

（2）生产资产，指处在生产过程中的流动资产，例如，在产品、自制半成品、待摊费用等。

（3）成品资产，指处于产品待销过程中的流动资产，例如，产成品等。

（4）结算资产，例如，发出商品、各种应收账款和应收票据等。

（5）货币资产，例如，银行存款、库存现金等。

（四）按流动资产存在的形态分类

（1）货币类流动资产，例如，现金、各种存款等。

（2）实物类流动资产，例如，各种材料、在产品、产成品等。

（3）债权类流动资产，例如，应收账款、预付账款等。

（4）其他流动资产，指除以上资产之外的流动资产。

三、流动资产评估的程序

（一）确定评估对象和范围

弄清被评估流动资产的范围，是确保资产评估工作顺利进行的重要条件之一。为此，应做好如下工作：

（1）正确划分流动资产与其他资产的界限，防止将机器设备作为低值易耗品列入流动资产，也不得把属于流动资产的低值易耗品作为其他资产，以避免重复评估和漏评。

（2）查核待评估流动资产的产权，企业受托加工的材料、代保管的材料物资、已作为抵押物的流动资产均不能列入流动资产的评估范围。

（二）清查核实流动资产，并对实物类流动资产进行质量检测和技术鉴定

流动资产种类繁多，流动性强，为保证评估结果的客观真实性，评估人员必须对清单所列的流动资产进行局部或全部查实，以做到账账相符、账实相符。同时对于实物类流动资产（如原材料、产成品等）还应进行质量检测和技术鉴定，以便了解该被评估资产的质量状态，确定其是否还有使用价值，并核对其技术情况和等级状态与被评估资产清单的记录是否相符。技术鉴定是正确评估资产价值的重要基础，因此评估时必须考虑资产的内在质量因素。

（三）调查分析债权类流动资产，根据以往的资信情况确定其风险

对企业的债权债务应逐笔落实，综合分析应收账款、应收票据等债权回收的可能性、回收的时间、将要发生的费用及风险，并对呆账、死账作相应的处理。

（四）选择合理的评估方法

资产评估的主要方法有收益法、成本法和市场比较法等。评估人员应该根据评估的目的和不同种类流动资产的特点，选择适当的评估方法进行评估。一般而言，对于实物类流动资产，可以采用市场比较法和成本法。对存货中价格变动较大的要考虑市场价格。对买入价较低的要按现价调整。对买入价较高的，除考虑市场价格外，还要分析最终产品价格能否相应提高，或存货本身是否具有按现价出售的现实可能性。对于货币类流动资产，其清查核实后的账面价值就是现值，无须采用特殊方法进行评估，仅仅应对外币存款按评估基准日的国家外汇牌价进行折算。对于债权类流动资产只适用于按可变现值进行评估。

（五）评定估算流动资产，出具评估结论

根据掌握的资料和技术鉴定结果，按选定的方法评定估算，并对评估初步意见进行适当调整，产生最终评估结果。

第二节　实物类流动资产的评估

实物类流动资产的评估主要包括各种材料、在产品、产成品及库存商品等的评估，其适用的方法主要是成本法和市场比较法。

一、材料评估

（一）材料评估的内容

企业中的材料可以分为库存材料和在用材料。由于在用材料在再生产过程中形成产品或半成品，它不再作为单独的材料存在，故对材料的评估就是对库存材料的评估。其内容包括各种主要材料、辅助材料、燃料、修理用备件、包装物、低值易耗品等。

（二）材料评估的步骤

库存材料具有品种多、数量大、性能差异大，以及计量单位、计价方式、购进时间、自然损耗等方面各不相同的特点。根据库存材料的这些特点，可按下列步骤进行评估：

（1）核实账、表与实物数量是否一致，查明有无变质、霉烂、毁损等质量问题，有无超储呆滞的材料等。

（2）根据不同评估目的和待评估流动资产的特点，选择适当的评估方法。

（3）运用企业库存管理的 ABC 管理法，按照一定的目的和要求，对材料排队，分清重点，着重对重点材料进行评估。

（三）材料评估的方法

（1）近期购进库存材料的评估。近期购进的库存材料，在市场价格变化不大的情况下，其账面值与现行市价基本接近。评估时，可以采用成本法，也可以采用市场比较法。

例：企业中的某材料是两个月以前从外地购进的，数量为 300 千克，单价为 150 元，当时支付的运杂费为 1 500 元。根据原始记录和清查盘点，评估时库存尚有 100 千克这种材料。根据上述资料，可以确定该材料的评估价值为：

$$材料评估值=100\times(150+1\ 500\div300)=15\ 500（元）$$

（2）购进批次间隔时间长、价格变化大的库存材料的评估。对这类材料进行评估时，可以采用最接近市场价格的材料价格或直接以市场价格作为其评估值。

例：某企业要对其库存的某种钢材进行评估。该种钢材是分两批购进的，第一批购进时间是上年 10 月，购进 1 000 吨，每吨 3 800 元；第二批是当年 4 月购进的，数量为 100 吨，每吨为 4 500 元。当年 5 月 1 日评估时，经核实上年购进的此种钢材尚存 500 吨，当年 4 月购进的尚未使用。因此，需评估的钢材数量是 600 吨，价格可采用每吨 4 500 元计算，则评估值为：

$$该钢材评估值=600\times4\ 500=2\ 700\ 000（元）$$

在本例中，值得注意的是，如果近期内该材料价格变化很大，或者评估基准日与最近一次购进时间间隔期较长，则评估时应采用评估基准日的时价。

（3）购进时间早，市场已经脱销，没有准确市场现价的库存材料的评估。这类材料的评估，可以通过寻找替代品的价格变动资料来修正材料价格；也可以在市场供需分析的基础上，确定该类材料的供需关系，并以此修正材料价格；还可以通过市场同类商品的平均价格指数进行评估。

(4) 超储积压物资的评估。对这类库存材料的评估，应首先对其数量和质量进行核实和鉴定，然后区分不同情况进行评估。对其中失效、变质、残损、报废、无用的，应通过分析计算，扣除相应的贬值额后，确定评估值。

(四) 低值易耗品的评估

低值易耗品是指单项价值在规定限额以下，或使用期限不满一年但能多次使用且基本保持其实物形态的劳动资料，如管理用具、劳保用品、玻璃器皿等。低值易耗品按使用情况，可分为在库低值易耗品和在用低值易耗品，在进行资产评估时，应区分不同情况分别评估。

(1) 在库低值易耗品的评估。在库低值易耗品的评估方法与库存材料的评估方法一样，可根据具体情况分别用成本法和市场比较法进行评估。

(2) 在用低值易耗品的评估。在用低值易耗品的评估，可以采用成本法。计算公式为：

$$\text{在用低值易耗品的评估值}=\text{重置成本}\times\text{成新率}$$

其中，重置成本可以直接采用账面价值（价格变动不大时），也可以采用现行市场价格，有时还可以在账面价值基础上乘以其价格变动指数来确定。另外，低值易耗品分外购和自制两种形式，其在确定评估价值时，在细节分析上有所不同，评估者应视具体情况分析计算。

在对低值易耗品进行评估时，由于其使用期限短，一般无须考虑其功能性损耗和经济性损耗。因此成新率的计算公式为：

$$\text{成新率}=\left(1-\frac{\text{低值易耗品实际已使用月数}}{\text{低值易耗品可使用月数}}\right)\times 100\%$$

一般而言，评估人员确定低值易耗品的成新率时，不能按照其摊销方式来确定，而应该按其实际损耗程度来确定。因为低值易耗品的摊销目的在于有效地计算成本费用，基本不反映其实际损耗程度。

例：某企业某项低值易耗品购进时原价为 400 元，预计使用 10 个月，实际已使用 6 个月，该项低值易耗品现行市价为 500 元，由此确定其评估值为：

$$\text{在用低值易耗品评估值}=500\times(1-6\div 10)\times 100\%=200\text{（元）}$$

二、在产品评估

在产品包括制作过程中的在制品，以及已加工完入库但不能单独对外销售的半成品。对这部分流动资产进行评估时，应结合其特点，按照重置时的合理费用进行估价。在产品的评估方法有成本法和市场比较法。

(一) 成本法

成本法即根据技术鉴定和质量检测的结果，按以现行市场价格重置同等级在制品及半成品所需投入的合理料工费计算评估值。这种方法适用于对继续生产、销售并且有盈利的在产品等的评估。具体来说又可分为三种情况。

1. 按价格变动系数调整原成本。

对生产经营正常、会计核算水平较高的企业在产品的评估，可参照其原始成本，根据评估日市场价格的变动情况，将其调整成重置成本。用计算公式表示为：

$$\text{在产品评估值}=\text{原合理材料成本}\times\left(1+\text{价格变动系数}\right)+\text{原合理制造费用}\times\left(1+\text{合理制造费用变动系数}\right)$$

其中，原合理制造费用包括工资费用和其他费用两部分。另外在具体评估时，还应注意将不合格在产品成本和不合理费用从总成本中剔除。

例：某被评估资产是一系列在产品，该系列在产品的账面总成本为300万元。技术鉴定表明，该系列在产品中的B类在产品有200件废品，其账面单位成本为100元，估计可收回的废料价值为2 000元。该系列在产品的材料成本占总成本的60%，生产所用材料的价格自生产准备日到评估基准日上涨了10%。另据制造费用分析表明，由于前期漏转费用8万元计入了本期成本，本期在产品的单位产品费用偏高。现估算该系列在产品的价值。

（1）该系列在产品中的200件B类在产品废品的实际价值为2 000元。

（2）扣除200件B类在产品废品后的剩余在产品的账面总成本为：

$$3\,000\,000-200\times100=2\,980\,000\text{（元）}$$

（3）由于前期漏转费用8万元计入了本期成本，因而扣除200件B类在产品废品后的剩余在产品的真实成本为：

$$2\,980\,000\times(1-80\,000\div3\,000\,000)=2\,900\,533\text{（元）}$$

（4）由于生产在产品的材料价格上涨了10%，因而剩余在产品的价值为：

$$2\,900\,533\times40\%+2\,900\,533\times60\%\times(1+10\%)=3\,074\,565\text{（元）}$$

（5）该系列在产品的总价值为：

$$3\,074\,565+2\,000=3\,076\,565\text{（元）}$$

2. 按社会平均工艺定额和现行市价计算。

这种方法即按重置同类资产的社会平均成本确定在产品的价值。这种方法要求掌握以下资料：（1）在产品的完工程度；（2）在产品相关工序的工艺定额；（3）在产品所耗物料的近期市价；（4）在产品在正常生产情况下的合理工时费率。其计算公式表示为：

$$\text{在产品评估值}=\text{在产品实有数量}\times\left(\text{该工序单件材料工艺定额}\times\text{单位材料现行市价}+\text{该工序单件工时定额}\times\text{正常工资及其他费用}\right)$$

其中，对工艺定额的选取，有行业的平均物料消耗标准的，可按行业标准计算；没有行业统一标准的，按企业现行的工艺定额计算。

3. 按在产品的完工程度计算评估值。

在产品的最终形式为产成品，所以可以在计算预计完成产成品的重置成本基础上，按在产品完工程度计算确定在产品评估值。计算公式为：

$$\text{在产品评估值}=\text{单件产成品的重置成本}\times\text{在产品约当产量}$$

或

$$\text{在产品评估值}=\text{预计产成品的总重置成本}\times\text{在产品完工率}$$

在产品约当产量等于在产品数量乘以该在产品的完工率。在产品约当产量、在产品完工率可以根据其完成工序与全部工序的比例、生产完成时间与生产周期的比例确定。

当然，确定时应分析完成工序以及完成时间与其成本耗费的关系。

例：现有在产品10件，在产品生产用材料已经投入80%，完工程度为50%。产成品的单件材料定额为2 000元，工资定额为300元，其他费用为400元，求该批在产品的价值。

该批在产品的材料耗费约当量为：

10×80%=8（件）

该批在产品的工资及其他费用约当量为：

10×50%=5（件）

评估值为：

8×2 000+5×(300+400)=19 500（元）

（二）市场比较法

市场比较法是指按同类在产品的市场价格，扣除销售过程中预计发生的费用后计算出评估值。这种方法适用于因产品下马，在产品只能按评估时的状态向市场出售的情况。一般而言，在产品通用性强，若能用于产品配件更换或用于维修，则其评估值就比较高，而那些不能继续生产，又无法从市场调剂出去的专用配件，只能按废料回收价格进行评估。用计算公式表示为：

$$\text{某在产品评估值}=\text{在产品实有数量}\times\text{可接受的不含税的单位市场价格}-\text{预计销售过程中发生的费用}$$

或

$$\text{某报废在产品评估值}=\text{可回收废料的重量}\times\text{单位重量现行的回收价格}$$

三、产成品及库存商品的评估

产成品及库存商品是指已经完工入库和已完工并经过质量检验，但尚未办理入库手续的产成品，以及商业企业的库存商品等。对这部分流动资产的评估应依据其变现的可能和市场接受的价格进行。适用的评估方法有成本法和市场比较法。

（一）成本法

产成品及库存商品的成本法，是根据生产制造该产成品全过程所发生的全部成本费用来确定其评估值的一种方法。具体操作时可分以下两种情况。

（1）评估基准日与产成品完工时间较接近，成本费用变化不大。其评估值可以直接按产成品账面成本确定。计算公式为：

产成品评估值=产成品数量×单位产成品账面成本

（2）评估基准日与产成品完工时间相距较远，成本费用变化较大。在这种情况下，不能按账面成本计算，而应按评估基准日市场状况下产成品的社会平均成本确定。计算公式为：

$$\text{产成品评估值}=\text{产成品实有数量}\times\left(\text{合理材料工艺定额}\times\text{现行材料单位市价}+\text{合理工时定额}\times\text{单位小时合理工时工资费用}\right)$$

或

$$\text{产成品评估值}=\text{产成品实际成本}\times\left(\text{材料成本比例}\times\text{材料综合调整系数}+\text{工资费用成本比例}\times\text{工资费用综合调整系数}\right)$$

例：某企业拟对某产成品进行评估。经核查，该产成品实有数量为 10 000 件，合理材料工艺定额为 400 千克/件，合理工时定额为 20 小时。评估时，材料价格上涨，由原来的 60 元/千克涨至 65 元/千克，单位小时合理工时工资费用不变，仍为 15 元/小时，根据上述资料，可以确定该产成品的评估值为：

产成品评估值＝10 000×(400×65＋20×15)＝263 000 000（元）＝26 300（万元）

（二）市场比较法

产成品评估的市场比较法，是指按不含价外税的可接受市场价格，扣除相关费用后计算产成品评估值的一种方法。其中，工业企业的产品一般以卖出价为依据，商业企业一般以买进价为依据。运用市场比较法评估产成品的价格时，在选择市价时应考虑以下几个因素：

（1）根据对产成品本身的技术水平和内在质量的技术鉴定结果，确定产品是否具有使用价值，以及产品的实际等级，以便于选择合理的市价。

（2）分析市场供求关系和被评估产成品的市场前景。

（3）所选择的价格是在公开市场所形成的近期交易价格，非正常交易价不能作为评估的依据。

（4）对产品技术先进，但外表留有不同程度残缺的产成品，可根据其损坏程度，通过调整系数予以调整。

采用市场比较法评估产成品时，现行市价中包括了产品成本、税金和利润，评估时如何处理实现的利润和税金，应视具体情况而定。一般来说，若以产成品出售为目的进行评估，应以现行市价为基础评估产成品的价格，而无须扣除其销售费用和税金；若以投资为目的进行评估，就应以扣除税金后的现行市价作为评估基础。

在实际评估工作中，对于十分畅销的产品，根据其出厂销售价格减去销售费用和全部税金确定评估值；对于正常销售的产品，根据其出厂销售价格减去销售费用、全部税金和适当数额的税后净利润确定评估值；对于勉强能销售出去的产品，根据其出厂销售价格减去销售费用、全部税金和税后净利润确定评估值。

第三节　债权类及货币类流动资产和其他资产的评估

债权类流动资产包括应收账款、预付账款、应收票据、短期投资及其他费用（如待摊费用和预付费用）等。货币类流动资产包括现金和各项存款。其他资产是指除固定资产、无形资产、金融资产、流动资产之外的资产。

一、应收账款和预付账款的评估

企业的应收账款和预付账款，主要指企业在经营过程中由于赊销而形成的尚未收回的款项，以及企业根据合同规定预付给供货单位的货款等。应收账款和预付账款均属于企业债权类流动资产。由于这类资产存在着无法回收的风险，因此进行评估时应以其可变现收回的货币，作为其评估计价的依据。计算公式为：

$$\text{应收账款评估值}=\text{应收账款账面价值}-\text{已确定坏账损失}-\text{预计坏账损失}$$

应收账款的评估主要涉及账面价值和坏账损失的确定，评估的操作步骤如下。

（一）清查核实应收账款的账面价值是否真实可靠

评估时可根据债权资产内容进行分类，并根据其特点及内容，采取不同的方法进行核实。如核对总账、明细账是否相符；按户发函核对；查看原始凭证等。

（二）确认已确定坏账损失

已确定坏账损失是指评估时因债务人已经死亡或破产倒闭而确实无法收回的应收账款。对于已确定坏账损失，应严格按照有关经济合同法的相关条款进行。

（三）确定预计坏账损失

对应收账款回收的可能性进行判断。应根据企业与债务人的业务往来和债务人的信用情况进行定性分析，具体来说有以下四种情况：（1）业务往来较多，对方结算信用好。这类应收账款一般能如期全部收回。（2）业务往来少，对方结算信用一般。这类应收账款收回的可能性很大，但收回时间不确定。（3）一次性业务往来，不太清楚对方信用情况。这类应收账款可能只能收回其中的一部分。（4）长期拖欠或对方单位已撤销。这类应收账款可能无法收回。

预计坏账损失的定量计算常用的方法有两种：一是坏账估计法；二是账龄分析法。

（1）坏账估计法，即按坏账的比例，判断不可回收的坏账损失的数额。计算公式为：

$$\text{坏账比例}=\frac{\text{评估前 3～5 年的坏账损失额合计}}{\text{评估前 3～5 年的应收账款余额合计}}$$

$$\text{坏账损失额}=\text{应收账款额}\times\text{坏账比例}$$

（2）账龄分析法，即按应收账款拖欠时间的长短，分析判断可收回的金额和坏账。一般来说，应收账款账龄越长，坏账损失的可能性越大。因此，可先将应收账款按账龄长短分成比如未到期的、过期半年以内的、过期半年以上一年以内的、过期一年以上两年以内的、过期超过两年的等几组，再按组分别估计发生坏账损失的可能性，进而计算坏账损失的金额。

应该注意的是，在进行应收账款评估以后，账面上的“坏账准备”科目应按零值计算，评估结果中不再有此项目。

二、应收票据的评估

票据是具有一定格式的书面债据，是由债务人签发的在指定日期内由持票人向出票人（即签发人）或承兑人收回票面金额的书面证明。票据有记名的，也有不记名的；有带息的，也有不带息的。票据可以依法律规定，经指定收款人在其背面签章（即背书）后，转让给他人；未到期的票据也可以转让给银行（贴现）。

应收票据指企业持有的尚未兑现的各种票据，主要包括：(1) 顾客交来的自己签发的本票；(2) 顾客交来的他人签发背书的本票和汇票；(3) 企业本身签发的，经付款人承兑的汇票。票据按照是否带息分为带息票据和不带息票据。对于带息票据，应收票据的评估值应由本金和利息两部分组成。本金是指出票人承诺的债务金额，利息则为债务到期时所应支付的资金使用成本。对不带息票据，其评估值即其票面额的贴现值。

(1) 带息票据按本金加利息确定。计算公式为：

应收票据评估值＝本金×(1＋利率×票据出票日至评估基准日的时间)

例：某企业拥有一张期限为一年的票据，本金为 75 万元，月息为 10‰，截至评估基准日离付款期尚差三个半月的时间。由此确定评估值为：

75×(1＋10‰×8.5)＝81.375（万元）

(2) 不带息票据按应收票据的贴现值计算，即对企业拥有的尚未到期的票据，按评估基准日到银行可获得的贴现值计算评估值。计算公式为：

应收票据评估值＝票据到期价值－贴现息

贴现息＝票据到期价值×贴现率×贴现期

例：某企业向甲企业售出一批材料，价款为 500 万元，商定 6 个月收款，采取商业承兑汇票结算。该企业于 4 月 10 日开出汇票，并经甲企业承兑。汇票到期日为 10 月 10 日。现对该企业进行评估，评估基准日为 6 月 10 日。由此确定贴现天数为 120 天，贴现率按月息 6‰计算，则有：

贴现息＝500×120×(1/30)×6‰＝12（万元）

应收票据评估值＝500－12＝488（万元）

如果被评估的应收票据是在规定的时间尚未能收回的票据，则应按应收账款的评估方法，在分析调查其原因的基础上，作坏账处理。

三、待摊费用、预付费用和短期投资的评估

（一）待摊费用的评估

待摊费用是指企业中已经支付或发生，但应由本月和以后各个月份负担的费用。待摊费用本身不是资产，而是已耗用资产的反映，它的支出可以形成一定形态的有形资产和无形资产。因此，评估确定待摊费用的价值，实际上就是确定其实体资产或某种权利

的价值。

对于待摊费用的评估，原则上应按其形成的具体资产价值来确定。例如，在某企业待摊费用中，虽然有待摊机器设备修理费用1万元，但是在进行机器设备评估时，已经考虑到进行大修理会延长机器设备寿命或增加其功能，从而增加了机器设备的评估值，也就是说，待摊费用1万元在机器设备价值中已经得以体现，因而，这部分反映在待摊费用中的价值则不需要重复计入资产价值。

（二）预付费用的评估

预付费用之所以作为资产，是因为在评估日之前企业已经支付这类费用，但在评估日之后才能产生效益，如预付的报纸杂志费、预付的保险金、预付的租金等。因而，可将这类预付费用看作是取得未来服务的权利。

预付费用的评估主要依据其未来可产生效益的时间来进行。如果预付费用的效益已在评估日之前全部体现，只因发生的数额过大而采用分期摊销的办法，这种预付费用不应在评估中作价。只有那些在评估日之后仍能发挥作用的预付费用，才是评估的对象。

例：现就某企业预付费用进行单项评估，评估基准日为2020年6月30日。企业截至评估基准日账面费用余额为86.78万元（不含车间在制品成本），其中有年初预付的一年期保险金7.56万元，已摊销1.89万元，余5.67万元，尚待摊销的低值易耗品余额为39.71万元，预付的房租租金为25万元，已摊销5万元，余20万元。根据租约，始租时间为2018年6月30日，租约终止期为2023年6月30日；以前年度应结转因成本高而未结转的费用为21.4万元。

评估人员根据上述材料进行如下评估。

（1）预付保险金的评估，根据保险金全年支付数额计算每月应分摊数额为：

75 600÷12=6 300（元）

预付保险金评估值=6 300×6=37 800（元）

（2）低值易耗品根据实物数量和现行市场价格评估，评估值为412 820元。

（3）租入固定资产的评估，按租约规定的租期和5年总租金计算，每年的租金为5万元，租赁的房屋尚有3年使用权。

评估值=5×3=15（万元）

（4）以前年度应结转费用由于是应转未转费用，因此评估值为零。

（5）评估结果为：

37 800+412 820+150 000=600 620（元）

（三）短期投资的评估

短期投资是指企业利用正常营运中暂时多余的资金，购入一些不是企业本身业务需要但能随时变现的有价证券。这样做既能保证企业的现金支付需要，又可获得一定的收益。短期投资中对于公开挂牌交易的有价证券，可按评估基准日的收盘价计算确定评估值；不能公开交易的有价证券，可按其本金加持有期利息计算评估值。

四、现金和各项存款的评估

众所周知，资产评估主要是对非货币性资产而言的，货币性资产不会因时间的变化而产生差异。因此，对于现金和各项存款的评估，实际上是对现金和各项存款的清查确认。首先，通过清查盘点及与银行对账，核实现金和各项存款的实有数额；然后，以核实后的实有数额作为评估值。如有外币存款，可按当时的国家外汇牌价折算成人民币值。

五、其他资产的评估

其他资产的评估主要是对以固定资产大修理支出和租入固定资产改良支出为主的长期待摊费用的评估。其他资产能否构成被评估企业的资产，并不取决于它在评估基准日之前所支付数额的多少，而取决于它在评估基准日之后能为新的产权主体带来经济效益的大小。在界定其他资产能否成为资产评估的对象时，一方面要分析其预期的经济效益，只有当企业账面上的其他资产能为新的产权主体带来经济效益的时候，它才构成资产评估的对象；另一方面要注意其与其他相关资产之间的协调，认真检查核实，了解费用支出摊销和结余情况，了解新形成的资产和权利的尚存情况，以确保所评估的其他资产存在的合理性和有效性，比如经过修理、装修、改良的固定资产，因为修理、装修和改良所增加的市场价值已经在固定资产的评估值中得到体现，所以对于该部分其他资产就不应再做重复评估。对其他资产评估的主要依据是其他资产未来可产生效益的时间、单位时间（年、月）可产生的效益额或节约的支出额，以及货币的时间价值因素。货币的时间价值因素根据受益时间长短而定。一般情况下，一年内的不用考虑，超过一年时间的要根据具体内容、市场行情的变化趋势予以处理。

第八章
企业价值评估

本章学习目的

1. 辨识企业价值的不同表现形式及其相互关系。
2. 理解企业价值评估的用途。
3. 阐明企业价值评估的范围。
4. 掌握资产基础法在企业价值评估中的具体运用。
5. 理解资产基础法在企业价值评估中的不足。
6. 掌握企业价值评估的收益法的三种模型及其适用范围和条件。
7. 掌握企业价值评估的收益法的评估参数的确定原则、计算步骤及适用条件。
8. 掌握市场比较法在企业价值评估中的具体运用。

案例导入

企业并购重组是增强其市场竞争力的重要手段和途径。随着我国经济体量的增加，企业并购重组事件在资本市场上已非常普遍，其典型的情况是一个企业以货币或者非货币资产为对价方式来购买另一个企业，无论该标的企业以股权还是非股权形式存在，交易中的核心问题就是如何确定标的企业的交易价格，而定价前的一项重要工作就是对该企业的价值进行评估。资产基础法、收益法和市场比较法是企业价值评估中的三种基本方法，在 2021 年中国证监会披露的并购重组委审核的项目中，约 77.9%的并购标的采取了两种以上的评估方法进行评估，其中选取资产基础法和收益法两种组合的占比为 65%，约 64.3%的并购标的最后采用了收益法结果作为评估结论和定价依据，可见，收益法是并购重组项目中确定评估结论和定价依据的最主要方法。

第一节　企业价值评估概述

一、企业及企业价值

（一）企业

企业是为满足社会需求并获取盈利而从事生产、流通、服务等经济活动，独立核算、自主经营、自负盈亏，具有法人资格的经济组织。企业是市场经济的基本元素，具有独立性、社会性、持续经营性、营利性、整体性等特征。

独立性是指企业根据市场变化自主地组织生产和经营活动，而不受某种组织或机构的约束，具体表现为实行自主经营和独立核算。社会性是指企业作为社会经济力量的基础，不仅要生产满足社会需求的产品，还要承担劳动就业、环境保护、社会公益等社会责任乃至政治责任。持续经营性是指企业在可以预见的将来按照适当的经营规模和经营类型继续经营。营利性是指企业的生产经营活动是以营利为目的的。整体性是指企业以其生产经营范围为依据，以生产经营活动为主线，将若干要素资产有机组合而形成功能完整、配置有效的有机整体。

从企业价值评估的角度来看，企业的持续经营性是企业价值评估的一般前提，营利性是企业价值大小的决定因素，整体性是企业能够持续经营的保证。

（二）企业价值

一个企业的价值，是该企业所有的投资人所拥有的对于企业资产索取权价值的总和。投资人包括债权人和股权人。债权人是指有固定索取权的贷款人和债券持有者。股权人是指有剩余索取权的股权投资者。投资人索取权的账面价值包括债务、优先股、普通股等资产的价值。

根据评估目的，以及评估结果的不同用途，企业价值的表现形式有企业的资产价值、企业的投资价值和企业的权益价值等，不过在更多情况下需要对企业的投资价值和权益价值进行评估。企业的资产价值是企业所拥有的所有资产（包括各种权益和负债）的价值总和。企业的投资价值是企业所有的投资人所拥有的对于企业资产索取权价值的总和，即前面所定义的严格意义上的企业价值①，它等于企业的资产价值减去无息流动负债价值，或等于权益价值加上付息债务价值。企业的权益价值代表了股东对企业资产的索取权，它等于企业的资产价值减去负债价值。

① 不作特别说明时，一般我们所说的企业价值就是指企业的投资价值。

二、企业价值评估的一般用途

企业价值评估主要是服务于企业产权的转让、企业的兼并收购、企业财务管理、证券市场上的投资组合管理等。

（一）企业产权转让及兼并收购分析中的企业价值评估

在企业产权转让及兼并收购活动中，企业的购买方需要估计目标企业的公平价值，企业的转让方或被兼并企业也需要确定自身的合理价值，双方在各自对同一企业价值的不同估计结果基础上，进行协商谈判，达成最终的产权转让或兼并收购要约。

在进行企业产权转让及兼并收购的企业价值评估分析时，需要特别考虑以下几方面因素：

（1）协同作用对企业价值的影响。在确定收购价格时，必须考虑收购企业和被收购企业（即目标企业）合并之后所产生的协同作用对企业价值的影响。协同作用是指目标企业所拥有的特殊资源，通过与另一企业的结合，可以创造更多的利润，使得目标企业被收购后的价值超过收购前独立经营所具有的价值。

（2）企业资产重组对企业价值的影响。通过企业分立、资产剥离、填平补齐等形式的资产重组，可以更加合理有效地配置企业资源，提高企业资源的利用价值及经济价值。通过资产重组提高企业价值也是企业财务管理的一项重要工作内容。

（3）管理层变更对企业价值的影响。若企业管理效果不理想或缺乏竞争力，则更换管理人员将会增加企业未来的现金流量和企业价值。

另外，在企业产权转让及兼并收购活动中，还可能存在管理人员过高津贴费用的压缩、税收利益、规模经济等影响企业价值的多方面因素。

（二）企业财务管理中的企业价值评估

企业价值最大化是大多数企业的财务管理目标，因而认识影响企业价值的因素和企业价值决定的机理，是企业经理人员和财务管理人员通过制定企业财务决策和企业发展战略，确保企业价值最大化的前提。企业价值评估是经理人员管理企业价值的一项重要工具，它在企业管理中的重要性日益增长。特别是出于对敌意收购的恐慌，越来越多的企业开始求助于价值管理咨询人员，希望通过获得有关如何进行重组和增加企业价值的建议，避免被敌意收购。有关企业价值评估方法及其与财务理论关系的阐述，在西方流行的财务管理教科书，例如美国学者阿斯瓦斯·达摩达兰所著的《应用公司理财》、加布里埃尔·哈瓦维尼等著的《经理人员财务管理》中已经有所涉及。

（三）证券市场上投资组合管理中的企业价值评估

证券市场上的投资者可以分为消极型投资者和积极型投资者。消极型投资者往往主要通过证券投资类型的多样化来降低风险、获取收益，他们一般不关注某个企业的价值。积极型投资者又可以分为市场趋势型投资者和证券筛选型投资者（价值型投资者）。市场趋势型投资者是通过预测整个股票或债券市场的未来变化趋势来进行证券的买卖投资的，他们关注的只是整个证券市场的价格水平，并不关注某个企业的价值高低。证券筛选型投资者相信他们有能力在证券市场上挑选出那些价值被低估的企业证券（即企业证券的市场价值低于企业真实价值的证券）进行投资，因而对企业真实价值的评估是证券筛选型投资者进行投资的重要依据。

三、企业价值评估的范围

企业价值评估的范围应该是企业的全部资产，包括企业经营权主体自身占用及经营的部分，以及企业经营权所能够控制的部分①，如在全资子公司、控股子公司、非控股公司中的投资部分。企业价值评估范围的确定，需要依据企业资产评估申请报告及上级主管部门批复文件所规定的范围、企业产权转让或产权变动的有关文件中规定的资产变动范围、国有企业资产评估立项书中划定的范围等有关资料进行界定。

在进行企业价值评估之前，首先要判断是否有必要对企业资产进行合理的重组，然后将企业中的资产划分为有效资产和非有效资产，将有效资产纳入资产评估的具体实施范围。对在资产评估时点难以界定产权归属的资产，应划定为“待定产权”，暂时不列入评估范围。对企业中因局部资产生产能力闲置或不足而引起企业资源配置无效或低效的部分，应按照资源合理有效配置利用原则，与委托方协商是否需要通过资产剥离或补齐的方式进行资产重组，重新界定企业价值评估的范围。

第二节　企业价值评估的资产基础法

资产基础法是指以被评估企业评估基准日的资产负债表为基础，合理评估企业表内及表外各项资产、负债价值，确定评估对象价值的评估方法。该方法首先是将企业资产负债表中各项资产的账面价值调整为市场价值，然后通过加总投资者索取权的价值来估算出企业价值，或通过加总资产价值，再扣除无息流动负债（即不包括欠投资人的负债，如应付票据）和递延税款来计算。

① 虽然企业价值评估的范围应该是企业的全部资产，但这并不意味着企业价值就等同于企业全部资产的价值。正如前面所说的，在进行企业价值评估时，企业价值一般是指企业的投资价值（包括股东权益和付息债务），不包括无息流动负债，而并不是指企业全部资产的价值。我们这里强调企业价值评估的范围应该是企业的全部资产，是指评估的无论是企业的投资价值还是企业的权益价值，从资产负债表上看，与之相对应的资产方都应该是企业的全部资产而不是部分资产。这一点在企业价值评估的加和法中会有体现。

之所以要对账面价值进行调整，是因为会计上所编制的资产负债表中的各项资产的账面价值往往与市场价格大相径庭。造成这种差异的主要原因有通货膨胀、过时贬值等。① 资产负债表中每项资产的价值，特别是那些寿命较长资产的价值，会受到通货膨胀的影响，因而要评估市场价值就必须调整账面价值，调整的一般方法是价格指数调整法。过时贬值是由于技术进步，某些资产在其寿命周期内还没有提取完折旧时就已经过时了，其账面价值远超过了其市场价值，因而需要对贬值额进行扣除，估算贬值额的方法与成本法中的功能性贬值额的计算方法相同。经过这两方面调整的资产账面价值反映了资产的市场价值。各项资产的市场价值应当根据其具体情况选用适当的评估方法得出。

例：表 8－1 是某企业 2022 年 6 月 30 日的资产负债表。该表反映出该企业有两类投资人：债权持有者和股东。假定该资产负债表中各项资产的账面价值与市场价值相差无几，不再需要进行账面价值的调整。有两种方法计算企业价值：一是投资人索取权价值加和法；二是加总资产价值，然后减去流动负债中的非投资人索取权价值的方法，简称非投资人索取权价值法。具体计算列示在表 8－2 中。投资人索取权价值包括短期负债、长期负债、股东权益，将这些项目加和得到一个估计值为 12 600 万元。应付账款和应付费用是企业经营过程中应付而未付的成本，并不是对企业的投资，因而也就不属于投资人索取权价值的构成部分，不能加总到企业价值中。

表 8－1　　某企业 2022 年 6 月 30 日资产负债表　　单位：万元

流动资产	11 900	流动负债	6 600
现金	1 200	短期负债	2 200
应收账款	4 800	银行借款	1 400
存货	5 700	长期负债的流动部分	800
预付账款	200	应付账款	4 000
非流动资产	5 100	应付费用（包括工资和应付税款）	400
金融资产	0	非流动负债	3 400
无形资产	0	长期负债	3 400
固定资产净值	5 100	股东权益	7 000
固定资产总值	9 000	股本	6 900
累计折旧	(3 900)	未分配利润	100
资产总计	17 000	负债和股东权益总计	17 000

表 8－2　　用资产负债表进行企业价值评估　　单位：万元

投资人索取权价值加和法		净资产总计：非投资人索取权价值法	
短期负债	2 200	总资产	17 000
银行借款	1 400	减：	
长期负债的流动部分	800	应付账款	4 000

① 通货膨胀会引起账面价值低于市场价值，过时贬值会引起账面价值高于市场价值，两种影响往往会有相互抵消的作用，以至于即使存在明显的通货膨胀和过时贬值，账面价值和市场价值仍然有可能非常接近。

续表

投资人索取权加和法		净资产总计：非投资人索取权价值法	
长期负债	3 400	应付费用（包括工资和应付税款）	400
股东权益	7 000	总计	12 600
股本	6 900		
未分配利润	100		
总计	12 600		

尽管通过用企业资产的重置成本或变卖价值来替代账面价值的方法，可以考虑通货膨胀和过时贬值等因素对企业价值的影响，使得调整后的账面价值能够更为准确地反映市场价值，但是这种方法仍然存在两个主要的缺点：一是难以判断调整后的账面价值是否较为准确地反映了市场价值；二是调整过程没有考虑那些有价值但在资产负债表中却没有反映的资产项目，如企业的组织资本。组织资本主要是指企业的商誉，具体表现形式多种多样，主要包括：经理及职员之间融洽的工作关系、企业在客户中的声誉（包括各种品牌的知名度）、因掌握特殊技能或与客户的特殊关系而产生的获利丰厚的投资机会、强大的商品供销及服务网络等形式。组织资本的一个重要特点是，很难从企业价值中分离出来单独出售。

由于资产基础法忽略了组织资本价值，因而该种方法尤其不适用于一般具有较大组织资本价值的高科技企业和服务性企业。对于账面价值和市场价值差异不大的水、电等公共设施经营类企业，或组织资本价值很小的企业则较为适用。

第三节　企业价值评估的收益法

一、企业价值评估的收益法的基本原理

收益法又称现金流量折现法。收益法直接评估投资者由于参与企业投资而获得利益的价值。收益法既可以评估企业价值（此时指股东和债权人作为一个整体所拥有的企业全部资产产生的价值），也可以评估权益价值（此时仅指股东所拥有企业部分资产产生的价值），只不过各自的现金流量和折现率是不同的。

企业价值是将预期的企业自由现金流量根据加权平均资本成本进行折现后求得的。用公式表示为：

$$企业价值 = \sum_{t=1}^{n} \frac{CFF_t}{(1+WACC)^t}$$

式中，CFF_t 为 t 时期的预期企业自由现金流量，$WACC$ 为加权平均资本成本。

在上式中，企业自由现金流量指企业的债权人和股东作为一个整体所拥有的并能够

自由支配的未来企业现金流量，即在企业未来某年经营成果的基础上扣除所有经营支出、投资支出和税收之后的债务清偿前的剩余现金流量。

企业自由现金流量(CFF)
=息前税后利润+非现金支出(折旧或摊销)−资本性支出−追加营运资本
=净利润+税后利息+非现金支出−资本性支出−追加营运资本
=(税前利润+利息)×(1−所得税税率)+非现金支出−资本性支出−追加营运资本
=$EBIT(1-T)$+非现金支出−资本性支出−追加营运资本

其中，$EBIT$ 为息税前利润，T 为所得税税率。

进一步地，资本性支出指企业占用在各种长期资产上的实际现金支出，即实际现金支出=长期资产−无息长期负债（比如长期应付款、专项应付款和其他长期负债等）。在一个会计期间（一般为一年）内，资本性支出的计算原理为相对于期初的资本支出，企业在本会计期间追加长期资产投资的资本支出，因此有：

$$\begin{aligned}资本性支出&=资本支出_{期末}-资本支出_{期初}\\&=(长期资产_{期末}-无息长期负债_{期末})-(长期资产_{期初}-无息长期负债_{期初})\\&=\Delta 长期资产-\Delta 无息长期负债\end{aligned}$$

同时，追加营运资本指企业占用在流动资产上的实际现金支出，即实际现金支出=流动资产−无息流动负债（如供应商基于信用提供给企业的短期融资——应付账款）。在一个会计期间（一般为一年）内，追加营运资本的计算原理为相对于期初的营运资本，企业在本会计期间所追加的营运资本，因此有：

$$\begin{aligned}追加营运资本&=营运资本_{期末}-营运资本_{期初}\\&=(流动资产_{期末}-无息流动负债_{期末})-(流动资产_{期初}-无息流动负债_{期初})\\&=\Delta 流动资产-\Delta 无息流动负债\end{aligned}$$

权益价值是将预期的股权自由现金流量根据股权成本（股权投资者要求的收益率）进行折现后求得的价值。用公式表示为：

$$权益价值=\sum_{t=1}^{n}\frac{CFE_t}{(1+r_e)^t}$$

式中，CFE_t 为 t 时期的预期股权自由现金流量，r_e 为股权成本。

上式中，股权自由现金流量指普通股股东所拥有的并能够自由支配的未来企业现金流量，即扣除所有开支、税收支付、投资支出以及还本付息之后的剩余现金流量，因此，在企业自由现金流量（CFF）的基础上，股权自由现金流量（CFE）的计算思路为：

股权自由现金流量(CFE)
=企业自由现金流量(CFF)−税后利息+发行的新债−所归还本金−优先股红利
=净利润+非现金支出−资本性支出−追加营运资本+发行的新债−所归还本金
−优先股红利

对大部分企业而言，没有优先股股东，所以在后续讨论中，上式中的优先股红利全部假设为零。企业自由现金流量和股权自由现金流量在后续描述中分别简称为“企业现金流量”和“股权现金流量”。

二、企业价值评估模型

企业价值评估模型的选择，取决于企业收益的增长模式。收益增长模式可以分为三种形式（见图 8-1）：高增长阶段→过渡阶段→稳定增长阶段；高增长阶段→稳定增长阶段；稳定增长阶段。

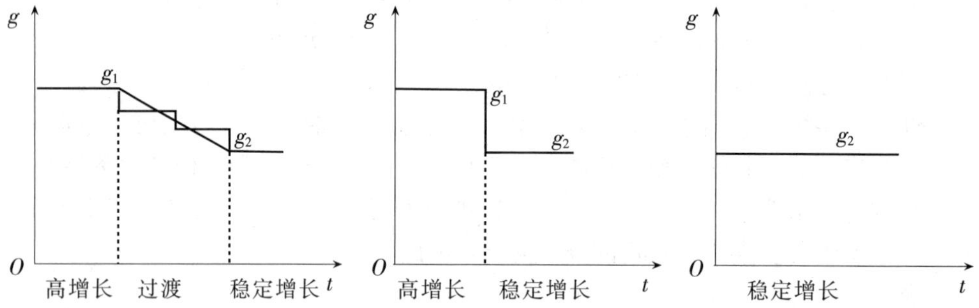

图 8-1　企业收益增长模式

高增长阶段是指企业收益或现金流量的增长率大大高于所处经济环境的名义或真实增长率（整个国民经济增长率）的时期；过渡阶段是指由高增长阶段向稳定增长阶段逐渐调整的过程；稳定增长阶段是指企业收益或现金流量以不高于所处经济环境的名义或真实增长率的某一增长率保持永久平稳性增长的时期。稳定增长阶段的收益或现金流量的增长率长期保持不变在现实中很难满足，但如果有一个相对稳定的平均增长率，就可以假定企业处于稳定增长阶段，并可利用平均增长率估算企业价值。① 过渡阶段也可以根据实际情况细分为若干个增长率不同的增长阶段。

（一）企业（投资）价值评估

（1）三阶段模型。

$$企业价值=\frac{CFF_1}{WACC-g_1}\times\left[1-\frac{(1+g_1)^{n_1}}{(1+WACC)^{n_1}}\right]+\sum_{t=n_1+1}^{n_2}\frac{CFF_t}{(1+WACC)^t}+\frac{CFF_{n_2+1}}{(WACC-g_2)(1+WACC)^{n_2}}$$

（2）二阶段模型。

$$企业价值=\frac{CFF_1}{WACC-g_1}\times\left[1-\frac{(1+g_1)^{n_1}}{(1+WACC)^{n_1}}\right]+\frac{CFF_{n_1+1}}{(WACC-g_2)(1+WACC)^{n_1}}$$

（3）一阶段模型。

$$企业价值=\frac{CFF_1}{WACC-g_2}$$

式中，

① 目前国内的部分教科书将收益增长模式划分为收益稳定增长阶段和收益稳定阶段。假定在收益稳定阶段的增长率为零，则实际收益会因预计通货膨胀的存在而下降，企业不可能永久性持续经营。

$$CFF = \text{息税前利润（}EBIT\text{）} \times (1-\text{所得税税率}) + \text{折旧和摊销} - \text{资本性支出} - \text{追加营运资本}$$
$$= \text{息税折旧摊销前利润（}EBITDA\text{）} \times (1-\text{所得税税率}) + \text{折旧和摊销} \times \text{所得税税率} - \text{资本性支出} - \text{追加营运资本}$$

式中，g_1、g_2 分别表示企业现金流量在高增长阶段和稳定增长阶段的增长率，预期增长率等于再投资率（净利润留存比率）与资本收益率的乘积。[1] 用公式表示为：

$$g = \frac{\text{净资本支出} + \text{非现金营运资本追加}}{EBIT \times (1-\text{所得税税率})} \times \text{资本收益率}$$

（二）股权价值评估

1. 股权现金流量模型。

（1）三阶段模型。

$$\text{股权价值} = \frac{CFE_1}{r_e - g_1} \times \left[1 - \frac{(1+g_1)^{n_1}}{(1+r_e)^{n_1}}\right] + \sum_{t=n_1+1}^{n_2} \frac{CFE_t}{(1+r_e)^t} + \frac{CFE_{n_2+1}}{(r_e - g_2)(1+r_e)^{n_2}}$$

（2）二阶段模型。

$$\text{股权价值} = \frac{CFE_1}{r_e - g_1} \times \left[1 - \frac{(1+g_1)^{n_1}}{(1+r_e)^{n_1}}\right] + \frac{CFE_{n_1+1}}{(r_e - g_2)(1+r_e)^{n_1}}$$

（3）一阶段模型。

$$\text{股权价值} = \frac{CFE_1}{r_e - g_2}$$

式中，

$$CFE = \text{净利润} + \text{折旧和摊销} - \text{资本性支出} - \text{追加营运资本} - \text{所归还本金} + \text{发行的新债}$$

如果资本性支出和追加营运资本按照目标债务比率（δ）进行融资，并且通过发行新债对本金进行偿还，则股权现金流量为：

$$CFE = \text{净利润} - (1-\delta) \times \text{资本性支出} - (1-\delta) \times \text{追加营运资本} + \text{折旧和摊销}$$

式中，g_1、g_2 分别表示企业股权现金流量在高增长阶段和稳定增长阶段的预期增长率，预期增长率（g）等于净利润留存比率（b）与股权收益率（ROE，又称净资产收益率）的乘积，用公式表示为：

$$g = b \times ROE$$

该公式的逻辑如下所述。假设在 $t=0$ 时间点某企业的净利润为 NI_0，且在该时间点企业将所留存的净利润全部用于未来 $t=0$ 至 $t=1$ 期间的再投资，则该期间再投资额度为 $NI_0 \times b$，由于股权收益率为 ROE，所以 $t=0$ 至 $t=1$ 期间的净利润增加额为 $NI_0 \times b \times ROE$，该期间的净利润增长率为：

---

① 预期增长率也可以通过计算历史收益的几何平均增长率或由专业分析人员预测来估计。

$$g=\frac{t=0\text{ 至 }t=1\text{ 期间的净利润增加额}}{t=0\text{ 时间点的净利润}}$$

$$=\frac{NI_0\times b\times ROE}{NI_0}$$

$$=b\times ROE$$

2. 股利折现模型。

（1）三阶段模型。

$$\text{每股股权价值}=\frac{DPS_1}{r_e-g_1}\times\left[1-\frac{(1+g_1)^{n_1}}{(1+r_e)^{n_1}}\right]+\sum_{t=n_1+1}^{n_2}\frac{DPS_t}{(1+r_e)^t}+\frac{DPS_{n_2+1}}{(r_e-g_2)(1+r_e)^{n_2}}$$

（2）二阶段模型。

$$\text{每股股权价值}=\frac{DPS_1}{r_e-g_1}\times\left[1-\frac{(1+g_1)^{n_1}}{(1+r_e)^{n_1}}\right]+\frac{DPS_{n_1+1}}{(r_e-g_2)(1+r_e)^{n_1}}$$

（3）一阶段模型。

$$\text{每股股权价值}=\frac{DPS_1}{r_e-g_2}$$

每股股权价值乘以总股数得到企业股权价值。这里的 DPS_t 为企业第 t 年的每股预期股利，DPS_t 等于每股收益（EPS_t）与股利支付率的乘积。g_1、g_2 分别表示企业每股股利在高增长阶段和稳定增长阶段的预期增长率，与股权现金流量的预期增长率相等。

比较股权价值评估的两种模型可以看出，股权现金流量模型获得的股权价值结果一般可能会大于或等于股利折现模型的估价结果。当股利等于股权现金流量时，两个估价结果是相等的；当股利小于股权现金流量时，如果将留存部分投资于净现值为零的项目，则结果是相近的；当股利大于股权现金流量时，企业就得为支付股利而发行新的股票或债券，从而可能会出于股票发行成本提高或债务比率提高，或好的投资项目受到资本约束等原因而降低企业价值，此时股权现金流量模型获得的股权价值结果小于股利折现模型获得的估价结果。

在一般情况下，股权现金流量模型的估价结果大于股利折现模型的估价结果，二者的差异可以视作对企业股利政策的控制权价值。① 而股权现金流量模型的估价结果小于股利折现模型的估价结果，可视作预期股利难以长期维持的警告。

在企业被收购或变换经营者的可能性较大时，适宜选用股权现金流量模型进行估价；在企业规模或法律及市场上的约束使得收购或变换经营者的可能性不大时，适宜选用股利折现模型进行估价。

股权价值也可以通过企业（投资）价值减去投资性负债的市场价值而获得。该方法求取的股权价值和以股权现金流量直接折现求取的股权价值是否一致，取决于两种方法对增长率的假定是否一致，即是否都假定现金流量是稳定增长的，以及对债务市场价值的评估是否准确、公平。

① 控制权价值是处于最优水平上的股权价值和股票现有价值之间的差距，它被认为是众多收购目标之一。

三、收益法评估参数的确定

(一) 高增长阶段的最后期限

高增长阶段的时间长度是收益法评估模型中的一个关键变量。高增长阶段的最后期限不应该正好设定在企业达到稳定增长状态之前，这是确定稳定增长阶段时间长度的一个重要原则。如果企业当前的增长率已经接近稳定增长率，而且没有高增长的预期，则可以假定企业已经处于稳定增长阶段。如果企业的高增长源自企业拥有的某种受到保护的专有产品或服务，则可以假定高增长状态将持续到保护期结束。比如一个因拥有某项专利而高速增长的企业，如果其专利能够受到保护并带来超额经济利益的时间还可以持续 5 年，则可以预期该企业有 5 年的高增长期。

阿斯瓦斯·达摩达兰认为对高增长阶段长度的估计，可以作以下假定。

(1) 企业收益的增长率相对于稳定增长率而言越高，高增长期就可以预测得越长。不过，在高增长阶段的增长率也有可能突然下跌。高增长阶段的预期长度与增长率相对差异程度的关系如表 8－3 所示。

表 8－3　　高增长阶段的预期长度与增长率相对差异程度的关系

当前增长率超过稳定增长率的幅度	高增长阶段的预期长度
小于或等于 1%	无高增长阶段
1%～10%之间	5 年
大于 10%	10 年

(2) 企业规模越大，企业保持较高水平增长率的可能性就越低，高增长阶段就可以预测得越短。企业规模是促使企业趋于稳定增长的强有力因素。

(3) 法律（如专利保护）、市场（如强大的垄断力量）等影响因素的行业进入壁垒的强弱，都会影响到企业高增长阶段的长短。

企业结束高增长阶段，进入稳定增长阶段的主要特征是：实际的销售增长达到均衡水平；企业投资活动减少，只是对现有生产能力进行简单更新、常规改进及升级；企业的资本结构定型，企业的各种利润率保持不变。

(二) 现金流量的预测

企业价值取决于企业未来的而不是历史上的现金流量，因而评估人员需要预测企业自评估时点开始到未来足够长时期的现金流量。预测现金流量涉及对企业及其业务的了解，包括对企业所在的行业、企业的产品及客户等方面的足够深入的了解。

1. 现金流量预测的步骤。

(1) 对拟评估企业的历史绩效（performance）进行分析。对企业过去的了解，可以为判断、预测和评价企业未来的绩效提供一个综合的历史视角。对历史绩效的分析应集中于对决定该企业价值的关键性因素即价值驱动因素的研究。这种关键性因素主要是资本收益率和再投资率。企业只有在投资资本的收益率超过其资本成本时，才能够为投资人创造价值，资本收益率和再投资率决定了现金流量的增长，进而决定了企业的价值。

再者，还需要分析企业财务的资本结构状况，判定资本结构的合理性。除了对企业本身的历史状况进行分析，还应与同行业的其他企业进行比较分析，通过将对企业的财务分析和产业结构分析相结合，评价企业的发展优势和弱点。

（2）预测企业未来的绩效。绩效预测的关键是明确企业价值驱动因素的预期变化。绩效预测的基本步骤是：1）评估企业的战略地位，考虑企业所在行业的特点以及企业的竞争优势和劣势，这有助于对企业增长潜力及收益能力的评价；2）从企业本身和行业发展的经济环境、社会环境、政策环境、技术环境等多个角度和方面，分析企业绩效的发展对策和发展趋势，以及可能影响企业绩效的主要事件；3）在上述分析的基础上，预测企业利润表和资产负债表中的各项目；4）综合各项目的分析，预测现金流量、资本收益率以及其他关键性价值驱动因素；5）检验总体预测尤其是对关键性价值驱动因素预测的合理性。

2. 现金流量预测的原则。

（1）销售预测是现金流量预测的最关键步骤，销售预测的不同将导致企业价值估算的巨大差异。

（2）销售预测应该与企业及其所在行业的历史状况相符合。虽然企业未来的状况可能会不同于过去的状况，过去的状况不是预测未来状况的最佳依据，但如果按照与历史状况显著不同的状况进行预测和估价，则也值得怀疑。对不同于历史状况的预测，需要作出非常具有说服力的论证。

（3）销售预测和销售所依赖的某些项目的预测应该具有内在的逻辑一致性。比如，如果资本性支出和追加营运资本没有显著的大幅度增长，则销售量的高速增长是难以实现的，因而在相关资本性支出没有增加的假定条件下预测出销售收入的快速增长就令人怀疑。再比如，资本性支出和追加营运资本的需要应和稳定增长保持一致，而假定稳定增长的企业没有净资本支出则是错误的。①

（4）现金流量预测中反映的通货膨胀率要和折现率中隐含的相同。

（5）利用敏感性分析找出那些对现金流量预测影响最大的如销售增长率的假设，并对这些假设的合理性进行严格的检验。

（6）对收益法价值评估结论与通过其他评估方法得到的价值评估结论进行比较，如果二者大相径庭，就需要对较为敏感的关键性假设的可靠性作严格的论证。

预测现金流量除了需要对财务理论有深刻的理解，还需要对企业有深入的判断。即使对企业内部的财务计划人员来说，要预测一个相当长时期的企业现金流量也是比较困难的，更不要说对某个行业业务只是有粗略认识的评估师了。因而评估师在预测现金流量时，很可能会以满足客户的愿望为目标。现金流量的预测涉及产业经济学、会计学、统计学以及管理学等内容，经验和判断力在实际的预测操作中也具有重要意义。

（三）折现率的确定

在求取股权价值的模型中，所应用的折现率是股权成本，在求取企业价值的模型中，

① 没有净资本支出与稳定增长率为零是一致的。

所应用的折现率是加权平均资本成本。

1. 股权成本。

股权成本的确定方法有两种：风险收益模型和股利增长模型。

（1）风险收益模型。风险收益模型包括资本资产定价模型和套利定价模型，不过套利定价模型的复杂性使得其很少被采用，评估师们更多采用资本资产定价模型。资本资产定价模型用公式表示为：

$$r_e=r_f+\beta(r_m-r_f)$$

式中，r_e 为股权成本，r_f 为无风险报酬率，β 为企业权益资产的贝塔系数，r_m 为市场投资组合的期望报酬率，r_m-r_f 为市场风险补偿。①

由于企业资本结构的不同会影响企业权益资本的投资风险，因而需要对企业权益资本的贝塔系数按照不同的资本结构进行调整：

$$\beta=\beta_u[1+(1-T)(D/E)]$$

式中，β_u 为假设企业没有负债时的贝塔系数，T 为所得税税率，D/E 为负债/权益比率。

（2）股利增长模型。股利增长模型用来估计稳定增长企业的股权成本。假定企业下一年的每股预期股利为 DPS_1，股利的预期增长率为 g，股权价值为 P_0，则：

$$P_0=DPS_1/(r_e-g)$$

上式可变为：

$$r_e=DPS_1/P_0+g$$

也就是说，企业的股权成本等于企业的预期股权收益率加上股利的预期增长率。比如某企业的股票现价为每股 50 元，下一年的每股预期股利为 3 元，预计股利增长率为 5%，则股权成本为 11%。该模型只适用于定期发放股利、股利增长十分稳定的企业。

2. 加权平均资本成本。

$$WACC=r_d(1-T)[D/(D+E)]+r_e[E/(D+E)]$$

式中，r_d 为税前负债成本，T 为所得税税率，D 为负债的市场价值，E 为权益的市场价值，r_e 为股权成本。

例：某企业的收益法评估见表 8-4 和表 8-5。

表 8-4　　某企业预期自由现金流量估测的假定条件

项　　目	高增长阶段	稳定增长阶段
时期长度	5 年	5 年后永久持续
收入	当前收入：18 739 万元	
息税前利润	收入的 30%	收入的 32%
所得税税率	25%	25%
资本收益率	20%	18%
追加营运资本	收入增长部分的 5%	收入增长部分的 5%

① 无风险报酬率 r_f 应该选用短期的无风险报酬率，市场风险补偿等于市场的年平均收益率 r_m 减短期国债的年收益率，市场的年平均收益率用算术平均值计算。企业的贝塔系数决定于三个因素：企业所在的行业、企业的经营杠杆比率、企业的财务杠杆比率。上市企业的贝塔系数可以用回归分析法求得，非上市企业的贝塔系数可以利用可比企业的贝塔系数进行比较调整。

续表

项　　目	高增长阶段		稳定增长阶段
再投资率	息税前利润的 50%		息税前利润的 30%
息税前利润预期增长率	20%×50%=10%		18%×30%=5.4%
资产负债率	18%		30%
风险参数	$\beta_{权益}=1.25$ 债务成本=8%	股权成本=14% 国债利率=7%	$\beta_{权益}=1.05$ 债务成本= 8%

表 8-5　　某企业预期自由现金流量及资本成本的估测

项　目	基　期	高增长阶段					稳定增长阶段
		1	2	3	4	5	6
预期增长率	—	10%	10%	10%	10%	10%	5.4%
收入	18 739	20 613	22 674	24 942	27 436	30 179	31 809
息税前利润率	30%	30%	30%	30%	30%	30%	32%
EBIT	5 622	6 184	6 802	7 483	8 231	9 054	10 179
$EBIT\times(1-T)$	4 217	4 638	5 106	5 612	6 173	6 791	7 634
折旧	1 134	1 247	1 372	1 509	1 660	1 826	1 925
资本性支出	2 725	2 998	3 298	3 628	3 991	4 390	2 972
追加营运资本	86	94	103	113	125	137	82
现金流量	2 540	2 793	3 077	3 380	3 717	4 090	6 505
税后债务成本	—	6%	6%	6%	6%	6%	6%
股权成本	—	14%	14%	14%	14%	14%	12.88%
资本成本	—	12.56%	12.56%	12.56%	12.56%	12.56%	10.82%
企业价值	$2\ 793\times[1-(1.1/1.125\ 6)^5]/(0.125\ 6-0.1)$ $+6\ 505/[(0.108\ 2-0.054)\times1.125\ 6^5]=78\ 279.46$						

注：金额类数据单位为万元。

第四节　企业价值评估的市场比较法

一、企业价值市场比较法评估的基本原理

在市场比较法中，待评估的企业价值是通过参照可比企业的市场价值与收益、账面价值、销售额、息税前利润等影响企业价值的某一财务变量的比率求得的。财务变量的取值要考虑到周期波动性，选用能够代表正常年份的数值。用公式表示为：

$$P=B\times(P'/B')$$

式中，P 为待评估企业的股权价值或企业价值，B 为待评估企业影响企业价值的某一财务

变量，P'/B'为可比企业的股权价值或企业价值与可比企业某一相对应财务变量的比率，这一比率也被称为乘数（multiples）。

企业价值评估的市场比较法常用的两种具体方法是上市公司比较法和交易实例比较法。上市公司比较法是指获取并分析可比上市公司的经营和财务数据，计算适当的价值比率，在与被评估企业比较分析的基础上，确定评估对象价值的具体方法。上市公司比较法中的可比企业应当是公开市场上正常交易的上市公司，评估结论应当考虑流动性对评估对象价值的影响。交易实例比较法是指获取并分析可比企业的买卖、收购及合并案例资料，计算适当的价值比率，在与被评估企业比较分析的基础上，确定评估对象价值的具体方法。运用交易实例比较法时，应当考虑评估对象与交易实例的差异因素对价值的影响。

二、可比企业的选择

可比企业是指具有与待评估企业相似的现金流量、增长潜力及风险特征的企业，一般应在同一行业范围内选择。可比性特征还有企业产品的性质、资本结构、管理及人事制度、竞争性、营利性、账面价值等方面。在选择可比企业时，应当关注业务结构、经营模式、企业规模、资产配置和使用情况、企业所处经营阶段、成长性、经营风险、财务风险等因素。在识别可比企业时，评估师可以通过参考证券分析师对待评估企业的分析报告、投资咨询公司的有关研究报告，寻求行业专家的协助，咨询待评估企业的经理层管理人员，以及分析待评估企业的财务比率等多种方式进行可比企业的选择。

由于可比企业的选择带有一定的主观性，因而有时也很可能被有偏见的评估分析人员加以利用。可比企业的企业价值如果被错误地高估或低估，也会使得乘数偏大或偏小，导致错误的评估结果。

三、乘数的选择

（一）市盈率

市盈率（PE）等于股价除以每股收益。影响市盈率的因素可以通过股利折现模型进行分析。用市盈率作为乘数所求得的是企业的股权价值。

由

$$P_0=DPS_1/(r_e-g)=EPS_0\times 股利支付率\times(1+g)/(r_e-g)$$

推导出

$$PE=P_0/EPS_0=股利支付率\times(1+g)/(r_e-g)$$

（二）价格/账面价值比率

价格/账面价值比率（PBV）是指股权的市场价格与股权的账面价值的比率，或每股股价与每股账面价值的比率。用该比率求得的是企业的股权价值。

由

$$P_0=DPS_1/(r_e-g)=EPS_0\times 股利支付率\times(1+g)/(r_e-g)$$

推导出

$$\begin{aligned}PBV&=P_0/BV_0\\&=股权收益率(ROE)\times 股利支付率\times(1+g)/(r_e-g)\end{aligned}$$

（三）价格/销售收入比率

价格/销售收入比率（PS）是指股权价格与销售收入的比率。用该比率求得的是股权价值。

由

$$P_0=DPS_1/(r_e-g)=EPS_0\times 股利支付率\times(1+g)/(r_e-g)$$

推导出

$$\begin{aligned}PS&=P_0/销售收入\\&=销售净利率(MGN)\times 股利支付率\times(1+g)/(r_e-g)\end{aligned}$$

（四）价值/息税折旧摊销前利润比率

价值/息税折旧摊销前利润比率是指企业价值与 $EBITDA$ 的比率。用该比率求得的是企业（投资）价值。

由企业价值

$$P=CFF_1/(WACC-g)$$

$$=\frac{EBITDA\times(1-所得税税率)+折旧和摊销\times 所得税税率-资本性支出-追加营运资本}{WACC-g}$$

推导出

$$\frac{P}{EBITDA}=\frac{(1-所得税税率)+折旧和摊销\times\frac{所得税税率}{EBITDA}-\frac{资本性支出}{EBITDA}-\frac{追加营运资本}{EBITDA}}{WACC-g}$$

（五）价值/重置成本比率

价值/重置成本比率是指企业价值与企业资产的重置成本的比率。用该比率求得的是企业（投资）价值，而非企业的股权价值。该乘数是 PBV 的变形，又称托宾（Tobin）的 Q 值。Q 值大于 1，可能表明该企业拥有某种无形资产如未来的增长机会，这时的企业价值等于资产重置成本加增长机会价值。Q 值小于 1，表明企业价值被低估，此时是进行收购的时机。

在评估企业价值时，如果待评估企业与可比企业之间的资本结构有较大差异，则应选择价值/息税折旧摊销前利润比率或价值/重置成本比率指标，因为息税折旧摊销前利润和重置成本这两个变量对资本结构的差异不敏感，从而不会因企业资本结构的差异影响到企业价值的评估结果。

例：有甲、乙两个除资本结构不同外其他特征完全相同的企业，甲企业无负债，权益价值为 1 000 万元，乙企业目前还有 400 万元债务未偿还。假定 $EBDIT$ 均为 100 万元，折旧为 10 万元，所得税税率为 25%，利率为 5%。试求乙企业的价值。

（1）应用价值/息税折旧前利润比率，甲企业的 $P/EBDIT$ 等于 10，乙企业的企业价值等于：

$$100\times10=1\ 000\text{（万元）}$$

（2）应用市盈率，甲企业的股权收益为：

$$(100-10)\times(1-25\%)=67.5\text{（万元）}$$

因而市盈率为：

$$1\ 000\div67.5=14.81$$

则乙企业的股权收益为：

$$(100-10-400\times5\%)\times(1-25\%)=52.5\text{（万元）}$$

乙企业的股权价值为：

$$14.81\times52.5=777.5\text{（万元）}$$

将该价值加到债务价值上，得到乙企业的企业价值为：

$$777.5+400=1\ 177.5\text{（万元）}$$

应用市盈率法显然高估了乙企业的企业价值，其错误的根本原因在于没有考虑有负债的乙企业的股票有相对更高的风险和收益，市盈率应该更低。

一些研究表明，对某一类型企业的评估使用某一特定的乘数，评估结果可能会更加精确，比如对工业企业使用市盈率；对银行、保险等金融服务机构，使用价值/账面价值比率；对酒店服务业使用价值/销售收入比率等。

在待评估企业所在行业内的企业数目相对较少，或同一行业内不同企业的风险、增长率、现金流量等方面有较大差异，或待评估企业跨行业经营等状况下，在同一行业范围内选择可比企业就受到限制。解决问题的方法是对市盈率、价格/账面价值比率、价格/销售收入比率等乘数同它们各自的影响变量（从前面推导出的公式中可以看出）进行回归分析。企业风险用 β 系数表示，增长潜力用预期增长率 g 表示，现金流量用股利支付率 R_p 表示，将股权收益率（ROE）、销售净利率（MGN）等变量作为调整项。回归方程表示为：

$$PE=a+b\times g+c\times R_p+d\times\beta$$

$$PBV=a+b\times g+c\times R_p+d\times\beta+e\times ROE$$

$$PS=a+b\times g+c\times R_p+d\times\beta+e\times MGN$$

达摩达兰 1997 年对美国大约 400 个上市公司的 PE、PBV、PS 乘数进行了回归分析，回归结果为：

$$PE=11.07+27.82\times g+0.732\ 8\times R_p+2.946\ 5\times\beta$$

$$PBV=1.50+6.51\times g+0.61\times R_p+0.329\ 2\times\beta+16.54\times ROE$$

$$PS=1.44+7.52\times g-0.22\times R_p-0.216\ 6\times\beta+30.86\times MGN$$

如果某企业的贝塔系数根据可比企业确定为 1.10，股权收益率为 21.09%，预期增长率为 8.18%，股利支付率为 61.21%，则可以计算出该企业的 PE 等于 17.04，PBV 等于 6.26。然后根据该企业的股权账面价值和预期每股收益，就可以估计出该企业的股权价值。

例：某企业收购价值的估算见表 8-6 和表 8-7。

表 8-6　某企业价值的价值/息税折旧前利润比率法评估　单位：万元

时间及项目	待评估企业	可比企业 1	可比企业 2	可比企业 3	可比企业 4
2015 年 *EBDIT*	232.80	252.80	257.30	3 198.40	689.80
2016 年 *EBDIT*	120.10	237.00	213.40	3 099.70	738.40
2017 年 *EBDIT*	128.10	221.90	236.40	2 998.50	836.70
2018 年 *EBDIT*	130.90	230.30	220.70	2 768.90	902.10
2019 年 *EBDIT*	127.90	238.90	243.90	2 598.70	863.90
5 年平均 *EBDIT*	147.96	236.18	234.34	2 932.84	806.18
企业市场价值 *MV*		1 615.30	1 983.50	29 807.50	5 259.80
MV/5 年平均 *EBDIT*		6.84	8.46	10.16	6.52
MV/2019 年 *EBDIT*		6.76	8.13	11.47	6.09
按平均数估算	1 183.35	147.96×(6.84+8.46+10.16+6.52)/4			
按 2019 年数据估算	1 037.67	127.90×(6.76+8.13+11.47+6.09)/4			
企业价值确定为 1 100.00 万元					

表 8-7　目标企业收购价值的估算　单位：万元

按照市场比较法评估确定的企业价值		1 100.00
收购方将在基本保持当前水平 *EBDIT* 的前提下	剥离附属企业	300.00（+）
	出售企业行政办公楼	240.00（+）
	增加固定资产投资	250.00（−）
	增加流动资金	80.00（−）
收购价值不超过 1 310.00 万元		

第五节　企业并购价值评估案例

数字设备公司（Digital Equipment Corporation，DEC）曾经是美国计算机业中的先驱企业之一。1997 年，康柏公司（Compaq，该公司后与惠普公司合并）准备收购 DEC。康柏公司决定收购 DEC 的原因之一是，康柏公司认为 DEC 管理不善。假如康柏公司收购 DEC，取得对 DEC 的控制权，对 DEC 的经营管理进行调整，DEC 的价值将会有显著提高，从而创造出巨大的控制权价值。控制权价值就是在一方企业（或者个人投资者）取得对另一方企业的控制权后，通过改变被控制企业的经营管理而创造出来的价值。

1997 年，DEC 的财务数据如下：毛收入为 130.46 亿美元，*EBIT* 为 3.913 8 亿美元，毛利润率为 3%，税后资产收益率为 8.51%，公司权益贝塔系数为 1.15，税后债权资本成本为 5%，负债率为 10%，资本性支出为 4.75 亿美元，折旧为 4.61 亿美元，营运资本为毛收入的 15%。假如公司的经营管理不做任何改变，那么，在未来的 5 年中，毛收入、*EBIT*、折旧、净资本支出都将以 6%的增长率增长。从第 6 年开始，公司将进入稳定增长阶段，公司毛收入、*EBIT* 与折旧将以 5%的增长率永久性地增长，资本性支出将固定为折旧额的 110%，负债率为 10%，税后债权资本成本为 4%，权益贝塔系数为 1.0。

假如康柏公司收购 DEC，取得对 DEC 的控制权，康柏公司将对 DEC 的经营进行调整，并将 DEC 的负债率由目前的 10%提高到 20%。在康柏公司的控制下，DEC 的财务状况见表 8-8。

表 8-8　　康柏公司控制下 DEC 的财务数据预测

	康柏公司控制后的第 1～5 年	康柏公司控制后的第 6 年及以后
毛利润率（%）	4	4
资产收益率（%）	11.35	11.35
权益贝塔系数	1.25	1.0
税后债权资本成本（%）	5.25	4
负债率（%）	20	20
资本成本（%）		10
毛收入增长率（%）	10	5
折旧增长率（%）	10	5
资本性支出增长率（%）	10	固定为当年折旧额的 110%

DEC 的公司税率为 36%。目前市场上的无风险利率为 6%，市场风险溢价为 5.5%。

根据以上资料，评估 DEC 的价值以及康柏公司收购 DEC 后获得的控制权价值。

首先，评估 DEC 的价值。

根据资本资产定价模型，在目前情况下，在未来 1～5 年中，DEC 的权益资本成本为：6%+1.15×5.5%=12.3%。DEC 的 *WACC* 为：12.3%×(1−10%)+5%×10%=11.6%。依据同样的方法，可以计算出从第 6 年开始，DEC 的权益资本成本与 *WACC* 分别为 11.5%与 10.8%。表 8-9 为 DEC 各年自由现金流量及其现值。

表 8-9　　DEC 各年自由现金流量及其现值　　单位：百万美元

年份	毛收入	*EBIT*	*EBIT*×(1−*t*)	资本性支出	折旧	净资本支出	追加营运资本	自由现金流量	现值
1	13 829	415	266	504	489	15	117	133	119
2	14 658	440	281	534	518	16	124	141	113
3	15 538	466	298	566	549	17	132	150	108
4	16 470	494	316	600	582	18	140	159	102
5	17 458	524	335	636	617	19	148	168	97
6	18 331	550	352	713	648	65	131	156	

从第 6 年开始，公司进入稳定增长阶段后，各年自由现金流量的总现值为：

$$[156/(10.8\%-5\%)]/(1+11.6\%)^5=15.53\text{（亿美元）}$$

将未来 1～5 年自由现金流量现值与稳定增长阶段自由现金流量现值相加，得到 DEC

目前的价值为 20.92 亿美元。

其次，评估在康柏公司控制下 DEC 的价值。

在被康柏公司控制后的第 1～5 年中，DEC 的权益资本成本为：

$$6\%+1.25\times5.5\%=12.88\%$$

DEC 的 $WACC$ 为：

$$12.88\%\times(1-20\%)+5.25\%\times20\%=11.35\%$$

表 8-10 为在康柏公司控制下 DEC 各年自由现金流量及其现值。

表 8-10　在康柏公司控制下 DEC 各年自由现金流量及其现值　单位：百万美元

年份	毛收入	*EBIT*	*EBIT*×(1−*t*)	资本性支出	折旧	净资本支出	追加营运资本	自由现金流量	现值
1	14 351	574	367	523	507	15	196	156	140
2	15 786	631	404	575	558	17	215	172	139
3	17 364	695	445	632	614	19	237	189	137
4	19 101	764	489	695	675	20	260	208	135
5	21 011	840	538	765	742	23	287	229	134
6	22 061	882	565	858	780	78	158	329	

从第 6 年开始，公司进入稳定增长阶段后，各年自由现金流量的总现值为：

$$[329/(10\%-5\%)]/(1+11.35\%)^5=38.44\text{（亿美元）}$$

将未来 1～5 年自由现金流量现值与稳定增长阶段自由现金流量现值相加，得到在康柏公司控制下，DEC 的价值为 45.29 亿美元。

在收购 DEC 之后，康柏公司获得的公司控制权收益为在康柏公司控制下 DEC 的价值与目前状况下 DEC 的价值之间的差额，即：

$$45.29-20.92=24.37\text{（亿美元）}$$

第九章

期权定价模型在资产价值评估中的应用

本章学习目的

1. 了解期权的概念、分类、影响期权价格的基本因素。
2. 掌握期权定价原理、基本定价模型及其具体计算方法。
3. 掌握实物期权的概念、种类、定价及其在企业投资决策中的应用。
4. 掌握期权在资产价值评估中的具体应用。

案例导入

现有关于实物期权的理论研究认为，实物期权在传统的财务分析和公司战略间架起了一座桥梁，弥补了传统的现金流量折现法的不足。举一个简单例子，企业家 W 先生通过调查发现，随着人们生活质量的提高，位于郊区的风景优美的度假民宿越来越受欢迎。因此 W 先生计划在自己的城市周边打造一栋可自主式入住的度假小屋。调查表明，这样一栋度假小屋的初始投资大约为 300 万元，每年可预期有 50 万元的净收入。他认为 20%的折现率比较符合自己的预期投资收益。假设项目现金流为永续现金流，则该项目的净现值（NPV）为：－300＋50/0.2＝－50（万元）。显然按照传统 NPV 分析法，W 先生应该放弃投资。但 W 先生认为传统 NPV 分析法遗漏了一些价值点，尽管在当前时间点预期每年现金流为 50 万元，但实际上每年现金流都是不确定的。假设度假小屋建成经营一段时间后，市场超出预期：可能更好，每年有 100 万元净收入；也可能更差，每年仅有 30 万元净收入。假设两种情况的概率各为 50%。W 先生未来可以依据市场情况的变化作出相应的战略调整，在市场好的情况下，他就会扩建更多的度假小屋。在该案例中，假设一年后市场情况好，他会将度假小屋扩建为 2 栋，若市场不好，则关停当前的度假小屋。此时，再去计算这个项目的 NPV 就会发生一些变化。请你尝试重新计算项目的 NPV，并思考这一价值增值是如何实现的。该案例中的实物期权是如何体现的？

第一节　期权概述

一、期权的含义

（一）期权、期权合约和期权交易

期权就是选择权，是买或不买、卖或不卖某种资产的选择权利。期权合约是指期权的签发者（option writer，也称期权卖方，option seller）承诺给期权买方在一个特定的期限内（或特定的日期），以特定的价格从签发者那里购买或向签发者出售某种资产的权利而非义务的合约。期权交易就是期权买方向卖方支付一定数额的权利金后，取得在特定时间以特定价格向期权卖方买入或卖出标的资产的权利的交易方式，但期权买方没有必须买入或卖出的义务。在期权合约规定的有效期内，期权买方可以行使或转售这种权利。如期权买方认为行使期权对自己不利，就可以放弃这种权利，只是购买期权时的权利金不会退还，超过规定期限，合约就自动失效，其所购的期权也随之作废。

（二）期权合约的有效期和到期日

期权合约的有效期是指期权的买卖双方，通过买方向卖方支付权利金从而获取相关权利的一段时间间隔。期权合约的到期日是指期权买方实施行使、转售、放弃等权利的最后时间，是期权合约的终点。

（三）执行价格和执行日

执行价格（又称履约价格、敲定价格、行权价格）是指期权交易时期权合约中所规定的标的资产的买卖价格。这一价格一经确定，则在期权有效期内期权买方行使权利时，无论期权标的资产的市场价格上涨或下跌到什么水平，期权卖方都必须以此执行价格履行其必须履行的义务。期权的执行日（又称行权日）是期权实际执行的那一天，即在那一天期权买方实际进行标的资产的买或卖。

（四）权利金

权利金是期权的价格，又叫作期权费，是期权买方为获取期权合约所赋予的权利而必须支付给卖方的费用。对卖方来说，它是卖出期权的报酬。权利金对于期权买方来说，是其买入期权可能遭受损失的最高限度。

二、期权的类型

(一) 按期权买方所拥有的权利不同划分为看涨期权(买权)和看跌期权(卖权)

(1) 看涨期权 (call options)。看涨期权是指期权买方有权利按事先约定的价格和规定的时间,向期权卖方买入一定数量的标的资产,但期权买方并不受此约束。若不想买入,则只需让该合约到期作废即可,如有人买,也可将看涨期权转售。期权卖方有义务在期权规定的有效期限内,应期权买方的要求,以期权合约预先规定的价格卖出标的资产。

(2) 看跌期权 (put options)。看跌期权是指期权买方有权利按事先约定的价格和规定的时间,向期权卖方卖出一定数量的标的资产,但不负有必须卖出的义务。若不想卖出,则可让期权到期作废,亦可将看跌期权转售。期权卖方则有按期权合约的有关规定买入这些标的资产的义务。

(二) 按期权买方行使权利时间的不同划分为美式期权和欧式期权

(1) 美式期权。美式期权在规定的有效期限内的任何时间都可以行使权利。期权买方既可以在期权合约到期日这一天行使权利,也可在期权到期日之前的任何一个交易日行使权利。

(2) 欧式期权。欧式期权在规定的合约到期日方可行使权利。期权买方在合约到期日之前不能行使权利,过了期限,期权合约也就自动作废。

(三) 按标的资产类型不同划分为股票期权、债券期权、外汇期权和期货期权

(1) 股票期权。股票期权的标的资产是股票或股票指数,通常以标准化的期权合约在期权交易所进行交易。

(2) 债券期权。债券期权的标的资产是债券,债券期权是最重要的利率衍生品之一。

(3) 外汇期权。外汇期权的标的资产是外汇,通常在场外市场交易。

(4) 期货期权。期货期权的标的资产是期货合约,期货期权合约一般在有关期货交易所或期权交易所交易。

三、期权价格

(一) 期权价格的构成

权利金是期权买卖双方达成的期权交易价格,主要由内在价值和时间溢价两部分组成。

(1) 内在价值。内在价值是期权合约被立即执行时的经济价值,它等于期权合约的执行价格与标的资产的市场价格之间的差异。当看涨期权的执行价格低于标的资产当时的市场价格时,或者当看跌期权的执行价格高于标的资产当时的市场价格时,内在价值为正。例如,如果看涨期权的执行价格是 100 元,而期权标的资产当期的市场价格为 105

元，内在价值就等于 5 元。如果期权有内在价值就称其为实值期权。如果立即执行期权不能产生正的期权价值，内在价值就为零。当看涨期权的执行价格高于标的资产当时的市场价格时，或者当看跌期权的执行价格低于标的资产当时的市场价格时，内在价值就等于零，此时的期权称为虚值期权。当看涨或看跌期权的执行价格等于标的资产的市场价格时，内在价值就等于零，此时的期权称为两平期权。

（2）时间溢价。时间溢价是期权的价格超出内在价值的部分，它是期权买方认为在一定时间后，标的资产价格的变动有可能使期权增值时购买这一期权所付出的高于内在价值的溢价。例如，如果看涨期权的标的资产市场价格为 105 元，期权的执行价格为 100 元，期权价格为 9 元，则期权的时间溢价就是 4 元；而如果该标的资产市场价格低于或等于 100 元，则期权的时间溢价就是 9 元，没有内在价值。期权的时间溢价随着距离到期日时间的缩短而减小，因为有利的价格变动机会减少。

以看涨期权为例，期权的内在价值、时间溢价和期权的价格可用图 9-1 表示。

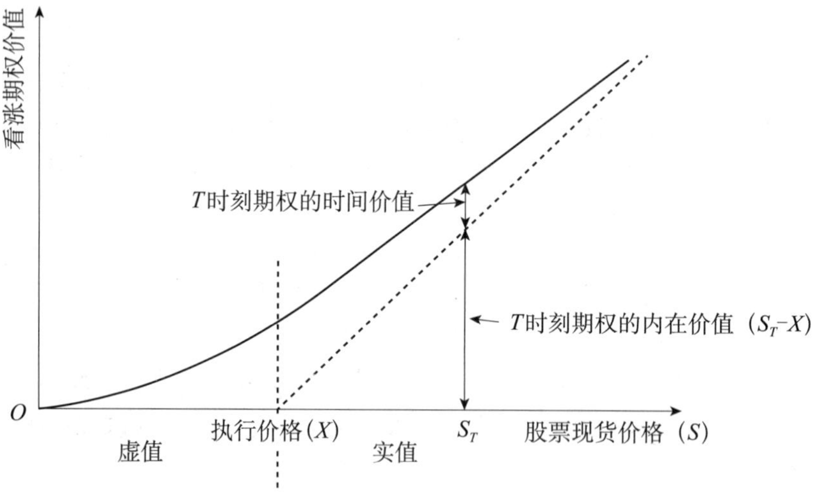

图 9-1　期权的内在价值、时间溢价和执行价格的关系图

（二）买卖权平价关系

买卖权平价关系是指在无套利的完备的金融市场条件下，没有股利支付且其他条件相同时，欧式看涨期权和看跌期权之间存在的确定性关系。通过买卖权平价关系，在得知其中一个期权的价格的情况下，另一个期权的价格可以随之推算出来。下面我们通过组合比较法证明这一平价关系。

假设期权的标的资产股票用 S 表示，X 表示执行价格，无风险利率为 r，期权有效期为 T，看涨期权记作 C，看跌期权记作 P。考虑如下两个组合：组合 A 由欧式看涨股票期权和与股票执行价格的现值等值的现金组成；组合 B 由欧式看跌股票期权和股票构成。

组合 A 到期时的情况为：（1）如果 $S_T>X$，那么看涨期权实施，无风险投资在到期时增值为 X，组合 A 的价值等于 $S_T-X+X=S_T$；（2）如果 $S_T<X$，那么看涨期权不实施，无风险投资在到期时增值为 X，组合 A 的价值等于 $0+X=X$。因此，当期权到期时，组合 A 的价值是 $\max(S_T, X)$。

组合 B 到期时的情况为：(1) 如果 $S_T>X$，那么看跌期权不实施，股票价格变成 S_T，组合 B 的价值等于 $0+S_T=S_T$；(2) 如果 $S_T<X$，那么看跌期权实施，股票价格变成 S_T，组合 B 的价值等于 $X-S_T+S_T=X$。因此，当期权到期时，组合 B 的价值是 $\max(S_T, X)$。

由此可见，两者的价值都是 $\max(S_T, X)$。由于我们假设不存在套利的可能，因此，在期权有效期内始终存在如下等价关系：

$$C+Xe^{-r(T-t)}=P+S_t \tag{9-1}$$

四、影响期权价格的因素

期权价格是由与标的资产和金融市场相关的许多变量决定的。影响期权价格的主要因素有：标的资产的市场价格；标的资产价格的波动率；标的资产的收益；期权的执行价格；期权的有效期；无风险利率。

(一) 标的资产的市场价格

标的资产的市场价格的变动会影响到与它相关的期权的价格。因为看涨期权的买方有权利按事先约定的价格和规定的时间，向期权卖方买入一定数量的标的资产，所以标的资产市场价格的上升会使看涨期权的价格上升。因为看跌期权的买方有权利按事先约定的价格和规定的时间，向期权卖方卖出一定数量的标的资产，所以标的资产市场价格的上升会使看跌期权的价格下跌。

(二) 标的资产价格的波动率

标的资产价格的波动率是用来衡量标的资产未来价格不确定性的指标，当波动率增加时，标的资产价格大幅度上升或下降的机会也就随之增加。对于标的资产的持有者来说，这两种价格变动趋势将相互抵消。但对于看涨期权或看跌期权的持有者来说则不同。看涨期权的持有者从标的资产价格上升中获利，当标的资产价格下降时，其最大损失就是权利金。同理，看跌期权的持有者从标的资产价格下降中获利，当标的资产价格上升时，仅有有限的损失。随着波动率的增加，看涨期权或看跌期权的价值都会增加。

(三) 标的资产的收益

由于标的资产分红付息将降低标的资产的价格，而执行价格并未进行调整，因此，在期权有效期内，标的资产产生收益将使看涨期权价格下降，而使看跌期权价格上升。

(四) 期权的执行价格

对于看涨期权而言，持有者获得了以固定价格购买标的资产的权利，期权价值随着执行价格的上升而降低；对于看跌期权而言，持有者获得了以固定价格出售标的资产的权利，期权价值随着执行价格的上升而上升。

（五）期权的有效期

通常有效期越长，标的资产的风险就越大，期权卖方亏损的风险也越大，其期权价格也就越高。对于美式期权而言，由于买方有权在期权有效期内的任何一天行使买卖的权利，有效期越长，期权买方获利的机会就越大，而且有效期长的期权包含了有效期短的期权的所有执行机会，因此，有效期越长，期权价格也越高。对于欧式期权而言，由于买方只有在期权到期日才能行使权利，有效期长的期权不一定包含了有效期短的期权的所有执行机会，这就使欧式期权的价值并不一定随有效期的延长而增加，从而使欧式期权的有效期和期权价格之间的关系更为复杂。如果没有股利支付，那么欧式看涨期权的价格和期权的有效期呈现正向关系，而欧式看跌期权即使在没有股利支付的情况下期权价格与期权有效期之间的关系也是不确定的。

（六）无风险利率

无风险利率对期权价格的影响是间接的，并且建立在其他变量保持不变的基础上。当整个经济中的利率上升时，标的资产价格的预期增长率倾向于提高，而期权持有者收到的未来现金流的现值将减小。这两种影响都将减小看跌期权的价值。因此，随着无风险利率的上升，看跌期权的价格将下降。而对于看涨期权来说，前者将提高看涨期权的价格，而后者将降低看涨期权的价格。但前一种影响是主要的，即当无风险利率上升时，看涨期权的价格总是随之上升。

第二节　期权定价模型[①]

期权价格由内在价值和时间溢价两部分组成，内在价值比较容易计算，但时间溢价较难计算，这使得期权价值不太容易量化。

20 世纪 60 年代以萨缪尔森为主的经济学家也曾致力于对期权定价问题的研究，但没有得到有效的定价公式。本质上他们的研究都缺少一个思想，即风险相同的资产必须具有相同的价格，这是经济学中的一价定律思想，也是无套利假设的基本准则。一直到 20 世纪 70 年代，布莱克和斯科尔斯运用无套利假设，提出了基于普通股的欧式买入期权定价模型。这个模型假设股票价格服从几何布朗运动，以此预测股价未来的可能变化，进而对期权进行定价，这仅限于欧式期权。另外几何布朗运动的假设还需要涉及随机过程数学

① 由于期权定价理论与模型公式的推导相当复杂，而一节的篇幅极为有限，所以在本节中根本无法深入探讨期权定价理论及期权定价公式，本节只是在扼要介绍期权定价的基本原理后，直接给出定价公式，并举例说明其计算方法，为后面期权理论在资产价值评估中的应用奠定基础。有兴趣的读者可进一步阅读参考文献中有关期权及企业价值评估的图书。

模型的计算分析，这使得模型看起来晦涩难懂。为了简化布莱克-斯科尔斯模型，1978年，夏普构造了一个简单的二叉树模型。假定每经过一个时期，股价都会上升或者下降某个固定比例，由于在每一期仅有两种可能的变化，通过对股票与无风险债券构造投资组合，期权的预期现金流能够很容易得到复制，进而通过一价定律对其进行定价。1979年，考克斯等人利用夏普构造的这种二叉树法来计算买入卖出期权，发现当二叉树的时间间隔越来越小的时候，期权价格会收敛于布莱克-斯科尔斯模型的价格。这种二叉树法的优势是能够经过简单修改来对其他衍生品定价，比如美式期权。

为了便于理解，本节首先从二叉树模型入手。由于二叉树模型与布莱克-斯科尔斯模型相比，两者的定价原理相同，而前者又比较简单，因此在介绍二叉树模型时，给出构造复制资产组合的具体过程，而在介绍布莱克-斯科尔斯模型时，则在简要说明如何从二叉树模型发展到布莱克-斯科尔斯模型后，直接给出布莱克-斯科尔斯模型公式。

一、二叉树模型

二叉树模型是离散的期权定价模型，模型的主要思路是运用金融资产定价中的状态价格定价技术，在具体实现时采用动态复制技术。在后面的阐述中我们主要以股票的看涨期权为例。

（一）一期二叉树模型

首先从一个简单的一期二叉树开始。假设某股票当前（$t=0$）的价格是 S，一期以后（$t=1$，相对于 $t=0$ 时刻的 Δt 的变化），股票价格的变化有两种可能：要么上涨到 S^u，要么下跌到 S^d，其中变化比例分别为 u 和 d。假设该股票的一期看涨期权的执行价格为 X，市场无风险利率为 r_f。

此时，可将股票价格的变化以及执行价格为 X 的一期看涨期权的到期支付现金流分布用图 9-2 表示。

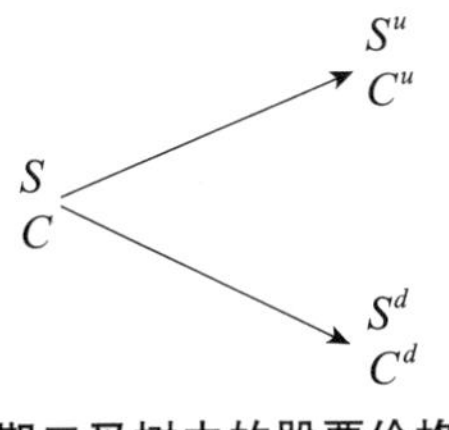

图 9-2 一期二叉树中的股票价格及期权价格

在已知股票价格在未来 $t=1$ 时刻的价格分布的前提下，对应的看涨期权价格 C 在当前 $t=0$ 时刻的价值应该是多少?

从无套利假设出发，首先考虑能否找到一个组合来复制期权在 $t=1$ 时刻的预期现金流分布。如果能，按照一价定律，风险相同的两项资产在当前的价格也应该相同，否则投资者可以通过套利获取超额收益，进而使得套利机会很快消失。对于风险资产来说，风险相同意味着在未来可能的收益分布是完全相同的。

此处考虑用 Δ 份股票和价值为 L 的无风险证券来复制这一期权。假设在 $t=0$ 时刻，构造一个投资组合如下：

（1）买入 Δ 份股票；

（2）卖空价值为 L 的无风险证券（也可以理解为以无风险利率 r_f 借入资金 L）。

$t=0$ 时刻购入该组合需要支出的成本（即组合的价格）为：$-\Delta S+L$。

$t=1$ 时刻该组合的价值有两种可能，这取决于买入的 Δ 份股票是上涨（用 u 表示上涨比率）还是下跌（用 d 表示下跌比率）。

如果股票上涨，则该组合的价值为 ΔS^u-R_fL。

如果股票下跌，则该组合的价值为 ΔS^d-R_fL。

式中，$R_f=e^{r_f\Delta t}$或$R_f=1+r_f$。

用该组合去复制 1 份看涨期权在 $t=1$ 时刻的价值，可以获得如下等式：

$$\begin{cases}\Delta S^u-R_fL=C^u\\ \Delta S^d-R_fL=C^d\end{cases}$$

解上述方程组可以得到：

$$\Delta=\frac{C^u-C^d}{S(u-d)} \tag{9-2}$$

$$L=\frac{dC^u-uC^d}{R_f(u-d)} \tag{9-3}$$

若一价定律成立，则组合在当前 $t=0$ 时刻的价格应与当前期权的价格 C 相等，否则市场就存在套利机会。因此，若市场是无套利的，一价定律成立，那么有：

$$-C=-\Delta S+L$$

$$C=\Delta S-L=\frac{(R_f-d)\ C^u+(u-R_f)C^d}{R_f(u-d)} \tag{9-4}$$

因而得到看涨期权的定价公式。在这个复制过程中，需要用到的假设包括：无限制的卖空机制、无限制的借贷市场、不存在交易成本、投资者的个体交易获得不影响整体市场。

从上述期权定价公式可知，期权的价格只取决于在未来 $t=1$ 时刻股票价格的可能分布情况，而不涉及股票价格上升或下降的概率问题。

（二）期权定价公式与风险中性概率

令 $p=\dfrac{R_f-d}{u-d}$，代入前面的期权定价公式（9－4），可得：

$$C=\frac{pC^u+(1-p)C^d}{R_f} \tag{9-5}$$

由无风险利率的性质（$R_f>1$），且 $u>R_f>1>d$，可知 p 和 $1-p$ 非负，二者的和为 1，符合概率的定义。上述期权定价公式可以理解为用概率 p 计算期权的期望收益，然后用无风险利率折现的现值。

需要注意的是，此处的 p 并不是股价真实的上涨概率，而是基于市场无套利均衡假设推导出来的一个数值，用该数值计算的期权期望收益，对应的折现率为无风险利率，具有经济学定义的风险中性的特征，因此通常也将 p 称为风险中性测度下的概率。

关于风险中性概率 p，可以从三个角度进行理解：

（1）从纯粹的数学角度来说，风险中性概率就是测度变换的结果，是一种用于方便计算的数学工具。

（2）从金融学的角度来说，在市场达到无套利均衡的前提下，存在一组数，这组数有如下性质：非负且和为 1。因此这组数被称为概率，又因为任何资产以该概率取期望，收益都为无风险收益，因此这组数被命名为风险中性概率。

（3）从来源上来讲，它既不是概率，也和风险中性关系不大，只是具备概率和风险中性的性质，因此这么称呼而已。

（三）利用风险中性定价方法对二叉树期权进行定价

利用风险中性定价方法对期权进行定价，只需要首先计算风险中性概率 p，其次计算期权的期望收益并用无风险利率进行折现即可。

例：假设某股票当前的价格为 100，Δt 时间以后，股价有可能上涨到 120（$u=1.2$），也有可能下降到 90（$d=0.9$），假设基于该股票的一期看涨期权 C 的执行价格为 100，市场上无风险利率为 10%。试计算该看涨期权的价格 C。

根据题意，可画出收益分布的二叉树图，如图 9－3 所示。

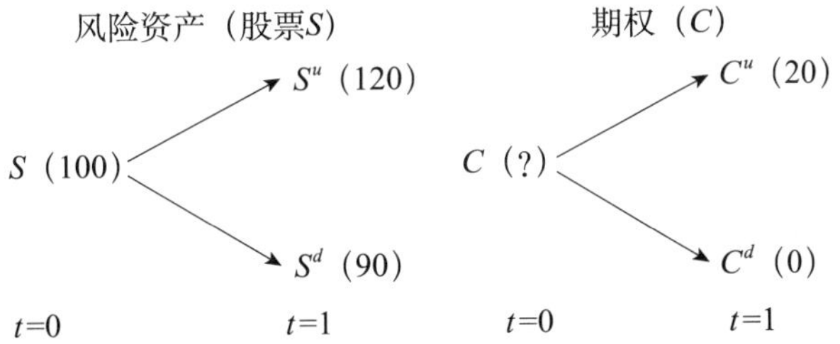

图 9－3　一期二叉树中股票和期权的现金流分布图

（1）计算风险中性概率 p：

$$p=\frac{R_f-d}{u-d}=\frac{1.1-0.9}{1.2-0.9}=\frac{2}{3}$$

（2）计算期望收益并折现：

$$C=\frac{pC^u+(1-p)C^d}{R_f}=\frac{\frac{2}{3}\times 20+\frac{1}{3}\times 0}{1.1}=12.12$$

在一期二叉树的定价思路基础上，更复杂的二期二叉树本质上只是多个一期二叉树的组合，可采用同样的方法进行定价。

例：假设某股票当前的价格为 100，Δt 时间以后，股价分布如图 9－4 所示，假设基于该股票的二期看涨期权 C 的执行价格为 110，市场上无风险利率为 5%。试计算该二期看涨期权的价格 C。

对于二期二叉树，需要倒着往前推，首先计算 $t=1$ 时刻的 C^u 和 C^d，再按照一期二叉树的方法得到当前 $t=0$ 时刻的期权价格。

（1）$t=1$ 时刻：

$$uu=120/110=1.091,\quad ud=100/110=0.909$$

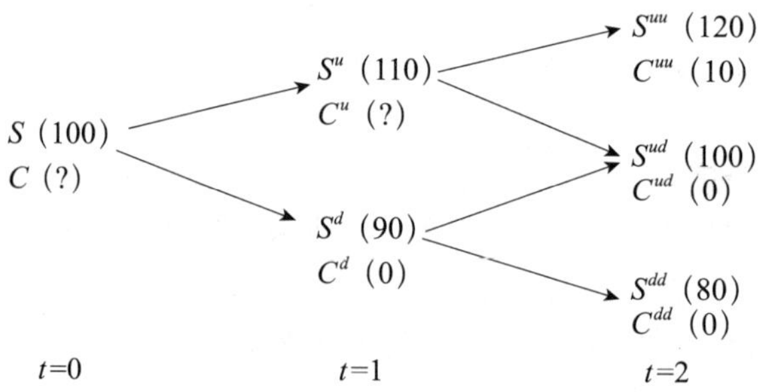

图 9-4　二期二叉树中股票和期权的现金流分布图

$$P^{uu}=\frac{R_f-d}{u-d}$$

$$=\frac{1.05-0.909}{1.091-0.909}=0.774\ 7$$

$$C^u=[0.774\ 7\times10+(1-0.774\ 7)\times0]/1.05=7.378$$

$$C^d=0$$

（2）$t=0$ 时刻：

$$u=110/100=1.1,\quad d=90/100=0.9$$

$$P_u=\frac{R_f-d}{u-d}=\frac{1.05-0.9}{1.1-0.9}=0.75$$

$$C=[0.75\times7.118+(1-0.75)\times0]/1.05=5.264$$

二、布莱克-斯科尔斯模型

由二叉树模型可知，计算股票期权的关键参数需要能够预期股票价格在未来的可能变化分布情况，即二叉树的上涨幅度 u 和下降幅度 d。然而实际中的股票价格变化往往是连续的过程，如何用公式描绘现实世界中的股票价格变化是需要解决的首要问题。

1973 年，布莱克和斯科尔斯采用数学中的随机过程模型对股票价格进行预测。此处由于涉及较专业的数学知识体系，本节省略推导过程，直接给出建立在几何布朗运动假设下的股票价格模型：

$$dS_t/S_t=\mu dt+\sigma dB_t \tag{9-6}$$

式中，S_t 是股票在 t 时刻的价格，是一个随着时间 t 的变化而变化的随机变量，μ 是股票的期望收益率，σ 是股票价格的波动率，dB_t 服从一个标准的布朗运动，即无规律的白噪声运动。

上述公式还可以写成离散形式：

$$\Delta S/S=\mu\Delta t+\sigma\Delta B_t \tag{9-7}$$

式中，$\Delta B_t=\varepsilon\sqrt{\Delta t}$，$\varepsilon$ 服从标准正态分布 $\phi(0,1)$，进而可知 $\Delta S/S$ 也服从正态分布 $\phi(\mu\Delta t,\sigma^2\Delta t)$。

得到了股票价格的预期分布后，布莱克和斯科尔斯对期权定价的基本思路则与前面二叉树模型中体现的思路一致，通过买入股票和无风险证券构建组合，使得该组合在一定的期限内可以完全复制期权的预期现金流，再通过市场无套利均衡假设，推算出期权的价格。

需要注意的是用于导出布莱克-斯科尔斯微分方程的证券组合并不永远是无风险的，它只是在一个无穷小的时间区间内无风险。因此无套利只在很短的时间内成立。市场上的投资者需要根据股票价格的变化时时调整套利组合中的股票数量和无风险证券数量。也就是说，市场的无套利均衡是通过动态的调整过程实现的近似均衡，而非一成不变的。

由于对布莱克-斯科尔斯模型公式的实际推导超出本教程的范围，本书直接给出公式本身。该公式是：

$$C = SN(d_1) - Ee^{-rt}N(d_2) \tag{9-8}$$

式中，$d_1 = [\ln(S/E) + (r + \sigma^2/2)t] / \sqrt{\sigma^2 t}$，$d_2 = d_1 - \sqrt{\sigma^2 t}$。

在这个求看涨期权价格 C 的公式中，S 为现行股价，E 为看涨期权的执行价格，r 为（年度）连续无风险利率，σ^2 为股票的连续收益之方差（每年），t 为至到期日的时间（年）；$N(d)$ 为标准正态分布随机变量将小于或等于 d 的概率（见图 9-5）。

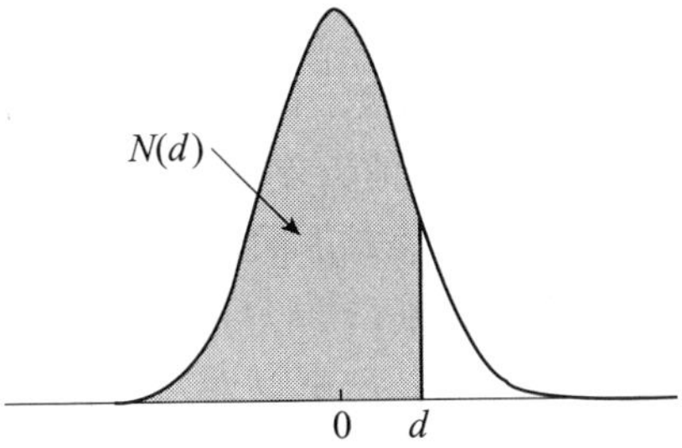

图 9-5　标准正态分布的累积分布函数

在构建对冲投资组合并推导布莱克-斯科尔斯微分方程时，μ 也正好消失了。因此布莱克-斯科尔斯微分方程不涉及任何受投资者风险偏好影响的变量。期权定价公式中出现的变量包括股票的当前价格、时间、股票价格波动率和无风险利率，而它们均与风险选择无关。因此，利用布莱克-斯科尔斯微分方程计算的期权定价公式具备风险中性特征。

例：2018 年 4 月 21 日，某设备公司股票的看涨期权的价格是 4 元，执行价格是 49 元，股票本身按 50 元出售。在 10 月 4 日该期权还有 199 天才到期（到期日是 2019 年 4 月 21 日）。年无风险利率是 7%。该设备公司股票的连续收益的方差估计为每年 0.09。由此，可以确定以下参数：

（1）股票价格 S 是 50 元。

（2）执行价格 E 是 49 元。

（3）无风险利率 r 是 0.07。

（4）距到期日的时间 t 可以很快算出，公式要求 t 以年为单位来表示。将 199 天的时间段以年为单位表示成 $t = 199/365$。

（5）该设备公司股票的连续收益的方差估计为每年 0.09。

利用上述五个参数，分三个步骤计算该公司期权的布莱克-斯科尔斯值。

步骤 1：计算 d_1 和 d_2。将参数值直接代入基本公式来确定这两个值。

$$d_1 = [\ln(S/E) + (r + \sigma^2/2)t] / \sqrt{\sigma^2 t}$$
$$= [\ln(50/49) + (0.07 + 1/2 \times 0.09) \times 199/365] / \sqrt{0.09 \times 199/365}$$
$$= 0.3742$$
$$d_2 = d_1 - \sqrt{\sigma^2 t}$$
$$= 0.1527$$

步骤 2：计算 $N(d_1)$ 和 $N(d_2)$。

$$N(d_1) = N(0.3742) = 0.6459$$
$$N(d_2) = N(0.1527) = 0.5607$$

步骤 3：计算 C。

$$C = SN(d_1) - Ee^{-rt}N(d_2)$$
$$= 50 \times N(d_1) - 49 \times e^{-0.07 \times (199/365)} N(d_2)$$
$$= 50 \times 0.6459 - 49 \times 0.9626 \times 0.5607$$
$$= 5.85 \text{（元）}$$

估计价格 5.85 元大于实际价格 4 元，这意味着看涨期权定价偏低。相信布莱克-斯科尔斯模型的交易者将会购买看涨期权。当然，布莱克-斯科尔斯模型难免有误。也许模型估计值与市场价格之间的差别反映了模型的方差估计值有误。

运用布莱克-斯科尔斯模型时，应该注意下面这些极其重要的假设：(1) 对卖空不存在障碍和限制；(2) 交易成本与税收是零；(3) 期权是欧式的；(4) 不支付股票红利；(5) 股票价格是连续的，即没有跳跃；(6) 市场连续动作；(7) 短期利率已知且固定；(8) 股票价格是对数正态分布的。这些假设是使布莱克-斯科尔斯模型正确的充分条件。当这些条件不成立时，对模型作适当修正也常常有效。例如，当考虑标的资产收益比如红利的支付时，可对该公式进行如下调整。

假定标的资产的红利收益率 y（等于红利/资产现价）在期权有效期内保持不变，则布莱克-斯科尔斯模型变为：

$$C = Se^{-yt}N(d_1) - Ee^{-rt}N(d_2) \tag{9-9}$$
$$d_1 = [\ln(S/E) + (r - y + \sigma^2/2)t] / \sqrt{\sigma^2 t}$$
$$d_2 = d_1 - \sqrt{\sigma^2 t}$$

第三节　实物期权理论

实物期权理论是金融期权理论在实物资产领域的扩展。1977 年，迈尔斯首次把金融期权定价理论引入实物期权定价领域，认为企业管理层的管理柔性和灵活性具有跟金融期权相同的特点，而传统的现金流量折现法却难以体现这一价值。

近年来实物期权理论与方法在很多领域得到广泛应用，如投资决策、房地产投资、无形资产评估、企业并购、灵活生产等。虽然我们经常将实物期权和金融期权相提并论，但实际上两者有较大差异：首先，实物期权是一种嵌入式期权，这种期权在很多时候并不需要支付一定的费用；其次，实物期权不是标准化合约，不在交易所交易；最后，在实物期权的定价过程中，由于标的资产具有非交易性，实物期权的定价不能盲目照搬金融期权定价模型与方法。限于篇幅，这里只是沿用经典实物期权定价方法，突出实物期权思维在资产价值评估中的应用。

一、实物投资与实物期权概述

实物投资（real investment）指的是经济学意义上的投资，即狭义的投资，它会带来厂房、机器设备、存货的实际增加，能够创造社会财富。与之相对的是金融投资，指通过购买金融资产及其衍生品实现的投资，它并不能够创造社会财富，而只是社会财富的重新分配。实物资产与金融资产都可以估价，尽管在估价具体实施过程中使用的信息与技术有很大的不同，但两种估价的过程中所隐含的基本原理非常相似。金融市场中通过组合投资和利用金融创新来规避风险从而提高收益的做法，对实物投资领域也有重要的借鉴意义。

实物期权（real option）是指以实物投资为标的资产的期权，具体表现为在经营、管理、投资等经济活动中，以各种形式获得的进行或有决策的权利。实物期权不像金融期权，它没有明确的合约条款加以约束，它的标的资产是复杂的实物资产。实物期权的价值与企业所处的行业存在很强的相关性，可以用类似金融期权定价的方法进行估价，其计算过程融入了“最优决策”的思想，使投资者对不确定性的评价更为科学和可靠。

或有决策是实物期权方法的核心，它指在信息不断得到披露的条件下，视情况而定的决策行为。在决策前，决策者保留进行决策的权利，不必就未来作出何种决策而作具体承诺。实物期权赋予其购买者进行或有决策的权利，在这种权利的保障下，投资者可以根据期权标的资产价值的不同，选择执行或不执行期权。

与一般决策相比，或有决策的回报是非对称的，即决策的收益与不确定性不是线性关系。不确定性带给企业的正面影响被保留，负面影响被规避，因而拥有或有决策的权利可以大大改善投资项目的风险暴露，帮助投资者进行更有效的风险管理。

实物期权理论的突破点在于它建立了不确定性能创造价值的信念。不确定性是指投资者自身无从控制与预知的事物发展的随机性。实物投资理论集中关注的是资产价格演变的不确定性。通过对一项资产的价格的历史数据进行统计分析，可以得出该项资产价格的波动性，作为对资产价格不确定性水平的估计。当投资者面对不确定性的影响而完全没有主动对其进行抵御的能力时，不确定性的大小可以直接用于衡量风险的大小。风险的存在使投资者对资产要求与风险相当的收益率，这是完全合理的。然而，投资者虽然不能控制不确定性的存在，却有可能主动地改变不确定性对自身的影响程度。如果投资者能够通过某种方式消除不确定性对自己的消极影响，而保留其对自己的积极影响，那么不确定性就不能直接用于衡量风险，但可以用于衡量投资者可能收益的大小。不确定性越大，投资者可能获得的收益就越大，从而资产的投资价值就越大。

以对不确定性的深刻认识为基础，实物期权理论认为一项实物资产的收益有两种：（1）完全暴露于风险的收益。如果投资者不能在不可预料的市场状况形成时，以某种方式改变自己对某项资产的资金投入或者现金流入的时间及数量，则投资者的收益是完全暴露于风险的。若以现金流量来衡量收益，能够合理地估计出现金流入及其发生的相应时间，并且能够同时根据现金流量的风险特征恰当地确定现金流量折现率，则能实现对这种收益（资产价值）的估计。传统的现金流量折现法最适用于评估这种资产的价值。（2）风险被规避的收益。如果投资者的投入和收益方式不是完全不可更正的，则收益的风险可以被规避。现金流量折现法不适用于具有这种特征的收益，因为投资者对收益的主动影响连同外部不确定性一起决定了实际的收益，而假设投资者能理智地完全规避不确定性的负面影响，对这种收益就不必进行风险补偿。实物期权理论的核心就是指出并强调这种收益的存在，并且实现对其价值的评估。即使一项资产本身带来的现金流入量很小或者根本不存在现金流入（如基础建设投资），即它不具备获得第一种收益的能力，它还可能提供获得第二种收益的机会。只有将两种收益的可能都考虑到，才能准确、完整地估计一项资产的价值。

二、实物期权的类型

实物期权在现实生活中可能以多种不同的形式出现。根据实物期权所带来的不同的经营灵活性，它可以分为推迟期权、放弃期权、悬置期权、分段期权、规模期权、变换期权、成长期权、组合期权等类型。

（一）推迟期权

投资机会并不像人们想象的那样稍纵即逝，其时机选择常常有一定的灵活性。我们把具有推迟实施的可能性称为推迟期权。例如，某房地产商多年前在北京回龙观买了一块土地，由于当时人们对这一地段并不看好，于是它决定等待一段时间再进行开发。直到城市铁路发展规划基本明确以后，房地产商认为开发时机已经成熟，才着手进行开发。在购买土地时房地产商也自然拥有了推迟期权，可以选择合适的时机投资开发。投资的不可逆性使得推迟投资的能力非常重要。尽管在现实中，出于战略的考虑，有时不得不迅速投资，以领先于现存的或潜在的竞争对手，但在多数情形下，推迟至少是可行的。推迟也许会有代价，如竞争对手的进入或现金流的损失，但这种代价会被等待而获得新信息的利益所平衡。具有推迟期权的典型行业除了房地产行业外，还有自然资源开采行业。

（二）放弃期权

投资项目一经启动，管理者就自然拥有了放弃期权。如果市场状况严重衰退，并且预计长期不会好转，而维持成本过高，则管理者可能会选择永久放弃现在的经营，将设备和其他资产在二手市场上再出售，或投入其他项目以获取更高的效率。例如某次新开通的列车运行一段时间后，上座率一直很低，并且多数乘客不能全程乘坐，只有春运期间列车才会满员，而每次列车运行耗费成本巨大。在这种情况下，铁路部门就不得不考虑执行放弃期权，停运该次列车，只在春运期间加开。

（三）悬置期权

项目启动后，一般不会被轻易放弃，因为投资具有不可逆性，一旦放弃，再启动就可能需要很高的成本。因而，在市场状况不好、前景不明朗时，投资者会尽可能地选择延缓项目进程，甚至冻结该项目。这种延缓或冻结的可能性就被称为悬置期权。例如，铜的价格波动幅度很大，而建造新铜厂成本很高，所以铜价走低时，铜厂很少会关闭，而是减产或停产，只是最低限度地维护设备，直到铜价上扬时再度投入生产。

（四）分段期权

分阶段进行一系列投资创造了分段期权。投资者在每一个决策点都可以根据新获取的信息决定是放弃还是继续，这种分段规划带来的经营柔性具有期权价值。这种期权的典型行业是研究与开发密集行业、长期开发行业和风险行业。例如，风险基金对风险项目的投资往往不是一次性地支付全部资金，而是视企业表现分阶段注入资金。这样既可提高经营者利用资金的效率，也可在项目发展过分偏离预期时及时终止，避免更大的损失。在市场前景尚不明朗时作出长期的决策难免具有盲目性，而新获取的信息不用来调整下一步的举措也是资源的极大浪费。

（五）规模期权

在项目规划之初便设计规模变动的灵活性能赋予项目规模期权，即在今后的经营过程中拥有扩大或缩小规模的可能性。真实市场的特征是变化的、不确定的和交互竞争的，而最优规模也不是一成不变的。如果市场条件比预期的更有利，公司可以扩大生产规模。在极端的情况下，生产可能停止，等待市场复苏后再启动。其典型行业是自然资源行业、周期性行业、时尚服饰行业、消费电器行业、房地产行业等。例如，阿拉伯国家在石油价格上涨时大量开采石油，而在市场价格偏低时则联合限产以阻止价格的下跌。大型零售商崇光和百盛在初期都只有一座商业楼，它们的管理者决定根据第一座楼的经营状况和客流量来判断是否需要扩大规模。

（六）变换期权

原料组合和产品组合具有变换的灵活性所带来的期权称为变换期权。随着价格或需求的改变，管理者可以改变设备的产出组合（产品灵活性），相应地，也可使用不同类型的投入得到相同的产出（工艺灵活性），或是变换所使用的原料（原料灵活性）。更广义的变换期权还可以指变换各种经营方案的灵活性。变换期权出现在任何需求呈小批量特征或需求多变的货物上（如日用电器、玩具、特种纸、机器零件、汽车等），或是依赖于不可控制的原料供给行业。例如，发电厂在建厂时刻意建成煤与天然气均可作燃料的模式，那么在煤的价格上涨时，便可选择天然气进行替换。

（七）成长期权

一项战略性的早期投资，也许本身并不产生直接的现金流，却开创了未来的成长机会，是一系列后续相关项目的前提，这类投资具有成长期权，也称为战略期权。一切基础建设或战略性投资都具有成长期权，其中最典型的是研发。我们知道在高科技领域，竞争异常残酷，谁先开发出新的功能，谁先突破现有的技术局限，谁就占领了市场先机。为此常常需要投入巨大资金，前瞻数年，进行高度不确定的研发，投资者所看重的就是研发所具有的成长期权。此外战略兼并行为、跨国进入新市场等都需要在决策时考虑成长期权的价值。

（八）组合期权

现实中的项目常常不是孤立的一个期权，而是交叉涉及多个期权，它们的组合价值可能不同于各自价值的简单累加，这时需要考虑它们之间相互加强或削弱的作用。这类期权价值评估比较复杂，例如一个分段规划的研发项目，自然地具有了推迟期权、放弃期权，同时又具有悬置期权、分段期权和成长期权，在计算它的期权价值时要综合考虑。

三、实物期权理论的应用

实物期权理论的应用体现在两方面：一是投资者应建立实物期权的思想，以新的观念看待实物投资活动中的决策问题，并努力在经济活动中发现和创造实物期权；二是用期权定价模型去估计各种经济活动中实物期权的价值，并据此进行决策。

发现和确定实物期权应从经济活动的特征角度进行考虑，主要包括以下几方面：

(1) 若投资项目未来投入资金在投入时间、数量上具有可控性，则该投资活动中包含实物期权。如在进行期限长、投入量大的投资项目时，分批投入并保留放弃剩余投入的权利；在订立企业兼并、合并、合资合同和特许权与许可权的买卖合同时，分批支付并给每次的支付设定条件（设定与被合并企业或接受投资企业的市场价值、研发工作进展状况相关的条件），从而获得根据项目收益前景变化改变相应支付的权利。这些权利就是实物期权。

(2) 企业的经营柔性中包含实物期权。企业的生产经营活动受市场需求波动的影响，若投资者在安排投资项目时，注意构造经营上的柔性，比如购置生产设施时尽量选择能适应多种产品生产或残值高的生产设备，保留一定的多余存储空间及生产能力，就可以使得企业在市场需求从一种产品转向另一种时，实现产品生产的转变而不需增加新的生产设施，在市场需求增加时能迅速提高产量抓住商机，在市场萎缩时能以较高的售价将生产设备变现，以减少进一步的损失。这样一来，投资者虽然有可能支付较高的成本，但得到的不仅有生产设备，还有转换生产的期权、改变经营规模的期权和放弃生产的期权。不过，是否选择通用设备，是否保留多余生产能力，取决于支出的费用与所创造的期权价值的比较。

(3) 若某项投资的先期投入使投资者拥有在未来进一步投资的权利，或在一系列相互关联的投资中，前项投资为后项投资创造了投资机会（即没有前期的投资，后期的投资机会无法得到），则前期的投资就创造了期权。如研发投资本身不会带来现金流，但研发投资的成果——新产品或技术一旦投入市场，凭借其创新性，很可能产生巨大的销售量或者产生极高的利润率。从实物期权的角度看，研发投资项目的价值在于它使投资者获得对新产品或新技术进行后续投资的权利，该权利为期权。又如在互联网领域开展业务的企业，为适应新的经营方式，建立新的销售渠道，形成新营销思想，必须进行一系列长期而且数额庞大的投入。这些投入不一定会带来收益，但如果不进行这类投入，企业就无从获得在该领域发展所需的信息和经验，也就不具备继续经营下去的能力。从实物期权的角度看，这类投入使投资者获得在该领域继续生存的权利。

(4) 若通过合并、兼并、合作等方式形成的资产组合具有风险分散的特征，则该活动中含有规避风险的期权。从实物期权的角度看，实施风险投资或者兼并、合并等举措时，不应仅考虑资产单独的盈利能力，还应考察影响资产收益的不确定性，即各项资产的合并是否有利于风险的分散，是否有利于经营柔性的增强，彼此经营经验的融合能否形成更高的竞争力。如英特尔公司在芯片市场占有绝大多数份额，当市场需求周期性缩小时，它无法通过扩大销售额的方式来保持稳定的收益。在实物期权的启发下，由于看到以电子芯片为原材料的企业与生产芯片的企业之间存在相得益彰的关系，为了规避芯片市场周期性波动引起的风险，英特尔公司对 50 余个消耗芯片的企业进行了总额达 50 亿美元的投资，削弱了芯片市场变动对其收益的影响。英特尔公司 50 亿美元的投资相当于给自己购买了防范经营风险的期权。

(5) 若投资者能等到获得了更多的信息和不确定性降低时再进行投资，则该项投资活动包含推迟期权。企业应尽力保留这种可以推迟进行投资决策的权利，以规避风险。如在自然资源开采行业、不动产开发行业、造纸业、种植业中，投资者常常可以通过签订长期租用合同，或直接订立具有或有性条款的合同来获得该类期权。该类期权的持有者往往等到对自己有利时才执行期权。

实物期权不像金融期权，没有明确标明期权的执行价格、到期日、标的资产、决策模式，因此，对实物期权定价，要首先对其按金融期权的形式进行分析，找出并定量估计影响实物期权价格的主要因素。如确定实物期权的类型、期限及标的资产；确定实物期权标的资产的价值；确定实物期权的执行价格；确定实物期权标的资产的价格波动率；在金融市场中选取无风险利率。在上述因素确定后，再运用期权定价公式估算出实物期权的价值。

四、实物期权定价方法举例——二叉树模型

假设一个公司欲投资某项目，该项目的初始投资 $I_0=104$ 万元。一年以后，如果市场情况良好，预期现金流量 V^+ 为 180 万元，如果市场情况恶劣，预期现金流量 V^- 为 60 万元。预计出现市场情况良好和恶劣的概率各为 0.5。假设该公司拥有一年的独家许可权，可以推迟一年开展该项目，那么这个独家许可权提供的投资机会价值是多少？

假设 V_0 为项目目前的总收益。将项目一年后的现金流量折现，折现率为项目的期望收益率 k ($k=20\%$)，出现市场情况良好的概率 $q=0.5$，则有：

$$V_0=\frac{qV^+ +(1-q)V^-}{1+k}=\frac{0.5\times180+0.5\times60}{1+0.2}=100\text{（万元）}$$

$$NPV=V_0-I_0=100-104=-4\text{（万元）}$$

很明显，即使立即开展该项目的 NPV 为负，独家许可权（即投资机会）对公司的股

票持有者而言仍然是有价值的。因为独家许可权提供的推迟灵活性，使管理者（代表股票持有者进行经营管理）能保证从投资价值有利的变动中获利，同时又不会受不利市场环境的损害。要确定独家许可权提供的推迟期权的确切价值，我们只需把投资机会适当的价值 E^+ 和 E^- 代入风险中性定价关系。我们在这里直接给出风险中性定价关系下的风险中性概率公式以及投资机会价值的计算公式：

$$p=\frac{(1+r)V_0-V^-}{V^+-V^-} \qquad (9-10)$$

式中，p 为风险中性概率，r 为无风险利率。

$$E_0=\frac{pE^+ +(1-p)E^-}{1+r} \qquad (9-11)$$

式中，E_0 为独家许可权提供的投资机会的价值，E^+ 为市场情况良好时独家许可权提供的投资机会的价值，E^- 为市场情况恶劣时独家许可权提供的投资机会的价值。由于存在可在一年内选择投资的推迟期权，因而该公司可以在一年以内进行投资，也可以等待，看下一年项目的收益是不是超过了必要的成本，再决定是否进行投资。换句话说，等待的期权可以看作对项目总收益 V 的买权，执行价格等于下一年的必要支出 I_1。因为 $I_0=104$ 万元，无风险利率 r 假定为 8%，所以 $I_1=104\times108\%=112.32$（万元）。

若项目总收益不足以弥补必要的成本，管理者就会让许可权或期权过期失效，即：

$$E^+=\max(V^+-I_1，0)=\max(180-112.32，0)=67.68$$

$$E^-=\max(V^--I_1，0)=\max(60-112.32，0)=0$$

投资的推迟期权使价值结构发生了变化（见图 9-6）。

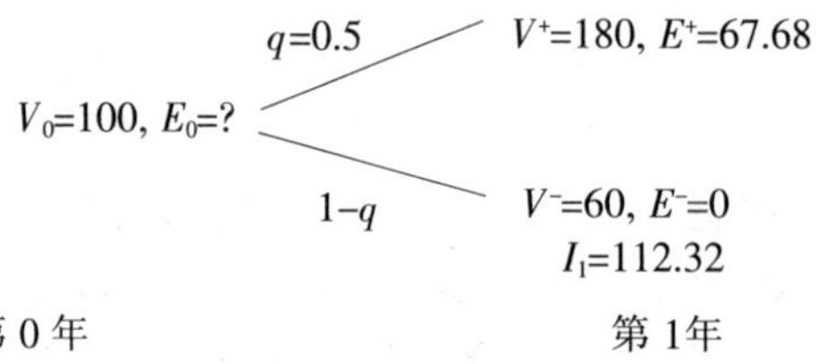

图 9-6 变化后的价值结构

注意隐含在许可权中的推迟期权是如何不对称地改变了价值结构的：不是立刻支付 104 万元，然后在下一期获得 180 万元或 60 万元，而是等待并观察，若结果有利则进行投资，得到 67.68 万元的净收入，否则，取消投资，收入为零。代入公式（9-10）可得：

$$p=\frac{(1+r)V_0-V^-}{V^+-V^-}=\frac{(1+0.08)\times100-60}{180-60}=\frac{108-60}{120}=\frac{48}{120}=0.4$$

代入公式（9-11）可得投资机会的总值（结合推迟期权价值的扩大的 NPV）为：

$$E_0=\frac{pE^+ +(1-p)E^-}{1+r}=\frac{0.4\times67.68+0.6\times0}{1+0.08}=25.07（万元）$$

可见，尽管立刻进行该项目投资的 NPV 为 -4 万元，也不应拒绝这一价值 25.07 万元的投资机会。因此许可权提供的推迟期权的价值为：

期权价值＝扩大的 NPV－被动的 NPV

$=25.07-(-4)=29.07$（万元）

第四节 期权理论在资产价值评估中的应用

一、资产评估业务中的实物期权概述

根据中国资产评估协会发布的《实物期权评估指导意见》(中评协〔2017〕54号),实物期权的定义如下:实物期权是指附着于企业整体资产或者单项资产上的非人为设计的选择权,即指现实中存在的发展或者增长机会、收缩或者退出机会等。相应企业或者资产的实际控制人在未来可以执行这种选择权,并且预期通过执行这种选择权能带来经济利益。

《实物期权评估指导意见》还指出,评估业务中经常涉及的实物期权形式为增长期权和退出期权。增长期权是指在现有基础上增加投资或者资产,从而可以扩大业务规模或者扩展经营范围的期权。退出期权是指在前景不好的情况下,可以按照合理价格部分或者全部变现资产,或者低成本地改变资产用途,从而收缩业务规模或者范围以至退出经营的期权。

常见的增长期权包括追加投资的期权,战略投资进入下一阶段的期权,利用有形和无形资产扩大经营规模、增加新产品和拓展新业务的期权,文化艺术产品和影视作品所涉及的期权等;常见的退出期权包括房地产类资产按接近或超过购置成本的价格进行转让的期权,制造业中的通用设备根据业务前景而改变用途的期权,股权投资约定退出条款形成的期权等。

表9-1列示了在其他因素不变的前提下,单一因素对实物期权价值的影响。

表9-1　实物期权的影响因素

影响因素	实物期权价值较高	实物期权价值较低
市场状况	不稳定	稳定
波动率	大	小
行权期限	较长	较短
市场竞争	垄断和寡头垄断市场	垄断竞争和完全竞争市场
市场准入门槛	较高	较低
产权受保护程度	强	弱
行业内重要战略资产	权利人拥有行业内重要战略资产	竞争对手拥有行业内重要战略资产
管理层经验	管理层富有经验	管理层缺乏经验
管理层执行力	管理层执行力强	管理层执行力弱

市场状况越不稳定,行权期限越长,则实物资产未来收益的不确定性越强,进而其内含的实物期权价值越高。此外,市场准入门槛越高、产权受保护程度越强、竞争程度越集中,则管理层的决策和管理能力对实物资产未来收益的影响越大,进而期权的价值越高。总之,在市场竞争较为集中、市场状况不稳定、企业对行业具有较强的

影响力或者管理层具有丰富的行业经验以及较强的执行力时，实物期权带来的选择权的价值较大。

实物期权评估中的参数通常包括标的资产的评估基准日价值、波动率、行权价格、行权期限和无风险收益率等。标的资产即实物期权所对应的基础资产。这些参数的内涵往往与在金融期权中的定义相差较大，且需要在不同类型的期权中进行具体的分析和定义。

（1）标的资产的评估基准日价值。增长期权是买方期权，其标的资产是当前资产带来的潜在业务或者项目；退出期权是卖方期权，其标的资产是实物期权所依附的当前资产。标的资产的评估基准日价值可以根据成本法、收益法等适当的评估方法进行评估，但应当明确标的资产的评估值是未包含实物期权价值的评估值。

（2）波动率。实物期权模型中的波动率是指标的资产预期收益率的标准差。在评估实务中，测算期权波动率时主要采用经验值法和近似资产收益率法。近年来，也有许多针对实物期权非交易性和不完全可逆性特点而采用模拟标的资产净现值概率分布函数求取标的资产年化波动率，以替代实物期权模型中标的资产波动率的相关研究，其中以蒙特卡洛法的应用最具代表性。但这种方法的使用条件较为严格，并非适用于所有求取期权波动率的计算。

（3）行权价格。行权价格是指实物期权行权时，买进或者卖出标的资产支付或者获得的金额。增长期权的行权价格是形成标的资产所需要的投资金额。退出期权的行权价格是标的资产在未来行权时间可以卖出的价格，或者在可以转换用途的情况下，标的资产在行权时间的价值。

（4）行权期限。行权期限是指评估基准日至实物期权行权时间之间的时间长度。实物期权通常没有准确的行权期限，具有美式期权的特征，可以按照预计的最佳行权时间估计行权期限。

（5）无风险收益率。无风险收益率是指不存在违约风险的收益率，可以参照剩余期限与实物期权行权期限相同或者相近的国债到期收益率确定。

在使用期权定价模型对实物资产进行估值时，需要对上述参数的内涵以及确定方式进行严谨分析，尽量避免因忽略参数内涵、直接套用模型导致的评估结果失去实践参考意义。

期权理论在资产评估中的应用，从评估对象的角度，可以分为两大类，即单项资产价值的评估和企业整体价值的评估。单项资产主要包括专利技术、商标权、人力资本、营销网络、资源资产、项目研发投入和不动产开发等。企业整体价值则主要体现在具有发展前景（如生物工程、医药、环保领域）的企业，从事大宗商品（如石油、天然气、矿产资源）交易的企业，通过企业兼并或收购以期获得协同效应价值的整体企业，面临经营或财务困境、需通过资产重组进行转产的企业中。这些企业的共同特征是未来的经营环境面临较高的不确定性，管理层更多利用可以根据环境变化调整企业经营战略的机会以获得更高的期权价值。

二、利用期权理论评估产品专利权价值

产品专利权的持有者具有开发和生产某种产品的权利，但只有在预期产品销售的现

金流超过生产产品的投入成本时才会进行生产，否则将不会使用该专利进行生产。

$$拥有该产品专利的价值=\begin{cases}V-D，当 V>D 时\\0，当 V\leqslant D 时\end{cases}$$

式中，V 为预期产品销售获得的现金流现值，D 为生产产品的投入成本。因而，可以将产品专利权视为看涨期权，产品本身为标的资产。

在运用期权定价模型进行产品专利权价值评估时，标的资产的价值就是现在生产该产品的预期现金流的现值。标的资产价值的方差可以参考类似产品现金流的方差来估计，或者通过分析产品市场出现不同状况的概率及不同状况下的现金流来估计现值的方差。执行价格为决定生产和销售专利产品而需要投入的成本。期权的期限为专利的收益期限（有效期）。由于在专利的收益期限后将不会产生超额利润，因此期权延迟执行一年就意味着失去了一年的超额收益。如果该收益是均匀分布的，专利有效期为 n 年，则年延迟成本就等于 $1/n$（相当于红利收益率）。

例：某专利技术的收益期限为 20 年，生产该专利产品的初始投资为 15 亿元，而预期未来现金流的现值为 10 亿元，生产该专利产品的现金流现值的方差为 0.03，无风险收益率为 10%。试估算该专利的价值。

期权定价模型的各输入变量为：

标的资产的价值=现金流的现值=10 亿元

执行价格=初始投资成本=15 亿元

期权期限=专利的有效期=20 年

标的资产价值的方差 σ^2=现金流现值的方差=0.03

无风险收益率=10%

红利收益率=1/20=5%

运用布莱克-斯科尔斯模型得到：

$d_1=1.154\ 8$　　　$N(d_1)=0.875\ 9$

$d_2=0.380\ 2$　　　$N(d_2)=0.648\ 1$

$$看涨期权的价值=10\times e^{-0.05\times 20}\times 0.875\ 9-15\times e^{-0.10\times 20}\times 0.648\ 1$$
$$=1.906\ 6（亿元）$$

该计算结果说明，尽管当前生产该专利产品的净现值为−5 亿元，但是将该产品专利权视为期权时，它是有价值的。

三、利用期权理论分析企业并购价值 ①

（一）案例背景与问题

安海斯-布希（Anheuser-Busch）公司（纽约证券交易所证券代码为 BUD）是一个上市公司，成立于 19 世纪，它从一个普通的啤酒制造企业慢慢成长成了世界领先的啤酒生

① 该案例主要参考论文：Tom Arnold，Richard L. Shockley. "Value Creation at Anheuser-Busch：A Real Options Example，" *Journal of Applied Corporate Finance*，2001，14（2）：52-61。

产商之一，在市场份额快速上涨的同时，企业价值也得到了快速增长。美国学者 Arnold 和 Shockley 发现，从 1972 年公司上市至 1999 年底这段时间，持有 BUD 股票的投资者实现了年化 16.4%的投资收益率，而同时期的标准普尔 500 指数年化投资收益率则为 10.6%。进一步的研究发现，在 1996—1998 年期间，企业的投资资本仅增长了约 19 亿美元，但其企业价值增长了约 134 亿美元。这样的价值增值是如何实现的？1990—2000 年啤酒市场的需求量并无大幅增长，该公司的海外业务也仅占其业务量的 5%左右。Arnold 和 Shockley 利用经济增加值（EVA）模型对该公司 1996—1998 年期间的企业价值进行了分解，发现在用价值的部分仅占同期企业市场价值的 50%左右，还有约一半的价值是由增长期权价值构成的。

（二）并购带来的增长期权价值

调查发现，该公司的增长期权价值可追溯到 20 世纪 90 年代中期，公司管理层决定售出部分非核心业务，并制定了一项关于核心业务的重要战略：购买所在啤酒市场潜在需求较大的海外公司的少数股权。例如，该公司与阿根廷企业 CCU 签订了一项合同，以 400 万美元的投资换取了阿根廷企业 CCU 的部分股权，成立合资公司 JV，且合同还包含了一项选择权，即如果阿根廷市场需求旺盛，该公司会在 2002 年追加投资 25 亿美元，否则不再新增投资。这一合同规定的选择权可视为一项看涨期权，行权价格为 25 亿美元，行权日为 2002 年底（见图 9－7）。

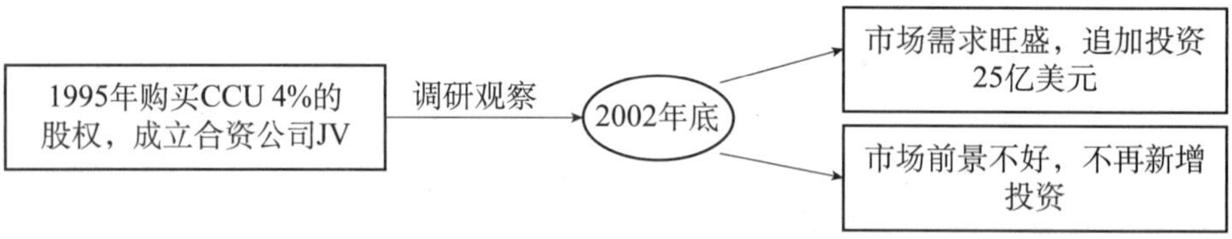

图 9－7　公司通过合同签订的选择期权

该看涨期权的估值参数主要包括：标的资产的价格、行权价格、行权日、无风险收益率，以及标的资产的波动率。

第一步：计算标的资产的价格，即追加投资后的合资酒厂在 1995 年的价值。

假设公司需要在 2002 年作出是否投资的决策，并假设设备需要一年建成，产品的分销也从设备建成开始。2002 年的初始投资为 25 亿美元，营运资本为销售收入的 6%（基于 BUD 在美国的数据），其他的假设如表 9－2 所示。

假设 2002 年投资扩建酒厂项目，根据表 9－2 的假设，项目净现值估算过程如表 9－3 所示。

通过表 9－3 的数据估测得到 2002 年拟投资酒厂的价值在 1995 年的现值为 12.89 亿美元左右，扣除 2002 年的投资支出 25 亿美元在 1995 年的现值后，得到的净现值为负值，按照传统的财务分析方法，该项目应该被放弃。但该项目是一个选择权，若 2002 年市场不如预期，公司还可以放弃不投资，因此它具备期权价值。

第二步，计算期权模型需要的其他参数。

表 9-2 相关参数假设

(1)市场份额假设		(2)销售成本假设	
1995 年阿根廷国内市场需求(千桶)	10 151	销售成本(%)	46
市场需求增长率(%)	2.40	销售费用(%)	18
BUD 2003 年产量(千桶)	400	营运资本(%)	6.0
BUD 2003—2005 年增长率(%)	116	(3)投资支出假设	
BUD 2006—2013 年增长率(%)	15	2002 年新增投资(亿美元)	25
BUD 2013 年以后的永久增长率(%)	2.4	资产折旧年限(年)	25
价格(每桶)(1995 年,美元)	135.37	(4)其他假设	
年价格通胀率(%)	3.0	税率(%)	38
		WACC(美国,%)	9.9

行权价格,即追加投资额 25 亿美元;行权日,即 2002 年底,行权期限为 7 年;无风险收益率采用的是美国的无风险收益率,案例假定无风险收益率为 7%。标的资产的波动率,也即拟投资酒厂的经营业绩波动率。假如能够找到拟投资酒厂未来继续经营的波动率替代指标,则直接代入布莱克-斯科尔斯期权定价公式可获得期权的价值,然而这一指标在实践中通常较难获取,该案例也不例外。因此,波动率成为影响期权价值的一个重要的不确定性因素。

(三)关于波动率的进一步分析

由于很难从实践中获取此类波动率数据的替代指标,因此此处先做一些假设。假设标的资产波动率为 35%,由布莱克-斯科尔斯期权定价公式以及前面计算得到的期权相关参数,可以计算该实物期权的价值为 3.9 亿美元。如果假设波动率为 45%,则可计算得到该实物期权的价值为 5.17 亿美元。期权价值与波动率之间呈反向变动关系(见图 9-8)。

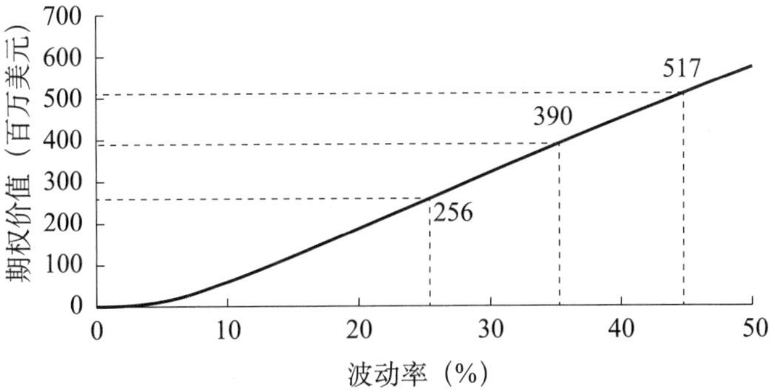

图 9-8 期权价值与波动率的关系

进一步,在假设波动率和期权价值的前提下,由布莱克-斯科尔斯期权定价公式还可以反向计算期权行权的概率大小。假设投资者对该项目的预期收益率为 9.9%,并假

表 9-3　　项目净现值数据的计算

年份	2003	2004	2005	2006	2007	2008	2009	2010	2011	2012	2013
市场份额（千桶）	12 272	12 566	12 868	13 177	13 493	13 817	14 148	14 488	14 836	15 192	15 556
BUD 份额（千桶）	400	864	1 866	2 146	2 468	2 838	3 264	3 754	4 317	4 964	5 709
价格（每桶）（美元）	171.48	176.63	181.93	187.38	193.01	198.80	204.76	210.90	217.23	223.75	230.46
销售收入（千美元）	68 593	152 606	339 518	402 158	476 357	564 245	668 348	791 658	937 719	1 110 728	1 315 657
销售成本（千美元）	31 553	70 199	156 178	184 993	219 124	259 552	307 440	364 163	431 351	510 936	605 202
销售费用（千美元）	12 347	27 469	61 113	72 389	85 744	101 564	120 303	142 498	168 789	199 931	236 818
折旧（千美元）	100 000	100 000	100 000	100 000	100 000	100 000	100 000	100 000	100 000	100 000	100 000
息税前利润（千美元）	−75 306	−45 062	22 226	44 777	71 488	103 128	140 605	184 997	237 579	299 862	373 637
所得税（千美元）	−28 616	−17 124	8 446	17 015	27 166	39 189	53 430	70 299	90 280	113 948	141 982
息前税后利润（千美元）	−46 690	−27 938	13 780	27 762	44 323	63 939	87 175	114 698	147 299	185 914	231 655
折旧加回（千美元）	100 000	100 000	100 000	100 000	100 000	100 000	100 000	100 000	100 000	100 000	100 000
经营净现金流（千美元）	53 310	72 062	113 780	127 762	144 323	163 939	187 175	214 698	247 299	285 914	331 655
终值（千美元）											4 528 191
追加营运资本（千美元）	4 116	5 041	11 215	3 758	4 452	5 273	6 246	7 399	8 764	10 381	12 296
营运资本终值（千美元）											167 878
2002 年净现金流现值（千美元）：2 496 559			2002 年投资支出（千美元）：2 500 000			2002 年净现值（千美元）：−3 441					
1995 年净现金流现值（千美元）：1 289 312						1995 年净现值（千美元）：−1 777					

设 Z 为酒厂在 2002 年任意可能出现的净现值，那么由看涨期权的解的公式可得到下式：

$$N(\hat{d}_2 \mid Z) = \frac{\ln(S/Z) + (\mu - 0.5\sigma^2)^T}{\sigma\sqrt{T}}$$

可以计算，若 Z 等于 25 亿美元，则 $N(\hat{d}_2/Z) = N(-0.429\ 73) = 0.333$。$N(\hat{d}_2)$ 是在风险中性测度下，期权被执行的概率，也就是资产在行权日价格大于或等于行权价格的概率。此处的 $N(\hat{d}_2/Z)$ 意味着 2002 年酒厂的价值超过 Z 的累计概率。这意味着基于 1995 年所掌握的信息来看，在 35%的波动率假设下，2002 年有 1/3 的可能作出对阿根廷市场进行投资的决策。对于公司管理者来说，他们可能不知道准确的波动率，但基于管理者的直觉往往能够形成一种对项目未来的可能性的合理估计，比如最好的场景和最坏的场景分别可能是什么，大概的发生概率是多少，进而倒算出标的资产的波动率。因此，通过布莱克-斯科尔斯期权定价公式反向计算波动率与期权价值之间的关系，且将管理层的经验与判断一起考虑进来，实现了将数据模型与财务分析相结合，同时论证了期权价值存在的合理性。

第十章

资产评估报告

本章学习目的

1. 按照规范格式编写或评阅资产评估报告。
2. 认识资产评估报告的作用。
3. 从不同角度理解资产评估报告的应用。

案例导入

一般投资者会在《中国证券报》《证券日报》《证券时报》《上海证券报》和巨潮资讯网等上市公司指定信息披露媒体上看到有关公司资产评估报告摘要和报告正文的信息。比如，北京坤元至诚资产评估有限公司接受北京居然之家商业咨询有限公司（简称“委托人”）的委托，采用市场比较法和收益法，按照有关法律、行政法规和资产评估准则的相关规定，坚持独立、客观、公正原则，按照必要的评估程序，对北京居然之家商业咨询有限公司拟资产收购事宜所涉及的长春居然之家商业房地产开发有限公司持有的居然之家生活体验中心部分公寓及商铺资产于评估基准日 2022 年 12 月 31 日的市场价值进行了评估。资产评估报告中一般有“现将资产评估报告摘要如下”等类似字样。报告摘要部分不仅会对本次评估的评估目的、评估对象和评估范围、价值类型、评估基准日、评估方法、评估结论及其有效使用期、特别事项说明等要素逐一进行简要说明，而且在资产评估报告摘要最后往往附有“以上内容摘自资产评估报告正文，欲了解本评估项目的详细情况并正确理解和使用评估结论，应当阅读资产评估报告正文”这句话。那么，一份资产评估报告正文究竟应涵盖哪些内容？

第一节 资产评估报告的内容与编制

一、资产评估报告（书）的含义和种类

资产评估报告是指资产评估机构及其资产评估专业人员遵守法律、行政法规和资产评估准则，根据委托履行必要的资产评估程序后，由资产评估机构对评估对象在评估基准日特定目的下的价值出具的专业报告。它按照一定格式和内容反映了评估目的、程序、标准、依据、方法、结果及适用条件等基本情况。资产评估报告有广义和狭义两种含义。广义的资产评估报告是指一种工作制度。它规定评估机构在完成评估工作之后必须按照一定的程序和要求，用书面形式向委托方报告评估过程和结果。狭义的资产评估报告即资产评估结果报告书，既是资产评估机构将其对资产的作价意见提交给委托方的公证性的报告，也是评估机构履行评估合同情况的总结，还是评估机构为资产评估项目承担相应法律责任的证明文件。

按资产评估的资产范围、资产评估的工作业务性质、资产评估报告的内容及使用范围的不同，可以对资产评估报告进行如下分类。

（一）按资产评估的资产范围划分

按资产评估的资产范围的不同，资产评估报告可分为整体资产评估报告和单项资产评估报告。整体资产评估报告是对整体资产进行评估所出具的资产评估报告。单项资产评估报告是对某一部分、某一项资产进行评估所出具的资产评估报告。由于整体资产评估与单项资产评估在具体业务上存在一些差别，因此两种资产评估报告在内容上必然会存在一些差别。

（二）按资产评估的工作业务性质划分

按资产评估的工作业务性质的不同，资产评估报告可分为评估报告、评估复核报告。

（三）按资产评估报告的内容的详尽程度及使用范围划分

按资产评估报告内容的详尽程度及使用范围的不同，美国《专业评估执业统一准则》（USPAP）将资产评估报告分为评估报告（appraisal report）和限制用途评估报告（restricted appraisal report）。前者应当披露规定的调查及实施的内容，并要求评估专业人员概述信息资料分析、判断和结论的推理；而后者只对评估方法及结论作陈述性说明，是一种扼要型报告，有关支持性信息资料需要参照工作底稿。资产评估报告类型的选择取

决于预期用途和预期使用者，当预期使用者包括客户（评估业务的委托方）以外的其他当事人时，应当采用评估报告，当预期使用者仅限于客户时，才可以采用限制用途评估报告。①

二、资产评估报告（书）的内容

资产评估报告的主要内容包括：

1. 标题及文号。

2. 目录。

3. 声明。

评估报告的声明应当包括以下内容：(1) 资产评估师恪守独立、客观和公正的原则，遵循有关法律法规和资产评估准则的规定，并承担相应的责任；(2) 提醒评估报告使用者关注评估报告特别事项说明和使用限制；(3) 其他需要声明的内容。

4. 摘要。

资产评估报告摘要通常提供资产评估业务的主要信息及评估结论。

5. 正文。

资产评估报告正文应当包括以下内容。(1) 委托人及其他资产评估报告使用人。资产评估报告使用人包括委托人、资产评估委托合同中约定的其他资产评估报告使用人和法律、行政法规规定的资产评估报告使用人。(2) 评估目的。资产评估报告载明的评估目的应当唯一，表述应当明确、清晰。(3) 评估对象和评估范围。对评估对象的基本情况，通常包括法律权属状况、经济状况和物理状况，要做具体描述。(4) 价值类型。对选择价值类型的理由要加以说明并明确其定义。(5) 评估基准日。评估基准日应当与资产评估委托合同约定的评估基准日保持一致，可以是过去、现在或者未来的时点。(6) 评估依据。资产评估报告应当说明资产评估遵循的法律依据、准则依据、权属依据及取价依据等。(7) 评估方法。资产评估报告应当说明所选用的评估方法及其理由，因适用性受限或者操作条件受限等原因而选择一种评估方法的，应当在资产评估报告中披露并说明原因。(8) 评估程序实施过程和情况。资产评估报告应当说明资产评估程序实施过程中现场调查、收集整理评估资料、评定估算等主要内容。(9) 评估假设。资产评估报告应当披露所使用的资产评估假设。(10) 评估结论。资产评估报告应当以文字和数字形式表述评估结论，并明确评估结论的使用有效期。② 评估结论通常是确定的数值。经与委托人沟通，评估结论可以是区间值或者其他形式的专业意见。(11) 特别事项说明。特别事项说明包括：权属等主要资料不完整或者存在瑕疵的情形；委托人未提供的其他关键资

---

① 陈拓，厉国威．美国评估准则的工作范围规则对我国的启示．中国资产评估，2019 (3)：42－45；王诚军．也谈 USPAP 与美国评估行业十年的变化．中国资产评估，2019 (9)：封 2－封 3．

② 《资产评估执业准则——资产评估报告》第十条规定，资产评估报告应当明确评估结论的使用有效期。通常，只有当评估基准日与经济行为实现日相距不超过一年时，才可以使用资产评估报告。该条规定并不适用于评估基准日为过去或未来时点的情况。《房地产估价规范》条款 7.0.16 规定，估价报告使用期限应自估价报告出具之日起计算，根据估价目的和预计估价对象的市场价格变化程度确定，不宜超过一年。

料情况；未决事项、法律纠纷等不确定因素；重要的利用专家工作及相关报告情况；重大期后事项；评估程序受限的有关情况、评估机构采取的弥补措施及对评估结论影响的情况；其他需要说明的事项。(12) 资产评估报告使用限制说明。(13) 资产评估报告日。评估报告载明的资产评估报告日通常为评估结论形成的日期，可以不同于资产评估报告的签署日。(14) 资产评估专业人员签名和资产评估机构印章。资产评估报告应当由至少两名承办该项业务的资产评估专业人员签名并加盖资产评估机构印章。法定资产评估业务的资产评估报告应当由至少两名承办该项业务的资产评估师签名并加盖资产评估机构印章。

6. 附件。

资产评估报告附件通常包括：(1) 评估对象所涉及的主要权属证明资料；(2) 委托人和其他相关当事人的承诺函；(3) 资产评估机构及签名资产评估专业人员的备案文件或者资格证明文件；(4) 资产评估汇总表或者明细表；(5) 资产账面价值与评估结论存在较大差异的说明。

资产评估报告陈述的内容应当清晰、准确，不得有误导性的表述。资产评估报告的详略程度可以根据评估对象的复杂程度、委托人要求合理确定。因法律法规规定、客观条件限制，无法或者不能完全履行资产评估基本程序，经采取措施弥补程序缺失，且未对评估结论产生重大影响的，可以出具资产评估报告，但应当在资产评估报告中说明资产评估程序受限情况、处理方式及其对评估结论的影响。如果程序受限对评估结论产生重大影响或者无法判断其影响程度，不得出具资产评估报告。资产评估报告应当使用中文撰写。同时出具中外文资产评估报告的，中外文资产评估报告存在不一致的，以中文资产评估报告为准。资产评估报告一般以人民币为计量币种，使用其他币种计量的，应当注明该币种在评估基准日与人民币的汇率。

三、资产评估报告的编制步骤

资产评估报告的编制是评估机构完成评估工作的最后一道工序，也是资产评估工作中的一个重要环节。编制资产评估报告主要有以下几个步骤。

(一) 整理工作底稿和归集有关资料

资产评估现场工作结束后，有关评估人员必须着手对现场工作底稿进行整理，按资产的性质进行分类，同时对有关询证函、被评估资产背景材料、技术鉴定情况和价格取证等有关资料进行归集和登记。对现场未予确定的事项，还须进一步落实和查核。这些现场工作底稿和有关资料都是编制资产评估报告的基础。

(二) 评估明细表的数字汇总

在完成现场工作底稿和有关资料的归集任务后，评估人员应着手进行评估明细表的数字汇总。明细表的数字汇总应根据明细表的不同级次先进行明细表汇总，然后进行分类汇总，再进行资产负债表式的汇总。不具备采用电脑软件汇总条件的评估机构，在数字汇总过程中应反复核对各有关表格的数字的关联性和各表格栏目之间数字的钩稽关系，防止出错。

（三）评估初步数据的分析和讨论

在完成评估明细表的数字汇总，得出初步的评估数据后，应召集参与评估工作过程的有关人员，对评估报告的初步数据的结论进行分析和讨论，比较各有关评估数据，复核记录估算结果的工作底稿，对存在作价不合理的部分评估数据进行调整。

（四）编写资产评估报告

编写资产评估报告又可分为两步：

第一步，在完成资产评估初步数据的分析和讨论，对有关部分的数据进行调整后，由具体参加评估的各组负责人员草拟出各自负责评估部分资产的评估说明，同时提交全面负责、熟悉本项目评估具体情况的人员草拟出资产评估报告。

第二步，将评估基本情况和资产评估报告初稿的初步结论与委托方交换意见，听取委托方的反馈意见后，在坚持独立、客观、公正的原则下，认真分析委托方提出的问题和建议，考虑是否应该修改资产评估报告，对资产评估报告中存在的疏忽、遗漏和错误之处进行修正，待修改完毕即可撰写出正式的资产评估报告。

（五）资产评估报告的签发与送交

评估机构撰写出正式的资产评估报告后，经审核无误，按以下程序进行签名盖章：先由负责该项目的评估师签章（两名或两名以上），再送复核人审核签章，最后送评估机构负责人审定签章并加盖机构公章。

资产评估报告签发盖章后即可连同评估说明及评估明细表送交委托单位。对中外合资、合作项目的资产评估报告及有关资料的送交，应按专门规定办理。

四、编制资产评估报告的技术要点

编制资产评估报告的技术要点是指在资产评估报告编制过程中的主要技能要求，它具体包括文字表达方面、格式和内容方面、复核与反馈等方面的技能要求。

（一）文字表达方面的技能要求

资产评估报告既是一份对被评估资产价值有咨询性和公证性作用的文书，又是一份用来明确资产评估机构和评估人员工作责任的文字依据，所以它的文字表达要求既要清楚、准确，又要提供充分的依据说明，还要全面地叙述整个评估的具体过程。其文字的表达必须准确，不得使用模棱两可的措辞。其陈述既要简明扼要，又要把有关问题说清楚，不得带有任何诱导、恭维和推荐性的陈述。当然，在文字表达上也不能带有大包大揽的语句，尤其是涉及承担责任条款的部分。

（二）格式和内容方面的技能要求

对资产评估报告内容和格式方面的技能要求，应当遵循《资产评估执业准则——资产评估报告》，涉及国有资产评估的，还要遵循《企业国有资产评估报告指南》。

（三）复核与反馈方面的技能要求

资产评估报告的复核与反馈也是编制资产评估报告的具体技能要求。通过对工作底稿、评估说明、评估明细表和报告正文的文字、格式及内容的复核与反馈，有关错误、遗漏等问题在出具正式报告之前可以得到修正。对评估人员来说，资产评估工作是一项必须由多个评估人员同时作业的中介业务，每个评估人员都有可能因能力、水平、经验、阅历及理论方法的限制而产生工作盲点和工作疏忽，所以，对资产评估报告初稿进行复核就成为必要。就对评估资产情况的熟悉程度来说，大多数资产委托方和占有方对委托评估资产的分布、结构、成新率等具体情况总是会比评估机构和评估人员更熟悉，所以，在出具正式报告之前征求委托方意见、搜集反馈意见也很有必要。

对资产评估报告进行复核，必须建立起多级复核和交叉复核的制度，明确复核人的职责，防止流于形式的复核。搜集反馈意见主要是针对委托方或占有方熟悉资产具体情况的人员。对委托方或占有方的反馈意见，应谨慎对待，应本着独立、客观、公正的态度去接受其反馈意见。

五、撰写报告应注意的事项

资产评估报告的编制除了需要掌握上述三个方面的技术要点外，还应注意以下几个事项：

（1）实事求是，切忌出具虚假报告。报告必须建立在真实、客观的基础上，不能脱离实际情况，更不能无中生有。报告拟定人应是参与该项目并较全面了解该项目情况的主要评估人员。

（2）坚持一致性做法，切忌出现表里不一。报告内容前后要一致，摘要、正文、评估说明、评估明细表的内容在口径、格式、数据上都要一致，不能出现各弹各调的不一致情况。

（3）提交报告要及时、齐全和保密。在正式完成资产评估工作后，应按业务约定书的约定时间及时将报告送交委托方。送交报告时，报告及有关文件要送交齐全。涉及为外商投资目的对中方资产评估的评估报告，必须严格按照有关规定办理。此外，要做好客户资料保密工作，尤其是对评估涉及的商业秘密和技术秘密，更要加强保密工作。

第二节　资产评估报告的作用及应用

一、资产评估报告的作用

资产评估报告有以下几个方面的作用。

（一）为被委托评估的资产提供作价意见

具有资产评估资格的机构根据委托评估资产的特点和要求，组织评估师及相应行业的专业人员组成评估队伍，遵循评估原则和标准，按照法定的程序，运用科学的方法对被评估资产价值进行评定和估算后，通过报告的形式提出作价意见。该作价意见不代表任何当事人一方的利益，并且是一种专家估价意见，具有较强的公正性和科学性，因而成为被委托评估资产作价的参考依据。

（二）是反映和体现资产评估工作情况及有关方面责任的根据

资产评估报告用文字的形式，对受托进行的资产评估的目的、背景、范围、依据、程序、方法等过程和评定的结果进行阐述、说明和总结，体现了评估机构的工作成果。同时，资产评估报告也反映和体现了受托的资产评估机构与执业人员的权利与义务，并以此来明确委托方、受托方有关方面的法律责任。在资产评估现场工作完成后，评估机构和评估人员就要根据现场工作取得的有关资料和估算数据，撰写资产评估报告，向委托方汇报。负责评估项目的评估师也同时在报告上行使签字的权利，并提出报告使用的范围和评估结果实现的前提等具体条款。当然，资产评估报告也是评估机构履行评估协议和向委托方或有关方面收取评估费用的依据。

（三）是管理部门对评估机构的业务开展情况进行监督和管理的重要依据

资产评估报告是反映评估机构和评估人员职业道德、执业能力水平以及评估质量高低和机构内部管理机制完善程度的重要依据。有关管理部门通过审核资产评估报告，可以有效地对评估机构的业务开展情况进行监督和管理，对评估工作中出现的不足加以完善。

（四）是建立评估档案资料的重要信息来源

评估机构和评估人员在完成资产评估任务之后，都必须按照档案管理的有关规定，将在评估过程中搜集的资料、工作记录以及资产评估过程的有关工作底稿进行归档，以便进行评估档案的管理和使用。由于资产评估报告是对整个评估过程的工作总结，其内容包括了评估过程的各个具体环节和各有关资料的搜集和记录，因此，不仅资产评估报告的底稿是评估档案归集的主要内容，而且撰写资产评估报告过程中用到的各种数据、各个依据、工作底稿和资产评估报告制度中形成的有关文字记载（主管部门审核同意意见和报告确认书等）都是资产评估档案的重要信息来源。

二、委托方对资产评估报告的应用

委托方收到受托评估机构送交的正式资产评估报告及有关资料后，可以按照资产评估报告所依据的评估目的和最终的评估结论，合理使用资产评估结果。

（一）委托方对资产评估报告的具体使用

委托方按照资产评估报告所依据的评估目的和最终的评估结论，可以作以下几方面具体用途的使用。

（1）根据评估目的，作为资产业务的作价基础。资产评估报告是包括企业改制、上市、对外投资、中外合资合作、转让、出售、拍卖等产权变动的经济活动，以及保险、纳税、抵押、担保等非产权变动的经济活动和出于法律方面需要的其他目的的活动的作价基础。

（2）作为企业进行会计记录或调整账项的依据。委托方在根据资产评估报告所揭示的资产评估目的使用资产评估报告资料的同时，还可依照有关规定，根据资产评估报告资料进行会计记录或调整有关财务账项。

（3）作为履行委托协议和支付评估费用的主要依据。委托方在收到评估机构的正式资产评估报告及有关资料后，在不存在异议的情况下，应根据委托协议，将评估结果作为计算支付评估费用的主要依据，履行支付评估费用的承诺及其他有关承诺的协议。

此外，资产评估报告及有关资料也可作为有关当事人因资产评估纠纷向纠纷调处部门申请调处的申诉资料。

（二）委托方在使用资产评估报告及有关资料时必须注意的几个方面

（1）只能按报告所揭示的评估目的使用报告，一份报告只允许按一个用途使用。

（2）只能在报告有效期内使用报告，超过报告的有效期，原资产评估结果无效。若要使用报告，必须由评估机构重新调整相关数据，并得到有关部门重新认可后才能使用。

（3）在报告有效期内，资产评估数量发生较大变化时，报告由原评估机构或资产占有单位按原评估方法做相应调整后才能使用。

（4）涉及国有资产产权变动的评估报告及有关资料必须经国有资产行政主管部门确认或授权确认后才能使用。

（5）作为企业会计记录和调整企业账项使用的资产评估报告及有关资料，必须由有关机关批准或认可后才能生效。

三、资产评估管理机构对资产评估报告的运用

资产评估管理机构主要是指对资产评估进行行政管理的主管机关和对资产评估进行行业自律管理的行业协会。对资产评估报告的运用，是资产评估管理机构实现对评估机构的行政管理和行业自律管理的重要过程。第一，资产评估管理机构通过对评估机构出具的资产评估报告及有关资料的运用，能大体了解评估机构从事评估工作的业务能力和组织管理水平。由于资产评估报告是反映资产评估工作过程的工作报告，通过对资产评估报告资料的检查与分析，资产评估管理机构能大致判断该机构的业务能力和组织管理水平。第二，资产评估管理机构通过对按规定需要验证和确认的资产评估报告进行验证与确认，能够对评估机构的评估结果质量的好坏作出客观的评价，从而能够有效实现对评估机构和评估人员的管理。第三，资产评估报告能为国有资产管理提供重要的数据资料。通过对资产评估报告的统计与分析，可以及时了解国有资产占有和使用状况以及增减值变动情况，为进一步加强国有资产管理服务。

四、有关部门对资产评估报告的运用

除了资产评估管理机构可运用资产评估报告外，有些政府管理部门也需要运用资产评估报告，主要包括证券监督管理部门，保险监督管理部门，工商行政管理、税务、金融和司法等有关部门。

证券监督管理部门对资产评估报告的运用主要表现在对申请上市公司的有关申报材料招股说明书的审核过程，以及对上市公司的股东配售发行股票时申报材料配股说明书的审核过程上。根据有关规定，在公开发行股票时，公司信息披露中至少要列示以下各项资产评估情况。

（1）按资产负债表大类划分的公司各类资产评估前账面价值及固定资产净值；

（2）公司各类资产评估净值；

（3）各类资产增减值幅度；

（4）各类资产增减值的主要原因。

此外，还应简单介绍资产评估时采用的主要评估方法。

公开发行股票的公司对采用非现金方式的配股，其配股说明书的备查文件必须附上资产评估报告。

当然，证券监督管理部门还可运用资产评估报告和有关资料加强对取得证券业务评估资格的评估机构及有关人员的业务管理。

保险监督管理部门，工商行政管理部门，税务、金融和司法等有关部门也都能通过对资产评估报告的运用来达到实现其管理职能的目的。

第三节　资产评估报告实例

本资产评估报告依据中国相关资产评估准则编制。

A集团股份有限公司拟发行股份购买AIF公司股权项目
资产评估报告

×××评报字（20××）第×××号

×××资产评估有限责任公司
二零××年×月×日

目 录（略）

声 明

一、本资产评估报告依据财政部发布的《资产评估基本准则》和中国资产评估协会发布的《资产评估执业准则》和《资产评估职业道德准则》编制。

二、本资产评估机构及其资产评估师遵守法律、行政法规和资产评估准则，坚持独立、客观、公正的原则，并对所出具的资产评估报告依法承担责任。

三、委托人或者其他资产评估报告使用人应当按照法律、行政法规规定和资产评估报告载明的使用范围使用资产评估报告；委托人或者其他资产评估报告使用人违反前述规定使用资产评估报告的，资产评估机构及其资产评估师不承担责任。

本资产评估报告仅供委托人、资产评估委托合同中约定的其他资产评估报告使用人和法律、行政法规规定的资产评估报告使用人使用；除此之外，其他任何机构和个人不能成为资产评估报告的使用人。

本资产评估机构及资产评估师提示资产评估报告使用人应当正确理解评估结论，评估结论不等同于评估对象可实现价格，评估结论不应当被认为是对评估对象可实现价格的保证。

四、评估对象涉及的资产、负债清单及企业经营预测资料由委托人、被评估单位申报并经其采用签名、盖章或法律允许的其他方式确认；委托人和其他相关当事人依法对其提供资料的真实性、完整性、合法性负责。

五、资产评估师已对评估对象及其所涉及资产进行现场调查；已对评估对象及其所涉及资产的法律权属状况给予必要的关注，对评估对象及其所涉及资产的法律权属资料进行了查验，对已经发现的问题进行了如实披露，并且已提请委托人及其他相关当事人完善产权以满足出具资产评估报告的要求。

六、本资产评估机构及资产评估师与资产评估报告中的评估对象没有现存或者预期的利益关系，与相关当事人没有现存或者预期的利益关系，对相关当事人不存在偏见。

七、本资产评估机构出具的资产评估报告中的分析、判断和结果受资产评估报告中假设和限制条件的限制，资产评估报告使用人应当充分考虑资产评估报告中载明的假设、限制条件、特别事项说明及其对评估结论的影响。

资产评估报告摘要

重要提示

本摘要内容摘自资产评估报告正文，欲了解本评估项目的详细情况和合理理解评估结论，应认真阅读资产评估报告正文。

A集团股份有限公司：

×××资产评估有限责任公司接受贵公司的委托，根据法律、行政法规和资产评估准则的规定，坚持独立、客观、公正的原则，按照必要的评估程序，对 AIF 公司评估基准日的股东全部权益的市场价值进行了评估。现将资产评估报告摘要如下：

评估目的：A 集团股份有限公司拟进行重大资产重组，×××资产评估有限责任公司接受委托对重组方案涉及的标的公司 AIF 的股东全部权益价值进行评估，为上述经济行为提供价值专业意见。

评估对象：AIF 公司评估基准日的股东全部权益价值。

评估范围：AIF 公司评估基准日经审计后的全部资产与负债。资产包括流动资产、长期应收款、长期股权投资、可供出售金融资产、固定资产、无形资产、开发支出、商誉、长期待摊费用、递延所得税资产、其他非流动资产，负债包括流动负债、非流动负债。

评估基准日：20××年 6 月 30 日

价值类型：市场价值

评估方法：收益法、市场比较法

评估结论：本资产评估报告选用收益法评估结果作为评估结论，具体评估结论如下所示。

AIF 公司评估基准日的总资产账面价值为人民币 3 018 964.25 万元；总负债账面价值为人民币 4 155.26 万元；净资产账面价值为人民币 3 014 808.99 万元。

合并口径下，评估基准日总资产账面价值为人民币 728 079.66 万元；负债包括流动负债和非流动负债，总负债账面价值为人民币 135 873.55 万元；净资产账面价值为人民币 592 206.11 万元。

收益法评估后的股东全部权益价值为人民币 3 365 127.64 万元（508 588.65 万美元），相对于 AIF 公司合并口径下的归属于母公司所有者权益，增值额为人民币 2 772 921.52 万元（419 085.56 万美元），增值率为 468.24%。

本资产评估报告仅为资产评估报告中描述的经济行为提供价值参考，评估结论的使用有效期限自评估基准日起一年有效。

资产评估报告使用人应当充分考虑资产评估报告中载明的假设、限定条件、特别事项说明及其对评估结论的影响。

以上内容摘自资产评估报告正文，欲了解本评估业务的详细情况和正确理解评估结论，应当阅读资产评估报告正文。

A 集团股份有限公司拟发行股份购买 AIF 股权项目
资产评估报告正文

A 集团股份有限公司：

×××资产评估有限责任公司接受贵公司的委托，根据法律、行政法规和资产评估准则的规定，坚持独立、客观、公正的原则，采用收益法、市场比较法，按照必要的评估程序，对 AIF 公司评估基准日的股东全部权益的市场价值进行了评估。现将资产评估情况报告如下：

一、委托人、被评估单位和资产评估委托合同约定的其他资产评估报告使用人

本次评估的委托人为 A 集团股份有限公司，被评估单位为 AIF，本评估报告仅供委托人和国家法律法规规定的评估报告使用者使用。

（一）委托人简介

1. 公司简况。

企业名称：A 集团股份有限公司

注册地址：××市××区××大道×号××广场×栋×层

法定代表人：×××

注册资本：××× 元人民币

成立日期：19××年××月××日

企业性质：股份有限公司（上市公司）

2. 公司主要经营范围（略）

3. 公司股权结构及变更概况（略）

（二）被评估单位简介

1. 公司简况。

企业名称：AIF

注册地：开曼群岛

注册资本：50 000 美元，分为 49 990 股 A 类普通股（面值为 1 美元）和 10 股 B 类普通股（面值为 1 美元）

公司类型：豁免有限责任公司

注册号：×××

成立日期：20××年××月××日

主要经营范围：公司可从事未被开曼群岛法律所禁止的任何业务

公司概况：（略）

2. 公司股东及持股比例、股权变更情况及近三年的资产、财务和经营状况情况（略）。

3. 委托人与被评估单位之间的关系。

被评估单位为委托人拟收购的标的。

（三）资产评估委托合同约定的其他资产评估报告使用人

本资产评估报告仅供委托人、资产评估委托合同中约定的其他资产评估报告使用人和国家法律法规规定的资产评估报告使用人使用，不得被其他任何第三方使用或依赖。

二、评估目的

A 集团股份有限公司拟进行重大资产重组，×××资产评估有限责任公司接受委托对重组方案涉及的标的公司 AIF 的股东全部权益价值进行评估，为上述经济行为提供价值专业意见。

三、评估对象和评估范围

（一）评估对象

评估对象是 AIF 评估基准日的股东全部权益价值。

（二）评估范围

评估范围是 AIF 评估基准日经审计后的全部资产与负债。

在评估基准日，评估范围内的资产包括流动资产、长期应收款、长期股权投资、可供出售金融资产、固定资产、无形资产、开发支出、商誉、长期待摊费用、递延所得税资产、其他非流动资产等，总资产账面价值为人民币 3 018 964.25 万元；负债包括流动负债和非流动负债，总负债账面价值为人民币 4 155.26 万元；净资产账面价值为人民币 3 014 808.99 万元。

合并口径下，评估基准日总资产账面价值为人民币 728 079.66 万元；负债包括流动负债和非流动负债，总负债账面价值为人民币 135 873.55 万元，净资产账面价值为人民币 592 206.11 万元。

委托评估对象和评估范围与经济行为涉及的评估对象和评估范围一致。在评估基准日，评估范围内的资产、负债账面价值（人民币金额）已经×××会计师事务所（特殊普通合伙）审计，并发表了无保留意见的审计报告。

（三）评估范围内主要资产情况

企业申报的纳入评估范围的主要资产包括：设备类资产、长期股权投资、无形资产等。主要资产的类型及特点如下：

1. 设备类资产。

（1）运输设备。

企业运输设备为一架飞机及 3 辆车辆，其中飞机为 20×× 年 1 月购入的×××型二手飞机；车辆为以色列当地牌照的车辆。车辆总体状况良好，截至评估基准日，车辆均正常使用。

（2）电子设备及其他。

企业的电子设备及其他为位于租赁的各个办公场所的办公设备和家具等，主要包括服务器、交换机、电脑、打印机、投影仪、办公家具等，电子设备均购于 20×× 年×月至 20×× 年×月，截至评估基准日，设备使用状况良好。

2. 长期股权投资（略）。

3. 企业申报的无形资产情况。

企业申报的账面无形资产主要包括企业资本化的知识产权、用户库、特许权及其他；账外无形资产包括商标、著作权、专利、域名和游戏著作权。

截至评估基准日，被评估单位及其子公司在美国共拥有 80 项登记的著作权、13 项正在申请阶段的著作权；在全球范围内共持有 600 个已注册/注册中商标和 200 个正在申请中的商标；拥有专利及专利申请 6 项，拥有 191 项域名以及 6 项收购或自研的游戏著作权。

4. 企业申报的其他表外资产情况。

企业申报的表外资产为无形资产，详见以上企业申报的无形资产情况。

5. 引用其他机构报告结论所涉及的相关资产。

本评估报告不存在引用其他机构报告的情况。

四、价值类型

根据评估目的，确定评估对象的价值类型为市场价值。

市场价值是指在自愿买方和自愿卖方各自理性行事且未受任何强迫的情况下，评估对象在评估基准日进行正常公平交易的价值估计数额。

五、评估基准日

本报告的评估基准日为：20×× 年 6 月 30 日。

评估基准日是由委托人根据评估目的确定的，主要考虑使评估基准日尽可能与评估目的实现日接近，使评估结论较合理地为评估目的服务。

六、评估依据

（一）经济行为依据

1. A 集团股份有限公司 20×8 年 11 月签署的《发行股份购买资产框架协议》。

（二）法律法规依据

1.《中华人民共和国资产评估法》（2016 年 7 月 2 日第十二届全国人民代表大会常务委员会第二十一次会议通过）；

2.《中华人民共和国公司法》（2018 年 10 月 26 日第十三届全国人民代表大会常务委员会第六次会议修正）；

3.《中华人民共和国证券法》（2019 年 12 月 28 日第十三届全国人民代表大会常务委员会第十五次会议修正）；

4.《资产评估行业财政监督管理办法》（财政部令第 97 号）；

5.《企业会计准则——基本准则》（财政部令第 76 号）；

6. 企业及所属子公司所处各国的公司法及所得税法等相关法律法规等。

（三）评估准则依据

1.《资产评估基本准则》（财资〔2017〕43 号）；

2.《资产评估职业道德准则》（中评协〔2017〕30 号）；

3.《资产评估执业准则——资产评估程序》（中评协〔2018〕36 号）；

4.《资产评估执业准则——资产评估报告》（中评协〔2018〕35 号）；

5.《资产评估执业准则——资产评估委托合同》（中评协〔2017〕33 号）；

6.《资产评估执业准则——资产评估档案》（中评协〔2018〕37 号）；

7.《资产评估执业准则——利用专家工作及相关报告》（中评协〔2017〕35 号）；

8.《资产评估执业准则——企业价值》（中评协〔2018〕38 号）；

9.《资产评估执业准则——无形资产》（中评协〔2017〕37 号）；

10.《资产评估机构业务质量控制指南》（中评协〔2017〕46 号）；

11.《资产评估价值类型指导意见》（中评协〔2017〕47 号）；

12.《资产评估对象法律权属指导意见》（中评协〔2017〕48 号）。

（四）权属依据

1. 专利证书；

2. 商标注册证；

3. 著作权（版权）相关权属证明；

4. 飞机登记证；

5. 机动车行驶证；

6. 企业法人营业执照；

7. 其他有关产权证明。

（五）取价依据

1. 评估基准日银行存贷款基准利率及外汇汇率；

2. 企业提供的以前年度的财务报表、审计报告；

3. 企业有关部门提供的未来年度经营计划；

4. 企业提供的主要产品目前及未来年度市场预测资料；

5. 评估人员现场勘察记录及收集的其他相关估价信息资料；

6. 与此次资产评估有关的其他资料。

（六）其他参考依据

1. 被评估单位提供的资产清单、评估申报表和管理层盈利预测；

2. 评估人员进行的市场调查的资料；

3. ×××会计师事务所（特殊普通合伙）出具的审计报告；

4. ×××资产评估有限责任公司信息库；

5. App Annie 数据资料；

6. Wind 资讯数据资料；

7. Bloomberg 资讯数据资料；

8. 可比上市公司官方网站；

9. 国家有关部门发布的统计资料和技术标准资料，以及评估机构收集的其他有关资料。

七、评估方法

收益法，是指将评估对象预期收益资本化或者折现，确定其价值的评估方法。

市场比较法，是指将评估对象与可比上市公司或者可比交易实例相比较，确定其价值的评估方法。

资产基础法，是指以评估对象在评估基准日的资产负债表为基础，评估表内及可识别的表外各项资产、负债价值，确定其价值的评估方法。

《资产评估执业准则——企业价值》规定，执行企业价值评估业务，应当根据评估目的、评估对象、价值类型、资料收集等情况，分析收益法、市场比较法和成本法（资产基础法）三种基本方法的适用性，选择评估方法。对于适合采用不同评估方法进行企业价值评估的，资产评估专业人员应当采用两种以上评估方法进行评估。

本次评估选用的评估方法为：收益法、市场比较法。评估方法选择采用理由如下：

一方面，AIF 为控股公司，其全资子公司为全球领先的游戏开发及运营公司。经过多年的经营，企业研发及运营游戏长期位于休闲社交棋牌类网络游戏排行前列。企业近年来保持良好的收益情况，拥有稳定现金流。由于其盈利模式成熟、稳定，资产配置合理，经营水平良好，盈利能力较强，因此企业预计能持续获得稳定现金流入，且收益和风险可以合理量化。

此外，企业处于一个活跃的公开市场，经过甄别、筛选，评估人员在美国证券交易市场上发现有与其相同或者相似的参考企业，并且能够收集到与评估相关的信息资料，同时这些信息资料具有代表性、合理性和有效性。

另一方面，资产基础法是从资产的再取得途径考虑的，反映的是企业现有资产的重置价值。评估对象作为一个主营游戏的轻资产公司，人力资源、销售渠道、核心技术及竞争优势等商誉类无形资产对企业价值影响较大，采用资产基础法评估时难以逐一准确量化。故本次评估选择收益法、市场比较法进行评估。

（一）收益法

1. 收益法具体方法和模型的选择。

(1) 收益法模型。

本次收益法评估模型选用现金流量折现法。

本次评估采用收益法中的现金流量折现法对企业整体价值进行评估来间接获得股东全部权益价值。

企业整体价值由正常经营活动中产生的经营性资产价值和与正常经营活动无关的非经营性资产价值等构成。

企业整体价值＝经营性资产价值＋溢余资产价值＋非经营性资产负债价值
＋单独评估的长期股权投资价值

股东全部权益价值＝企业整体价值－付息债务

付息债务指评估基准日账面上需要付息的债务，包括短期借款、带息应付票据、一年内到期的长期借款、其他长期借款及带有借款性质的其他应付款等。

其中，经营性资产是指与被评估单位生产经营相关的，评估基准日后企业自由现金流量预测所涉及的资产与负债。经营性资产价值的计算公式如下：

$$P=\sum_{i=1}^{n}F_i\,(1+r)^{-i}+\frac{F_n}{r(1+r)^n}$$

其中，P 代表评估基准日的企业经营性资产价值；

F_i代表企业未来第 i 年预期自由现金流量；

F_n代表永续期自由现金流量；

r 代表折现率；

i 代表收益期计算年；

n 代表预测期。

企业自由现金流量计算公式如下：

企业自由现金流量＝息税前利润×(1－所得税税率)＋折旧和摊销
－资本性支出－追加营运资本

本次收益法预测，对 AIF 及其控股子公司采用合并口径预测。这主要是由于：

AIF 为控股母公司，主要资产为长期股权投资。AIF 旗下所有全资控股的长期股权投资单位均采用自上而下的统一管理体系。主要经营实体及游戏的主要策划管理中心均位于以色列，其他公司分别负责游戏的研发、客服、经营、编程等，各控股子公司间业务结合紧密。此外，AIF 拥有其主要下属控股公司 100%的股权。故评估人员认为 AIF 管理较为紧密，可视作一个整体。因此本次评估采用合并口径下的收益法对 AIF 及其控股的长期股权投资单位进行预测。

(2) 预测期的确定。

由于企业近期的收益可以相对合理地预测，而远期收益预测的合理性相对较差，按照通常惯例，评估人员将企业的收益期划分为预测期和预测期后两个阶段。

评估人员经过对企业未来经营规划、行业发展特点的分析，认为企业运营的休闲社交棋牌类网络游戏有着悠远的历史，因为其契合了棋牌类游戏的本性。棋牌类游戏的游戏方式简单，全凭运气，仅凭零钱就可参与游戏，满足了人们以小博大的心理，百年来经久不衰，它本身就拥有极长的生命周期。

随着现代社会全球化进程的加速，快节奏的生活使得人们更需要休闲社交棋牌类网络游戏来舒缓无处不在的压力，于是，移动棋牌类游戏的市场发展迅猛。线下棋牌类游戏与线上棋牌类游戏都可以满足玩家类似的以小博大的心理，其享受游戏的本质是一致的。因此，线上棋牌类游戏玩家具备了线下棋牌类游戏玩家的特点，线上棋牌类游戏具有用户稳定、忠诚度高、游戏生命周期也较长的优点。

在企业主要经营的 6 款游戏中，4 款游戏生命周期超过 5 年，2 款超过 3 年，其中×××已上线超过 8 年，且游戏数据都没有呈现下降趋势，处于发展期。

因此，通过对行业游戏生命周期及企业自身游戏生命周期的分析，休闲社交棋牌类网络游戏的生命周期要长于一般游戏，本次评估对企业现有游戏整个生命周期按照 10 年的假设测算，对于未来新上线的休闲社交棋牌类网络游戏按照 8 年完整生命周期进行测算。

考虑到远期收益预测的可预测性相对偏弱，本次评估以 20×× 年上线新游戏完整生命周期为预测期，预测期为 8 年，预计被评估单位于 8 年后达到稳定经营状态，故预测期截止到 20×× 年底。①

（3）收益期限的确定。

由于评估基准日被评估单位经营正常，并拥有持续研发的能力，没有对影响企业继续经营的核心资产的使用年限及企业生产经营期限、投资者所有权期限等进行限定，或者上述限定可以解除，并可以通过延续方式永续使用，故本评估报告假设被评估单位评估基准日后永续经营，相应的收益期为无限期。

（4）净现金流的确定。

本次收益法评估模型选用企业自由现金流量，自由现金流量的计算公式如下：

$$\begin{aligned}\begin{matrix}\text{（预测期内每年）}\\\text{自由现金流量}\end{matrix}&=\begin{matrix}\text{息税前}\\\text{利润}\end{matrix}\times\left(1-\begin{matrix}\text{所得税}\\\text{税率}\end{matrix}\right)+\begin{matrix}\text{折旧和}\\\text{摊销}\end{matrix}-\begin{matrix}\text{资本性}\\\text{支出}\end{matrix}-\text{追加营运资本}\\&=\begin{matrix}\text{营业}\\\text{收入}\end{matrix}-\begin{matrix}\text{营业}\\\text{成本}\end{matrix}-\begin{matrix}\text{营业税金}\\\text{及附加}\end{matrix}-\begin{matrix}\text{期间费用(管理}\\\text{费用、销售费用)}\end{matrix}+\begin{matrix}\text{营业外}\\\text{收支净额}\end{matrix}\\&\quad-\text{所得税}+\begin{matrix}\text{折旧和}\\\text{摊销}\end{matrix}-\begin{matrix}\text{资本性}\\\text{支出}\end{matrix}-\text{追加营运资本}\end{aligned}$$

（5）终值的确定。

收益期为永续，终值公式如下：

$$\text{终值 } P_n=R_{n+1}\times\text{终值折现系数}$$

R_{n+1}按预测末年现金流调整确定。具体调整事项主要包括折旧、资本性支出等。其中资本性支出的调整原则是将永续年不在预测期末的规模上再扩大的条件下能够持续经营所必需的费用作为资本性支出。

（6）折现率的确定。

按照收益额与折现率口径一致的原则，本次评估收益额口径为企业净现金流量，则折现率选取加权平均资本成本。公式为：

① 即第 8 年年底。

$$WACC = K_e \times [E/(E+D)] + K_d \times (1-T) \times [D/(E+D)]$$

式中，E 代表权益的市场价值；

D 代表债务的市场价值；

K_e 代表权益资本成本；

K_d 代表债务资本成本；

T 代表被评估企业的所得税税率。

权益资本成本按国际通常使用的资本资产定价模型进行求取，公式为：

$$K_e = r_f + MRP \times \beta + r_c$$

式中，r_f 代表无风险利率；

MRP 代表市场风险溢价；

β 代表权益的系统风险系数；

r_c 代表企业特定风险调整系数。

(7) 溢余资产价值的确定。

溢余资产是指与企业收益无直接关系的，超过企业经营所需的多余资产，主要包括溢余现金等，采用成本法对其确认。

(8) 非经营性资产、负债价值。

非经营性资产是指与企业收益无直接关系的，未参与预测的资产。此类资产不产生利润，采用已核实后的账面值对其确认。

(9) 单独评估的长期股权投资。

单独评估的长期股权投资指被评估单位不实施控制的联营或合营企业。本次评估以核实后的账面价值作为单独评估的长期股权投资评估值。

2. 付息债务价值。

付息债务是指评估基准日被评估单位需要支付利息的负债。评估基准日被评估单位无付息债务。

（二）市场比较法

市场比较法是指将评估对象与可比上市公司或者可比交易实例相比较，确定评估对象价值的评估方法。上市公司比较法和交易实例比较法的共同特点是均需要使用相应的价值比率（乘数）进行对比，并最终以此为基础评估出被评估单位的价值。

被评估单位的主营业务为游戏产品研发和运营，其主要市场位于北美和澳大利亚地区。虽然游戏行业近年并购市场较为活跃，但是与被评估单位在主营业务、主要市场和业务规模上可比的交易实例并不多。同时，评估人员通过公开信息所能获取的境外并购实例交易标的信息有限，无法达到交易实例比较法评估所需的完整资料和信息要求，故本次评估不适合采用交易实例比较法。

相较而言，主营业务为游戏产品研发和运营且主要市场包括北美与澳大利亚地区的上市公司信息披露较充分且有规律，能够满足上市公司比较法的信息要求。故本次评估适合选用上市公司比较法。

1. 选择可比上市公司。

(1) 选择资本市场。

在明确被评估企业的基本情况后（包括评估对象及其相关权益状况，如企业性质、资本规模、业务范围、营业规模、市场份额、成长潜力等），选择美国证券市场作为选择可比上市公司的资本市场。

（2）选择准可比上市公司。

在明确资本市场后，选择与被评估单位属于同一行业、从事相同或相似的业务、主营业务所在地区相同或接近的可比上市公司作为准可比上市公司。

（3）选择可比上市公司。

对可比上市公司的具体情况进行详细的研究分析，包括主要经营业务范围、主要目标市场、业务结构、经营模式、公司规模、盈利能力、所处经营阶段等方面。通过对这些准可比上市公司的业务情况和财务情况的分析比较，选取具有可比性的上市公司。

2. 分析调整业务、财务数据和信息。

对所选择的可比上市公司的业务和财务情况与被评估企业的情况进行比较、分析，并做必要的调整。首先收集可比上市公司的各项信息，如上市公司公告、行业统计数据、研究机构的研究报告等。然后对上述从公开渠道获得的市场、业务、财务信息进行分析、调整，以使参考企业的财务信息尽可能准确及客观，使其与被评估企业的财务信息具有可比性。

3. 选择、计算、调整价值比率。

价值比率通常包括盈利价值比率、收入价值比率、资产价值比率和其他特定价值比率。根据被评估单位所处行业特点，被评估单位属于网络游戏行业，为典型的轻资产型企业，其企业价值与其账面净资产或总资产等资产类指标的倍数关系参考意义不大，故本次市场比较法评估不适合选用资产价值比率。

由于净利率/毛利率、资本结构、税收政策等因素对收入价值比率影响较大，收入价值比率更适用于净利率/毛利率、资本结构、税收政策等相当的企业。而处于网络游戏行业的公司在资本结构、税收政策等方面表现出较大不同，因此不适合采用收入价值比率。

盈利价值比率主要包括市盈率 P/E、企业价值倍数 $EV/EBITDA$ 等（EV 为企业价值）。而相较于市盈率 P/E，企业价值倍数 $EV/EBITDA$ 不受各企业资本结构、税收政策、折旧、摊销等影响，能更加准确地反映企业价值。故选择盈利价值比率中的企业价值倍数 $EV/EBITDA$ 作为此次市场比较法评估的价值比率。

采用企业价值倍数 $EV/EBITDA$ 价值比率的估值公式为：

$$\begin{matrix}\text{被评估单位股东}\\\text{全部权益价值}\end{matrix}=\left(\begin{matrix}\text{可比上市公司调整后}\\\text{企业价值倍数}\end{matrix}\times\begin{matrix}\text{被评估单位}\\\text{预测 }EBITDA\end{matrix}-\begin{matrix}\text{付息}\\\text{债务}\end{matrix}\right)\times\left(1-\begin{matrix}\text{缺少流通性}\\\text{折扣率}\end{matrix}\right)+\begin{matrix}\text{溢余}\\\text{资金}\end{matrix}+\begin{matrix}\text{非经营性}\\\text{资产负债价值}\end{matrix}+\begin{matrix}\text{未纳入合并范围的}\\\text{长期股权投资价值}\end{matrix}$$

4. 运用价值比率。

在计算并调整可比上市公司的价值比率后，与评估对象相应的财务数据或指标相乘，计算得到需要的权益价值或企业价值。

5. 其他因素确认。

溢余资产、非经营性资产、长期股权投资、付息债务的价值确定同收益法。

八、评估程序实施过程和情况

评估人员于 20×× 年×月×日至 20×× 年×月×日对评估对象涉及的资产和负债实施了评估。主要评估程序实施过程和情况如下：

（一）接受委托

20××年×月×日，我公司与委托人就评估目的、评估对象和评估范围、评估基准日等评估业务基本事项，以及各方的权利、义务等达成一致，并与委托人协商拟定了相应的评估计划。

（二）前期准备

1. 拟定评估计划。

2. 组建评估团队。

3. 实施项目培训。

(1) 对被评估单位人员进行培训。

为使被评估单位的财务与资产管理人员理解并做好资产评估材料的填报工作，确保评估申报材料的质量，我公司准备了企业培训材料，对被评估单位相关人员进行了培训，并派专人对资产评估材料填报中碰到的问题进行解答。

(2) 对评估人员进行培训。

为了保证评估项目的质量和提高工作效率，贯彻落实拟定的资产评估计划，我公司对项目团队成员讲解了项目的经济行为背景、评估对象涉及资产的特点、评估技术思路和具体操作要求等。

（三）现场调查

评估人员于20××年×月×日至20××年×月×日对评估对象涉及的资产和负债进行了必要的清查核实，对被评估单位的经营管理状况等进行了必要的尽职调查。

1. 资产核实。

(1) 指导被评估单位填表和准备应向评估机构提供的资料。

评估人员指导被评估单位的财务与资产管理人员在自行资产清查的基础上，按照评估机构提供的“资产评估明细表”及其填写要求、资料清单等，对纳入评估范围的资产进行细致准确的填报，同时收集准备资产的产权证明文件和反映性能、状态、经济技术指标等情况的文件资料等。

(2) 初步审查和完善被评估单位填报的资产评估明细表。

评估人员通过查阅有关资料，了解纳入评估范围的具体资产的详细状况，然后仔细审查各类“资产评估明细表”，检查有无填项不全、错填、资产项目不明确等情况，并根据经验及掌握的有关资料，检查“资产评估明细表”有无漏项等，同时反馈给被评估单位对“资产评估明细表”进行完善。

(3) 现场实地勘查。

根据纳入评估范围的资产类型、数量和分布状况，评估人员在被评估单位相关人员的配合下，按照资产评估准则的相关规定，对各项资产进行了现场勘查，并针对不同的资产性质及特点，采取了不同的勘查方法。

(4) 补充、修改和完善资产评估明细表。

评估人员根据现场实地勘查结果，并和被评估单位相关人员充分沟通，进一步完善“资产评估明细表”，以做到账、表、实相符。

(5) 查验产权证明文件资料。

评估人员对纳入评估范围的运输设备、电子设备及无形资产等资产的购置发票、飞机登记证、机动车行驶证、软件著作权证等产权证明文件资料进行查验，以做到评估范围内资产的产权清晰。

2. 尽职调查。

评估人员为了充分了解被评估单位的经营管理状况及其面临的风险，进行了必要的尽职调查。尽职调查的主要内容如下：

（1）被评估单位的历史沿革、主要股东及持股比例、必要的产权和经营管理结构；

（2）被评估单位的资产、财务、生产经营管理状况；

（3）被评估单位的经营计划、发展规划和财务预测信息；

（4）评估对象、被评估单位以往的评估及交易情况；

（5）影响被评估单位生产经营的宏观、区域经济因素；

（6）被评估单位所在行业的发展状况与前景；

（7）其他相关信息资料。

（四）资料收集

评估人员根据评估项目的具体情况进行了评估资料收集，包括直接从市场等渠道独立获取的资料，从委托方等相关当事方获取的资料，以及从政府部门、各类专业机构和其他相关部门获取的资料，并对收集的评估资料进行了必要分析、归纳和整理，形成评定估算的依据。

（五）评定估算

评估人员针对各类资产的具体情况，根据选用的评估方法，选取相应的公式和参数进行分析、计算和判断，形成了初步评估结论。项目负责人对各类资产评估初步结论进行汇总，撰写并形成初步资产评估报告。

（六）内部审核

我公司评估业务流程管理办法规定，项目负责人在完成初步资产评估报告后提交公司内部审核。项目负责人在内部审核完成后，与委托人或者委托人同意的其他相关当事人就资产评估报告有关内容进行沟通，根据反馈意见进行合理修改后出具并提交资产评估报告。

九、评估假设

本资产评估报告分析估算采用的假设条件如下：

（一）一般假设

1. 假设评估基准日后被评估单位持续经营。

2. 假设评估基准日后被评估单位所处国家和地区的政治、经济和社会环境无重大变化。

3. 假设评估基准日后被评估单位及各子公司所处国家宏观经济政策、产业政策和区域发展政策无重大变化。

4. 假设与被评估单位及各子公司相关的利率、汇率、赋税基准及税率、政策性征收费用等评估基准日后除已知事项外不发生重大变化。

5. 假设评估基准日后被评估单位的管理层是负责的、稳定的，且有能力担当其职务。

6. 假设被评估单位完全遵守所有相关的法律法规。

（二）特殊假设

1. 假设评估基准日后被评估单位采用的会计政策和编写本评估报告时所采用的会计

政策在重要方面保持一致。

2. 假设评估基准日后被评估单位在现有管理方式和管理水平的基础上，经营范围、产品结构、运营方式、销售策略、分成政策等不会发生较大变化。

3. 假设评估基准日后被评估单位的游戏产品保持目前的市场竞争态势。

4. 假设目前租赁的经营场所可以续租或能以市场租金租赁类似的经营场所。

5. 无论是对生命周期到期的已有游戏进行更新还是通过自研或者收购开发新的游戏项目，均假设评估对象在未来预测期内的主要游戏产品能够按照企业的计划时间推出。

6. 假设评估基准日后被评估单位的现金流入为平均流入，现金流出为平均流出，现金流在每个预测期间的中期产生。

7. 根据企业现有状况及管理层访谈，本次评估假设企业未来可持续满足税收优惠条件，企业未来采用优惠税率无障碍。

8. AIF 的主要经营子公司在向母公司分红的过程中，根据各国税收政策，会产生所得税费用。本次评估假设，除股东会特别决议，子公司的利润会用于分红，因此在预测中考虑每年分红产生的所得税费用。

本资产评估报告评估结论在上述假设条件下在评估基准日成立，当上述假设条件发生较大变化时，签名资产评估师及本评估机构将不承担由于假设条件改变而推导出不同评估结论的责任。

十、评估结论

（一）收益法评估结论

AIF 评估基准日总资产账面价值为人民币 3 018 964.25 万元；负债包括流动负债和非流动负债，总负债账面价值为人民币 4 155.26 万元；净资产账面价值为人民币 3 014 808.99 万元。合并口径下，评估基准日总资产账面价值为人民币 728 079.66 万元；负债包括流动负债和非流动负债，总负债账面价值为人民币 135 873.55 万元；净资产账面价值为人民币 592 206.11 万元。

收益法评估后的股东全部权益价值为人民币 3 365 127.64 万元（508 588.65 万美元），相对于 AIF 合并口径下的归属于母公司所有者权益，增值额为人民币 2 772 921.52 万元（419 085.56 万美元），增值率为 468.24%。

（二）市场比较法评估结论

AIF 评估基准日总资产账面价值为人民币 3 018 964.25 万元；负债包括流动负债和非流动负债，总负债账面价值为人民币 4 155.26 万元；净资产账面价值为人民币 3 014 808.99 万元。合并口径下，评估基准日总资产账面价值为人民币 728 079.66 万元；负债包括流动负债和非流动负债，总负债账面价值为人民币 135 873.55 万元；净资产账面价值为人民币 592 206.11 万元。

市场比较法评估后的股东全部权益价值为人民币 5 616 831.74 万元（848 900.00 万美元），相对于 AIF 合并口径下的归属于母公司所有者权益，增值额为人民币 5 024 625.63 万元（759 396.91 万美元），增值率为 848.46%。

（三）评估结论

收益法评估后的股东全部权益价值为 3 365 127.64 万元，市场比较法评估后的股东全部权益价值为 5 616 831.74 万元，两者相差 2 251 704.10 万元，差异率为 40.09%。

收益法评估主要是从企业未来经营活动所产生的净现金流角度反映企业价值，是从企业的未来获利能力角度考虑，并受企业未来现金流、经营状况、资产质量及风险应对能力等因素的影响。评估对象作为一个主营游戏的轻资产公司，凭借其优秀的管理、研发、策划、经营能力使公司长期占据休闲社交棋牌类网络游戏行业市场份额的榜首。企业在人力资源、运营渠道、核心游戏开发及竞争优势等方面较其他行业内游戏开发公司拥有较大优势。

收益法中预测的主要参数与基于评估假设推断出的情形一致，评估程序实施充分，对未来收益的预测有比较充分、合理的依据，对细分行业、细分市场的历史、现状及未来进行了严谨分析，预测符合市场规律。因此收益法评估结果能够很好地反映企业的预期盈利能力，体现出企业的股东权益价值。而市场比较法则需要在选择可比上市公司的基础上，对比分析被评估单位与可比上市公司的财务数据，并进行必要的调整，与收益法所采用的被评估单位自身信息相比，市场比较法采用的上市公司比较法受市场公开信息限制，对价值比率的调整和修正难以涵盖所有影响交易价格的因素。鉴于本次评估的目的，考虑到在理性投资者眼中的股权价值是基于未来给投资者的预期现金流回报来估算的，投资者更看重的是被评估企业未来的经营状况和获利能力，故选用收益法评估结果更为合理。

根据上述分析，本资产评估报告评估结论采用收益法评估结果，即 AIF 的股东全部权益价值评估结果为 3 365 127.64 万元。

本资产评估报告没有考虑由于具有控制权或者缺乏控制权可能产生的溢价或者折价对评估对象价值的影响。

十一、特别事项说明

以下为在评估过程中已发现可能影响评估结论但非评估人员执业水平和专业能力所能评定估算的有关事项：

1. 由于企业部分境外子公司的职责主要为编程、客服，实物资产主要为办公设备类资产且金额占总资产比例很低，因此本次评估受地域限制未对全部境外子公司进行现场清查，对位于以色列的公司总部进行了翔实的实物资产清查；对于其他部分境外子公司的实物资产，评估人员主要根据企业提供的照片、出具的相关情况说明及抽查的采购发票等资料对实物资产进行清查。对于收益法清查，企业的管理、研发、生产等主要集中在以色列，因此本次收益法访谈、盈利预测现场调查与分析工作主要在以色列进行。

2. 截至评估基准日，AIF 持有 Tlayka 集团 90.10%的股权。目前 Tlayka 集团并未收到平台就其美国的销售收入需代扣代缴消费税的通知。如果美国相关州及地区就 Tlayka 集团相关销售收入要求平台代扣代缴消费税并追溯调整，预计对于截止到 20×× 年 6 月 30 日的报表将增加相关负债 3 658 134 美元。该税收风险对 Tlayka 集团的影响不重大。

如就目前情况，未来美国相关州及地区就 Tlayka 集团销售收入继续要求平台代扣代缴消费税，预计对本评估报告的结论影响约为 5 113.59 万美元。但由于各项信息尚不明确，本次评估没有考虑该事项对评估结论的影响。

3. 本次收益预测是基于企业提供的历史游戏数据进行的。由于在评估报告出具日，《游戏核查报告》尚未出具，本次评估假设企业提供的历史游戏数据与《游戏核查报告》中的数据无重大差异。

4. 美国×××州×××居民向 Tlayka 集团等提起诉讼，要求被告停止运营原告认为的非法博彩游戏且进行赔偿，并申请法院批准其作为集体诉讼，Tlayka 集团已向法院提起驳回，该案目前尚处于程序性审理阶段。根据境外律师意见，该案原告赢得其诉请的可能性极低，也不太可能对 Tlayka 集团的资产和业务产生重大不利影响。本次评估未考虑该诉讼对评估带来的影响。

资产评估报告使用人应注意以上特别事项对评估结论产生的影响。

十二、资产评估报告使用限制说明

1. 本资产评估报告只能用于资产评估报告载明的评估目的和用途、只能由资产评估报告载明的资产评估报告使用人使用。本资产评估报告的全部或者部分内容被摘抄、引用或者被披露于公开媒体，需评估机构审阅相关内容，法律法规规定以及相关当事方另有约定的除外。

2. 委托人或者其他资产评估报告使用人未按照法律、行政法规规定和资产评估报告载明的使用范围使用资产评估报告的，资产评估机构及其资产评估专业人员不承担责任。

3. 除委托人、资产评估委托合同中约定的其他资产评估报告使用人和法律、行政法规规定的资产评估报告使用人之外，其他任何机构和个人不能成为资产评估报告的使用人。

4. 资产评估报告使用人应当正确理解评估结论。评估结论不等同于评估对象可实现价格，评估结论不应当被认为是对评估对象可实现价格的保证。

5. 本资产评估报告经承办该评估业务的资产评估师签名并加盖评估机构公章后方可正式使用。

6. 本资产评估报告所揭示的评估结论仅对资产评估报告中描述的经济行为有效，评估结论使用有效期为自评估基准日起一年。

十三、资产评估报告日

本资产评估报告提出日期为：20××年×月×日。

法定代表人：×××

资产评估师：×××　　　　　　　　　　　　　　资产评估师：×××

×××资产评估有限责任公司

二零××年×月×日

资产评估报告附件

附件一　与评估目的相对应的经济行为文件

附件二　被评估单位专项审计报告

附件三　委托人和被评估单位营业执照

附件四　评估对象涉及的主要权属证明资料

附件五　委托人和其他相关当事人的承诺函

附件六　签名资产评估师的承诺函

附件七　×××资产评估有限责任公司资产评估资格证书复印件

附件八　×××资产评估有限责任公司证券期货相关业务评估资格证书复印件

附件九　×××资产评估有限责任公司营业执照副本复印件

附件十　资产评估师职业资格证书登记卡复印件

第二部分

练习题

第一章

1. 术语解释

（1）资产评估　　（2）评估基准日　　（3）市场价值　　（4）投资价值

（5）在用价值　　（6）清算价值　　（7）最佳使用原则

2. 单项选择题

（1）资产评估的时点性是指以被评估资产在（　　）的实际状况，对资产价值进行评定估算。

A. 评估日期　　B. 评估工作日期

C. 评估基准日　　D. 过去、现在及未来

（2）不可辨认资产是指（　　）。

A. 没有物质形态因而无法辨认的资产

B. 因不具有综合获利能力而无法单独出售的资产

C. 不能独立于有形资产而单独存在的资产

D. 除有形资产以外的所有资产

（3）资产评估价值取决于资产的（　　）。

A. 原先购买价格　　B. 生产成本

C. 预期效用　　D. 评估基准日的利用现状

（4）在正常情况下，一栋别墅在某一时点的市场价值不会高于在此时点重新开发一栋同等效用别墅的成本（包括利润）。这体现了资产评估的（　　）。

A. 贡献原则　　B. 最佳使用原则

C. 预期收益原则　　D. 替代原则

（5）以某单项资产对整体资产的贡献为依据，所评估的是该资产的（　　）。

A. 市场价值　　B. 投资价值　　C. 残余价值　　D. 在用价值

（6）在企业兼并时，目标企业（被兼并企业）价值评估的最适用假设是（　　）。

A. 清算假设　　B. 公开市场假设

C. 特别假设　　D. 持续经营假设

（7）在银行因不能清偿债务而需要对其受押的抵押房地产进行处置时，该抵押房地产价值的评估适用于(　　)。

A. 清算假设　　B. 公开市场假设

C. 持续使用假设　　D. 非真实性假设

（8）资产评估价值与资产交易中的实际成交价格之间的关系是(　　)。

A. 前者必须高于后者

B. 前者必须低于后者

C. 前者必须等于后者

D. 前者可以高于、低于或者等于后者

（9）公开市场假设下所评估资产的价值类型是(　　)。

A. 投资价值　　B. 市场价值　　C. 在用价值　　D. 残余价值

（10）某宗土地用于住宅开发时的价值为 300 万元，用于商业大楼开发时的价值为 500 万元，用于工业厂房开发时的价值为 280 万元。城市规划确认该土地可用于住宅或工业生产。该宗土地的价值应评估为(　　)万元。

A. 500　　B. 300　　C. 280　　D. 360

（11）同一资产在两种不同评估目的下，所选择的价值类型应该(　　)。

A. 相同　　B. 不相同　　C. 接近　　D. 无法确定

（12）评估基准日的选择应尽可能接近(　　)。

A. 评估委托合同签订日期　　B. 评估工作日期

C. 评估目的实现日期　　D. 评估报告提交日期

（13）决定资产评估价值类型选择的资产评估业务基础是（　　）。

A. 评估方法　　B. 评估对象　　C. 评估基准日　　D. 评估目的

（14）某设备作为被评估企业的一项要素资产，在按现状持续使用假设前提下，其评估价值是该设备的（　　）。

A. 最佳使用价值　　B. 正常变现价值

C. 快速变现价值　　D. 对企业的贡献价值

（15）国家环保产业政策的实施导致某企业因设备老旧需要关停，对这些老旧设备的评估应选择的价值类型为(　　)。

A. 市场价值　　B. 在用价值　　C. 残余价值　　D. 投资价值

3. 多项选择题

（1）选择资产评估价值类型要考虑的因素有(　　)。

A. 评估方法　　B. 评估目的

C. 市场条件　　D. 评估对象状况

E. 评估主体专业能力

（2）从资产评估工作的业务性质来划分的资产评估有(　　)。

A. 追溯性评估　　B. 评估复核

C. 评估咨询　　D. 现实性评估

E. 预测性评估

(3) 为某企业的一宗房地产正常交易进行评估可采用的假设有(　　)。

A. 公开市场假设
B. 移地使用假设
C. 现用途持续使用假设
D. 清算假设
E. 持续经营假设

(4) 在估价对象已经处于使用状态，运用最佳使用原则的选择前提有(　　)。

A. 保持利用现状前提
B. 转换用途前提
C. 投资改造前提
D. 新利用前提
E. 上述四种情形的某种组合

(5) 影响资产评估独立性的通常是评估机构、评估专业人员或者亲属，与委托人或相关当事人之间存在(　　)。

A. 经济利益关联
B. 业务关联
C. 地域关联
D. 行业关联
E. 人员关联

(6) 确定评估基准日的目的是(　　)。

A. 确定评估对象的计价时间
B. 将动态下的资产固定在某一时点
C. 将动态下的资产固定在某一时期
D. 确定评估机构的工作日
E. 遵循科学的评估程序

第二章

1. 术语解释

(1) 复原重置成本
(2) 更新重置成本
(3) 实体性贬值
(4) 功能性贬值
(5) 经济性贬值
(6) 资产利用率
(7) 成本法
(8) 市场比较法
(9) 收益法

2. 单项选择题

(1) 被评估宾馆因市场原因，在未来3年内每年收益净损失额约为5万元，假定折现率为10%，该宾馆的经济性贬值最接近于(　　)万元。

A. 15　　B. 12.6　　C. 10　　D. 50

(2) 用价格指数法估算的资产成本是资产的(　　)。

A. 复原重置成本
B. 既可以是复原重置成本，也可以是更新重置成本
C. 更新重置成本
D. 既不是复原重置成本，也不是更新重置成本

(3) 某项资产2016年购建，账面原值为100 000元，2019年进行评估，若购建时价格指数为100%，则3年间同类资产环比价格指数分别为110%、120%、115%，该项资产的重置成本应为(　　)元。

A. 145 000　　B. 115 000　　C. 152 000　　D. 151 800

(4) 某被评估资产2010年购建，账面价值为50万元，2019年进行评估，2010年、2019年该类资产的定基价格指数分别为120%、170%，则被评估资产的重置成本为(　　)万元。

A. 50　　B. 70.8　　C. 35.3　　D. 85

(5) 某设备的年收益额为50万元，适用资本化率为20%，则该设备的收益现值为

(　　)万元。

A. 200　　B. 250　　C. 300　　D. 350

(6) 教堂、学校、专用机器设备等资产的价值评估，一般适宜选用(　　)。

A. 成本法　　B. 收益法　　C. 市场比较法　　D. 残余估价法

(7) 复原重置成本与更新重置成本的相同之处在于运用(　　)。

A. 相同的原材料　　B. 相同的建造技术标准

C. 资产的现时价格　　D. 相同的设计

(8) 当运用成本法评估一项资产时，若分别选用复原重置成本与更新重置成本，则应当考虑不同重置成本情况下，具有不同的(　　)。

A. 实体性贬值　　B. 经济性贬值

C. 功能性贬值　　D. 资产利用率

(9) 估算资产的实体性贬值时所用的总使用年限是资产的(　　)。

A. 总经济使用年限　　B. 总技术使用年限

C. 总物理寿命　　D. 以上三个都可以

(10) 某机器设备购建于2013年10月，根据其技术经济指标，规定正常使用强度下每天的运转时间为8小时，由于其生产的产品在2013—2017年期间在市场上供不应求，企业主在此期间一直超负荷使用该设备，每天实际运转时间为10小时，自2018年初恢复正常使用，现以2019年10月5日为评估基准日，则该设备的实际使用年限为(　　)年。

A. 6　　B. 7　　C. 8　　D. 7.5

(11) 待评估资产为一栋层高为4米、建筑面积为100平方米的住宅，其复原重置成本为1 600元/建筑平方米，而在评估基准日建造具有相同效用的层高为3米的住宅，更新重置成本为1 500元/建筑平方米。该住宅的实体性贬值率为20%，则其超额投资功能性贬值为(　　)元。

A. 128 000　　B. 120 000　　C. 8 000　　D. 32 000

(12) 现评估某企业某类通用设备，首先抽样选择具有代表性的通用设备6台，估算其总重置成本为25万元，从会计记录中查得这6台设备的历史总成本为30万元，该类通用设备的账面历史总成本为500万元，则该类通用设备的总重置成本为(　　)万元。

A. 357　　B. 448　　C. 400　　D. 417

(13) 预计某企业未来5年的税后资产净现金流分别为15万元、13万元、12万元、14万元、15万元，假定该企业资产可以永续经营下去，且从第6年起以后各年收益均为15万元，折现率为10%，确定该企业持续使用假设下的价值为(　　)万元。

A. 136　　B. 219　　C. 127　　D. 145

(14) 某类设备的价值和生产能力之间呈非线性关系，市场上年加工1 600件产品的该类全新设备价值为10万元，现八成新的年加工900件产品的被评估设备的价值为(　　)万元。(规模经济效益指数为0.5。)

A. 5.6　　B. 4.5　　C. 7.5　　D. 6

(15) 某评估参照物价格为10万元，成新率为0.5，被评估资产的成新率为0.75，二者在新旧程度方面的差异为(　　)万元。

A. 2.5　　B. 5　　C. 7.5　　D. 10

（16）在通常情况下，可以用市场比较法进行评估的资产是（　　）。

A. 专利权　　B. 专用设备

C. 通用设备　　D. 专有技术

（17）在应用市场比较法时，一般应该选择（　　）参照物进行比较。

A. 3个或3个以上　　B. 2个或2个以上

C. 1个或1个以上　　D. 4个或4个以上

（18）除依据资产评估执业准则只能选择一种评估方法外，评估专业人员应当恰当选择的评估方法为（　　）。

A. 两种以上　　B. 三种以上　　C. 四种以上　　D. 五种

（19）资产评估机构确定是否承接评估业务时应当分析（　　）。

A. 评估目的　　B. 评估对象　　C. 评估方法　　D. 评估业务风险

3. 多项选择题

（1）资产评估机构应当明确的资产评估业务基本事项包括（　　）。

A. 评估目的　　B. 评估基准日

C. 评估对象　　D. 价值类型

E. 评估方法

（2）重置成本的估算方法有（　　）。

A. 价格指数法　　B. 生产能力比例法

C. 规模经济效益指数法　　D. 重置核算法

E. 观察法

（3）资产评估方法的选择取决于（　　）。

A. 评估目的　　B. 评估对象的特点

C. 所能搜集到的资料　　D. 评估基准日

E. 评估专业人员的专业能力

（4）功能性贬值包括（　　）。

A. 超额投资功能性贬值

B. 超额运营功能性贬值

C. 复原重置成本的功能性贬值

D. 更新重置成本的功能性贬值

E. 修复性功能性贬值

（5）估算资产净现金流量时所用的资产经营管理成本包括资产的（　　）。

A. 维修费用　　B. 保险费用

C. 折旧费用　　D. 资金成本

E. 管理费用

（6）造成资产经济性贬值的主要原因有（　　）。

A. 该项资产技术落后

B. 该项资产生产的产品需求减少

C. 社会劳动生产率提高

D. 自然力作用加剧

E. 政府公布淘汰该类资产的时间表

（7）复原重置成本与更新重置成本的相同之处在于运用（　　）。

A. 相同的功能效用　　B. 相同的建造技术标准

C. 资产现时价格　　D. 相同的设计

E. 相同的材料

4. 问答题

（1）资产评估应按照什么样的步骤进行？

（2）功能性贬值的估算应按照什么样的步骤进行？

（3）运用收益法进行资产评估时，如何确定被评估资产的纯收益？

（4）如何确定折现率？

5. 计算题

（1）某待评估的生产设备每月可生产 10 000 件产品，生产每件产品的工资成本为 1.5 元，而目前的新式同类设备生产每件产品的工资成本仅为 1.2 元。假定待评估设备与新设备的运营成本在其他方面相同，待评估设备还可以使用 5 年，所得税税率为 25%，适用折现率为 10%。根据上述调查资料，求待评估设备相对于同类新设备的功能性贬值。

（2）某数控设备购建于 2015 年 12 月 30 日，账面原值为 150 万元，经调查分析得到以下有关资料：1）2015—2019 年该类设备的定基价格指数分别为 105%、110%、108%、115%、110%；2）该设备的数控系统损坏，估计修复费用为 15 万元；3）该设备的经济使用寿命为 15 年。现评估该设备 2019 年 12 月 30 日的市场价值。

第三章

1. 单项选择题

（1）机器设备按其工程技术特点分类，不包括（　　）。

A. 专用设备　　B. 通用设备

C. 生产性设备　　D. 非标准设备

（2）机器设备重置成本中的直接费用包括（　　）。

A. 各种管理费用　　B. 安装调试费用

C. 人员培训费用　　D. 总体设计费用

（3）计算重置成本时，不应计入的费用是（　　）。

A. 购建费用　　B. 维修费用

C. 安装费用　　D. 总调试费用

（4）估测一台在用续用的设备的重置成本，首选方法是（　　）。

A. 价格指数法

B. 利用询价法询价再考虑其他费用

C. 重置核算法

D. 生产能力比例法

（5）价格指数法只能用于确定设备的（　　）。

A. 复原重置成本　　B. 更新重置成本

C. 实体性贬值　　D. 功能性贬值

（6）采用价格指数法评估进口设备所适用的价格指数是（　　）。

A. 设备进口国零售商品价格指数

B. 设备出口国生产资料价格指数

C. 设备出口国综合价格指数

D. 设备出口国零售商品价格指数

（7）机器设备的经济寿命是指（　　）。

A. 机器设备从使用到报废为止的时间

B. 机器设备从使用到运营成本过高而被淘汰的时间

C. 从评估基准日到设备继续使用在经济上不合算的时间

D. 机器设备从使用到出现新的技术性能更好的设备而被淘汰的时间

（8）鉴定机器设备的实际已使用年限，不需考虑的因素是（　　）。

A. 技术进步因素　　B. 设备使用的日历天数

C. 设备使用强度　　D. 设备的维修保养水平

（9）运用修复费用法估测成新率适用于（　　）。

A. 所有机器设备

B. 具有特殊结构及可补偿性有形损耗的设备

C. 具有特殊结构及在技术上可修复的有形损耗的设备

D. 具有特殊结构及不可补偿有形损耗的设备

（10）设备的技术寿命与（　　）有关。

A. 使用强度　　B. 使用时间

C. 技术更新速度　　D. 维修保养水平

（11）运用价格指数法评估机器设备的重置成本仅仅考虑了（　　）。

A. 技术因素　　B. 功能因素　　C. 地域因素　　D. 时间因素

（12）被评估设备购建于2012年，账面价值为30 000元，2017年、2020年进行了两次技术改造，主要是添置了一些自动控制装置，当年投资分别为3 000元和2 000元，2022年对该设备进行评估，假设2012—2022年价格上升率为10%，该设备尚可使用年限为8年。评估时设备的加权投资年限为（　　）年。

A. 10.5　　B. 9.5　　C. 8　　D. 8.5

（13）对被评估的机器设备进行模拟重置，按现行技术条件下的设计、工艺、材料、标准、价格和费用水平进行核算，这样求得的成本称为（　　）。

A. 更新重置成本　　B. 复原重置成本

C. 完全重置成本　　D. 实际重置成本

（14）某台被评估资产2010年购建，其账面原值为10万元，当时该设备定基价格指数为120%，2022年对该设备进行评估，当年定基价格指数为180%，则该设备的重置全价为（　　）万元。

A. 10　　B. 18　　C. 12　　D. 15

（15）某设备的原始价值为5万元，修理后才能正常使用，并且修理后所带来的收益足以弥补修理费用。若修理费用为1万元，重置成本为4万元，则其成新率不会超过（　　）。

A. 25%　　B. 80%　　C. 75%　　D. 20%

2. 多项选择题

（1）在设备评估中，重置核算法主要适用于（　　）设备重置成本的估算。

A. 通用　　B. 进口　　C. 非标准　　D. 自制

E. 了解市场行情

（2）设备评估的现场工作包括（　　）。

A. 指导委托方填报评估表格
B. 分析委托方的各种评估表格
C. 对设备进行技术鉴定
D. 查明设备实物，落实评估对象
E. 确定设备的成新率

(3) 机器设备的重置成本应包括(　　)。
A. 机器设备的日常维修费用　　B. 机器设备的购置费用
C. 设备操作人员的培训费用　　D. 设备的大修费用
E. 设备的技术改造费用

(4) 构成机器设备重置成本的间接费用主要是(　　)。
A. 购建设备所发生的管理费用
B. 购建设备所发生的运输费用
C. 购建设备所占用的资金成本
D. 购建设备所发生的总体设计费用
E. 购建设备所发生的安装费用

(5) 影响机器设备物理寿命的因素有(　　)。
A. 机器设备的使用强度　　B. 机器设备的维修保养水平
C. 同类设备的使用强度　　D. 机器设备的经济用途
E. 设备的自身质量

(6) 进口设备的重置成本包括(　　)。
A. 设备购置价格　　B. 设备运杂费用
C. 设备进口关税　　D. 银行手续费用
E. 设备安装调试费用

(7) 运用使用年限法估测设备的成新率涉及的基本参数为(　　)。
A. 设备的总经济使用年限　　B. 设备的技术水平
C. 设备的实际已使用时间　　D. 设备的负荷程度
E. 设备的剩余经济使用年限

(8) 机器设备的经济寿命受下列因素影响：(　　)。
A. 物理性能　　B. 技术进步速度
C. 设备生产产品的市场状况　　D. 设备使用人员的技术水平
E. 设备配套情况

(9) 设备成新率的估测通常采用(　　)进行。
A. 使用年限法　　B. 修复费用法
C. 观察法　　D. 生产能力比例法
E. 统计分析法

(10) 安装周期很短的一般设备，其重置成本包括(　　)。
A. 设备购置费　　B. 运输费用
C. 利息费用　　D. 安装费用

(11) 设备的功能性贬值通常表现为(　　)。

A. 超额重置成本　　B. 超额投资成本
C. 超额运营成本　　D. 超额更新成本

(12) 机器设备寿命按其性质可分为(　　)。

A. 法定寿命　　B. 市场寿命　　C. 物理寿命　　D. 经济寿命
E. 技术寿命

3. 计算题

(1) 某被评估的生产控制装置购建于2012年，原始价值为100万元，2017年和2020年分别投资5万元和2万元进行了两次更新改造，2022年对该资产进行评估。调查表明，该类设备及相关零部件的定基价格指数在2012年、2017年、2020年、2022年分别为110%、125%、130%、150%。该设备尚可使用年限为6年。另外，该生产控制装置正常运行需要5名技术操作员，而目前的新式同类控制装置仅需要4名技术操作员。假定待评估装置与新装置的运营成本在其他方面相同，技术操作员的人均年工资福利费为12 000元，所得税税率为25%，适用折现率为10%。根据上述调查资料，求待评估资产的价值。

(2) 某被评估设备购建于2018年6月，账面原值为100万元，2021年6月对该设备进行了技术改造，以使用某种专利技术，改造费用为10万元，2022年6月对该设备进行评估，评估基准日为2022年6月30日。现得到以下数据：1) 2018—2022年该类设备的定基价格指数分别为105%、110%、110%、115%、120%；2) 被评估设备的月人工成本比同类设备节约1 000元；3) 被评估设备所在企业的正常投资报酬率为10%，规模经济效益指数为0.7，该企业为正常纳税企业（所得税税率为25%）；4) 经了解得知该设备截止到评估基准日之前，其实际利用率为正常利用率的60%；5) 评估人员鉴定分析后认为，被评估设备尚可使用6年，预计评估基准日后其利用率可以达到设计标准的80%。根据上述条件估算该设备的有关技术经济参数和评估价值。

(3) 评估对象为某机器设备生产企业的一条国产Ⅰ型机组，该机组于2017年5月20日购置并投入使用，其设计生产能力为年产A产品10万件，账面原值为150万元，现评估人员需要评估该机组在2022年5月20日的价值。评估人员经过调查得到以下有关经济技术的数据资料：1) 从2017年5月至2022年5月，该类设备的环比价格指数2018年为102%，2019年为101%，2020年为99%，2021年为100%，2022年为102%；2) Ⅱ型机组在2022年的出厂价格为100万元，运杂费、安装调试费大约占购置价格的25%；3) 被评估机组从使用到评估基准日，由于市场竞争，利用率仅仅为设计能力的60%，估计评估基准日后其利用率会达到设计要求；4) 该机组经过检测被认为尚可以使用7年；5) 与具有相同生产能力的Ⅱ型机组相比，该机组的年运营成本超支额在4万元左右；6) 该企业适用的所得税税率为25%；7) 折现率为10%。试评估确定该机组的市场价值。

第四章

1. 术语解释

（1）地产　（2）房地产　（3）不动产

（4）基准地价　（5）标定地价　（6）楼面地价

2. 单项选择题

（1）最佳使用是(　　)必须考虑的评估前提。

A. 地产　B. 房屋建筑物

C. 企业资产　D. 资产

（2）基准地价系数修正法所要修正的因素是(　　)。

A. 地理位置和交通条件

B. 实体因素和市场转让条件

C. 容积率和覆盖率

D. 特别利害关系和特殊动机

（3）假设开发法属于一种(　　)。

A. 加和法　B. 积算法

C. 类比法　D. 倒算法

（4）某宗地年金收益额为 8 500 元，剩余使用年限为 20 年，假定折现率为 10%，其评估价值最有可能为(　　) 元。

A. 85 000　B. 12 631　C. 72 369　D. 12 369

（5）计算建筑期利息的工期应按(　　)计算。

A. 合同工期　B. 额定工期　C. 协商工期　D. 实际工期

（6）待评估建筑物账面原值为 100 万元，于 2015 年底竣工，假定 2015 年的价格指数为 100%，从 2016 年到 2020 年的价格指数每年增长幅度分别是 11.7%、17%、30.5%、6.9%、4.8%，则 2020 年底该建筑物的重置成本最有可能是 (　　) 元。

A. 1 048 000　B. 1 910 000　C. 1 480 000　D. 19 100 000

(7) 待评估建筑物为砖混结构单层住宅，宅基地为300平方米，建筑面积为200平方米，月租金为3 000元，土地资本化率为7%，建筑物资本化率为8%，评估时，建筑物的剩余使用年限为25年，取得租金收入的年总成本为7 600元，评估人员另用市场比较法求得土地使用权价格为每平方米1 000元，运用建筑物残余估价法所得到的建筑物的价值最有可能是(　　)元。

A. 61 667　　B. 92 500　　C. 78 994　　D. 58 041

(8) 残余估价法属于(　　)中的一种具体方法。

A. 收益法　　B. 成本法　　C. 市场比较法　　D. 生产能力比例法

(9) 有一宗地面积为500平方米，地上建有一栋3层的楼房，建筑密度为0.7，容积率为2，土地单价为3 000元/平方米，则楼面地价为(　　)元/平方米。

A. 1 000　　B. 1 500　　C. 2 100　　D. 2 800

(10) 若反映宗地地价水平，则(　　)指标更具说服力。

A. $\frac{\text{建筑总价格}}{\text{土地总面积}}$　　B. $\frac{\text{土地总价格}}{\text{土地总面积}}$

C. $\frac{\text{房地总价格}}{\text{土地总面积}}$　　D. $\frac{\text{土地总价格}}{\text{建筑总面积}}$

(11) 某地产未来第一年纯收益为30万元，假设该地产的使用年限为无限年期，预计未来每年土地纯收益将在上一年的基础上增加1万元，资本化率为7%，则该地产的评估价值最接近于(　　)万元。

A. 205　　B. 429　　C. 633　　D. 690

(12) 待评估地产年总收入为18万元，年总费用为10万元，剩余使用年限为10年，折现率为10%，则其评估价值最接近于(　　)万元。

A. 110　　B. 61　　C. 80　　D. 49

(13) 待评估建筑物为一栋砖混结构两层楼房，宅基地面积为300平方米，房屋每层月租金为2 500元，各种费用占租金收入的40%，土地资本化率为8%，建筑物资本化率为10%，评估人员另用市场比较法求得土地使用权价格为每平方米1 000元，建筑物的年纯收益为(　　)元。

A. 1 000　　B. 12 000　　C. 4 000　　D. 2 000

(14) 某评估机构采用市场比较法对一处房地产进行评估，评估中共选择了三个参照物，并分别得到127万元、142万元、151万元三个评估结果，它们的权重依次为25%、40%、35%，则被评估房地产的价值最接近(　　)万元。

A. 140　　B. 157　　C. 141　　D. 148

(15) 如果房地产的售价为5 000万元，其中建筑物价格为3 000万元，地价为2 000万元，该房地产的年客观净收益为450万元，建筑物的资本化率为10%，那么土地的资本化率最接近于(　　)。

A. 9%　　B. 12.5%　　C. 7.5%　　D. 5%

(16) 被评估建筑物历史建造成本为80万元，2017年建成，要求评估该建筑物2020年的重置成本。调查得知，被评估建筑物所在地区的建筑行业价格环比指数分别为103%、103%、102%，该建筑物的重置成本最接近于(　　)万元。

A. 86　　B. 87　　C. 90　　D. 85

(17) 已知某房地产月租金收入为 20 万元，月费用总额为 5 万元，建筑物价格为 1 000万元，建筑物的资本化率为 10%，该房地产的土地年纯收益最接近于(　　)万元。

A. 50　　B. 60　　C. 80　　D. 100

(18) 假定被评估房地产可以永续利用，预计前 3 年的纯租金收入分别为 3 万元、2 万元、1 万元，从第 4 年开始年纯收益保持在 3 万元的水平上，折现率为 10%，该房地产的评估值最接近于(　　)万元。

A. 28　　B. 32　　C. 25　　D. 30

(19) 被评估土地的剩余使用权年限为 30 年，参照物剩余使用权年限为 25 年，假定折现率为 8%，被评估土地的年限修正系数最接近于(　　)。

A. 0.965 9　　B. 0.948　　C. 1.152　　D. 1.054

(20) 运用最佳使用原则评估地产的前提条件是(　　)。

A. 土地非再生　　B. 土地位置固定

C. 土地用途广泛　　D. 土地利用永续

(21) 某宗地取得费用为每平方米 100 元，开发费用为每平方米 300 元，当地银行一年期贷款利率为 9%，二年期贷款利率为 10%，三年期贷款利率为 11%，开发周期为 3 年，第一年投资占总投资的 1/2，第二、第三年投资各占总投资的 1/4，该土地每平方米应负担利息为(　　)元。

A. 51.75　　B. 30.75　　C. 89　　D. 71.25

(22) 某砖混结构单层住宅宅基地为 200 平方米，建筑面积为 120 平方米，月租金为 3 000 元，土地资本化率为 8%，取得租金收入的年总成本为 8 000 元，评估人员另用市场比较法求得土地使用权价格为 1 200 元/平方米，建筑物的年纯收益为(　　)元。

A. 8 600　　B. 8 800　　C. 9 000　　D. 12 000

(23) 某宗 2 000 平方米空地的预计最佳利用方式为开发一栋建筑面积为 4 000 平方米的商业建筑。预期该商业房地产建成后的售价为 3 000 元/平方米，估计该建筑物的建筑费用为 1 400 元/平方米，专业费用为建筑费用的 6%，利息和利润为地价、建筑费用及专业费用之和的 15%，销售费用及有关税费为售价的 10%，该土地的价值接近于(　　) 元/平方米。

A. 1 728　　B. 1 900　　C. 1 500　　D. 1 000

(24) 在用收益法评估土地使用权价格时，总费用不包括(　　)。

A. 房地产税金　　B. 管理费

C. 利息　　D. 保险费

(25) 某宗土地用于住宅开发时的价值为 300 万元，用于商业大楼开发时的价值为 500 万元，用于工业厂房开发时的价值为 280 万元。城市规划确认该土地可用于住宅或工业。该宗土地的价值应被评估为 300 万元。这体现了房地产评估的(　　)。

A. 供求原则　　B. 替代原则

C. 最佳使用原则　　D. 贡献原则

(26) 某待评估住宅与参照交易住宅相比而言，室内格局更加合理，由此引起待评估住宅的价格比参照交易住宅的价格高 15%，室内格局因素修正系数为(　　)。

A. 100/115　　B. 85/100　　C. 115/100　　D. 100/85

(27) 某建筑物建成于 2009 年 1 月，为砖混结构一等，经济耐用年限为 50 年，残值率为 2%。该建筑物 2020 年 1 月的重置成本为 500 万元，2020 年 1 月的评估值接近(　　) 万元。

A. 400　　B. 392　　C. 402　　D. 390

(28) 某宗土地的土地取得成本为 500 万元，土地开发费为1 000万元，土地开发期为 1 年，银行一年期贷款利率为 8%。该土地投资利息为(　　) 万元。

A. 120　　B. 80　　C. 60　　D. 100

(29) 某宗土地为 1 000 平方米，国家规定的容积率为 5，建筑密度为 0.6，下列建设方案中最可行的为(　　)。

A. 建筑物地面一层建筑面积为 800 平方米，总建筑面积为 4 600 平方米

B. 建筑物地面一层建筑面积为 700 平方米，总建筑面积为 7 000 平方米

C. 建筑物地面一层建筑面积为 600 平方米，总建筑面积为 4 800 平方米

D. 建筑物地面一层建筑面积为 400 平方米，总建筑面积为 4 200 平方米

(30) 某地产未来第一年的纯收益为 18 万元，预计以后各年的纯收益按 1%的比率递减，该地产的剩余使用权年限为 10 年，折现率为 8%。该地产的评估值最接近于(　　) 万元。

A. 77　　B. 146　　C. 116　　D. 193

3. 多项选择题

(1) 影响地价的一般因素有(　　)。

A. 行政因素　　B. 区域因素　　C. 社会因素　　D. 经济因素

E. 人口因素

(2) 影响地价的社会因素主要包括(　　)等方面。

A. 政治安定状况　　B. 社会治安程度

C. 税收政策　　D. 房地产投机

E. 交通管制

(3) 影响商业用地土地价格的区位因素有(　　)。

A. 商业繁华程度　　B. 环境优劣度

C. 规划限制　　D. 公有设施完善度

E. 交通便捷度

(4) 影响地价的个别因素主要有(　　)。

A. 位置因素　　B. 地形地质因素

C. 面积因素　　D. 地块形状因素

E. 土地利用因素

(5) 市场比较法中进行区位因素修正需考虑的因素有(　　)。

A. 繁华程度　　B. 交通状况

C. 基础设施状况　　D. 环境质量

E. 土地使用年限

(6) 评估建筑物需考虑的因素包括(　　)。

A. 产权　　B. 用途　　C. 建筑结构　　D. 建成时间

E. 装修质量和水平

（7）建筑物应在（　　）方面符合政府规定。

A. 建筑结构　　B. 建筑用途　　C. 容积率　　D. 覆盖率

E. 外形设计

（8）我国房地产评估的标的物一般包括（　　）。

A. 土地使用权　　B. 土地所有权

C. 建筑物及其权益　　D. 建筑物中的水暖设施

E. 建筑物中的办公设备

（9）假设开发法中的投资利润是以（　　）为计算基础的。

A. 专业费用　　B. 投资利息　　C. 卖楼价　　D. 地价

E. 建筑费用

（10）运用市场比较法评估地产，在选择参照物时应注意在（　　）方面与评估对象保持一致。

A. 交易类型　　B. 用地性质　　C. 交易价格　　D. 供需圈

E. 交易时间

（11）房地产评估遵循的原则有（　　）。

A. 最佳使用原则　　B. 合法原则

C. 替代原则　　D. 供求原则

E. 贡献原则

4. 计算题

（1）投资者面对甲、乙两宗土地。甲地容积率为 5，单价为 1 000 元/平方米，乙地容积率为 3，单价为 800 元/平方米，两宗土地其他条件相同，问投资者选择哪一宗土地进行投资更为经济？

（2）某房屋建筑面积为 1 200 平方米，同类型标准房屋新建单价为 970 元/平方米，但该房屋装修好，调整增加 1%；设备配置齐全，增加 2%；地段、层次、朝向增加 1.5%，其他情况与标准房屋相同。经现场评定，该房屋为七成新。根据上述情况，评估房屋价格。

（3）某商业用房地产，按照国家规定其土地使用权最高使用年限为 40 年，现该房屋拟出租，出租期为 10 年，按租赁双方合同规定，前 5 年租金以第一年租金 8 万元为基础，每年比上年递增 2%，后 5 年按每年 15 万元固定不变。假定资本化率为 10%，该房地产 10 年租期内的收益现值为多少？

（4）有一宗待估地，现搜集到 4 个可比交易实例，具体情况见下表。

宗地	成交价格（元/平方米）	交易时间	交易情况（%）	容积率	剩余使用年限（年）	区位因素（%）	实体因素（%）
待估地		2020/01	0	1.2	45	0	0
1	800	2018/01	2	1.3	50	1	0
2	850	2019/01	1	1.4	50	0	1
3	760	2018/01	0	1.1	40	0	−2
4	780	2018/01	0	1.0	45	−1	1

表中的交易情况、区位因素及实体因素的值都是参照物宗地与待估地的比较，负号表示参照物宗地条件比待估地条件差，正号表示参照物宗地条件比待估地条件好，数值大小代表对宗地地价的修正幅度。容积率与地价的关系为：当容积率在 1～1.5 之间时，容积率每增加 0.1，宗地单位地价比容积率为 1 时增加 3%。该城市地价指数见下表。假设折现率为 10%。

年份	2015	2016	2017	2018	2019	2020
指数	100	105	108	110	111	115

试根据以上条件评估待估地 2020 年 1 月 20 日的价格。

（5）房地产的总使用面积为 1 万平方米，月租金为 7 元/平方米。预计年房租损失费为年预期租金总收入的 5%，房产税为年预期租金总收入的 12%，管理费、修缮费为年预期租金总收入的 6%，房屋财产保险费为 0.3 万元/年。预计该房地产尚可以使用 10 年。折现率为 12%。计算该房地产的评估值。

（6）某房地产 2019 年 10 月的年净收益为 300 万元，预测未来 3 年的年净收益仍然保持这一水平，2022 年 10 月转售时的价格预计比 2019 年 10 月上涨 10%，转售时卖方应缴纳的税费为售价的 6%。若该类房地产的投资收益率为 9%，试测算该房地产 2019 年 10 月的价格。

（7）某建筑物为钢筋混凝土结构，经济寿命为 50 年，实际已经使用 8 年。经过调查测算，现在重新建造全新状态的该类建筑物的建造成本为 800 万元（建设期为 2 年，假定第一年投入建造成本的 60%，第二年投入建造成本的 40%），管理费用为建造成本的 3%，年利率为 6%，销售税费为 50 万元，开发利润为 120 万元。该建筑物的墙、地面等的损坏的修复费用为 18 万元；装修的重置成本为 200 万元，平均寿命为 5 年，已经使用 2 年；设备部分的重置成本为 110 万元，平均寿命为 10 年，已经使用 8 年。假设残值率为零，试计算该建筑物的折旧（贬值）总额。

（8）某房地产的土地面积为 1 000 平方米，建筑面积为 2 000 平方米。土地于 2014 年 10 月 1 日通过有偿出让方式以 1 000 元/平方米的价格取得，使用权年限为 50 年。建筑物为钢筋混凝土结构，于 2015 年 10 月 1 日建成使用，建筑造价为 800 元/建筑平方米。2019 年 10 月 1 日与该房地产地段及用途相似、使用权年限为 50 年的土地的价格为 1 100 元/平方米，该类房屋的重置成本为 900 元/建筑平方米。假定该类建筑物的残值为零，土地资本化率为 6%，试估算该房地产 2019 年 10 月 1 日的总价格。

（9）某在建工程开工于 2019 年 3 月 1 日，用地面积为 2 000 平方米，建筑容积率为 5.1，用途为公寓。土地使用权年限为从 2019 年 3 月 1 日起 50 年。土地取得费为楼面地价 1 000 元/平方米，该公寓正常建设期为 2 年，建造费用为2 500元/建筑平方米，到 2019 年 9 月 1 日已经投入预计建设费用的 45%。估计该公寓开发项目可以按期完成，建成后出租的租金预计为 80 元/建筑平方米·月，可出租面积为总建筑面积的 65%，正常出租率为 80%，出租经营费用为收入的 30%。购买该在建工程应缴纳税费为购买价格的 4%。试估算该在建工程 2019 年 9 月 1 日的价格（折现率为 14%）。

（10）某商场的土地使用年限为从 2016 年 5 月 31 日起 40 年，商场共有两层，每层建筑面积为 2 000 平方米，可出租面积占建筑面积的 60%。一层已经于 2018 年 5 月 31 日出租，租期为 5 年，月租金为 180 元/平方米。二层暂时空置。附近类似商场一、二层可出租面积的正常月租金分别为 200 元/平方米、120 元/平方米，出租费用为租金的 20%。折现率为 10%。试估算该房地产 2020 年 5 月 31 日出售时的总价格。

（11）某在建工程于 2019 年 3 月 1 日开工，用地面积为 2 000 平方米，建筑容积率为 5，用途为公寓。土地使用权年限为从 2019 年 3 月 1 日起 50 年。土地取得费为楼面地价 1 000 元/平方米，该公寓正常建设期为 2 年，建造费用为2 500元/建筑平方米，到 2019 年 9 月 1 日已经投入预计建设费用的 45%。评估基准日相近地区类似 70 年土地使用权的土地上刚刚建成公寓（建设开发周期为 2 年）的出售价格为 3 500 元/建筑平方米，公寓类房地产价格近年来每年上涨 2%，预计将继续保持该增长率。购买该在建工程的契税税率为购买价格的 4%，市场利率为 10%，利润为楼价的 8%。试估算该在建工程 2019 年 9 月 1 日的价值。若按评估价值进行交易，在建工程的原产权人大约盈余或亏损多少（不计利息）？

第五章

1. 术语解释

（1）无形资产　　　　（2）商誉

2. 单项选择题

（1）某企业的预期年收益额为320万元，该企业的各单项资产评估价值之和为1 200万元，其中专利权价值为400万元，该企业所属行业的平均收益率为10%，适用本金化率为10%，其商誉的评估值为（　　）万元。

A. 800　　B. 400　　C. 2 000　　D. 2 400

（2）某甲（承租人）2019年1月和某乙（房主）签订了一份房屋租赁合同，原租金为200元/月，每半年的第1个月初支付一次，租期为5年，某甲于2020年1月（尚未支付房租）转让该房屋的租赁权，经调查同类房屋2020年1月的市场租金为250元/月，折现率为10%。该租赁权的转让费接近（　　）元。

A. 1 900　　B. 2 000　　C. 2 400　　D. 12 000

（3）下列公式能够成立的是（　　）。

A. 销售收入分成率＝销售利润分成率/销售利润率

B. 销售利润分成率＝销售收入分成率/销售利润率

C. 销售利润分成率＝销售收入分成率×销售利润率

D. 销售收入分成率＝1－销售利润分成率

（4）某企业的预期年收益额为16万元，该企业各单项资产之和为60万元，企业所在行业的平均收益率为20%，以此为适用本金化率计算出的商誉价值为（　　）万元。

A. 10　　B. 20　　C. 30　　D. 40

（5）某企业5年前获得一项专利，法定寿命为10年，现对其进行价值评估。经过专家估算，截止到评估基准日，其重置成本为120万元，尚可使用3年，则该项专利的评估价值为（　　）万元。

A. 45　　B. 50　　C. 60　　D. 72

（6）用成本法评估某项专利技术，已知在开发该专利的过程中耗费材料费用 20 万元，工资费用 30 万元，管理费用 5 万元，专用设备费 10 万元，营销费用 5 万元，咨询鉴定费 5 万元，其直接成本为（　　）万元。

A. 75　　B. 50　　C. 65　　D. 20

（7）下列阐述中正确的是（　　）。

A. 商誉是能够离开企业而单独存在的

B. 商标可以转让其使用权，但不能够转让其所有权

C. 商标既可以转让其所有权，也可以转让其使用权

D. 商誉是产品的标志

（8）对无形资产进行转让、投资评估的前提条件是无形资产（　　）。

A. 可以确指　　B. 附着于有形资产

C. 技术成熟度高　　D. 可带来超额利润

（9）预期某企业未来 5 年的净收益分别为 13 万元、14 万元、11 万元、12 万元、15 万元，从第 6 年起的净收益保持在 15 万元左右。采用对各单项资产价值进行评估加总的方式确定企业价值为 90 万元。折现率为 10%。该企业的商誉价值为（　　）万元。

A. 100　　B. 142　　C. 52　　D. 130

（10）某企业一项专利技术的法律保护期为自 2008 年 1 月起 20 年，2014 年 1 月预计其可带来超额利润的年限尚有 10 年。该企业拟将该技术转让给另一个企业使用 5 年，并从其年预期销售收入 8 000 万元中分成 15%作为转让收益。所得税税率为 25%。折现率为 10%。该技术的转让价值为（　　）万元。

A. 3 412　　B. 4 940　　C. 5 923　　D. 6 845

（11）对于同一专利权来讲，其价值最高许可使用形式为（　　）。

A. 普通使用许可　　B. 排他使用许可

C. 交互使用许可　　D. 独占使用许可

3. 多项选择题

（1）专利权的许可使用形式有（　　）。

A. 普通使用许可　　B. 排他使用许可

C. 交互使用许可　　D. 独占使用许可

E. 次级使用许可

（2）专利权的转让形式有（　　）。

A. 普通使用许可　　B. 排他使用许可

C. 特别使用许可　　D. 独占使用许可

E. 全权转让

（3）无形资产转让价格的支付方式有（　　）。

A. 总付　　B. 提成支付

C. 分期支付　　D. 混合支付

E. 交互支付

4. 问答题

（1）影响无形资产价值的因素有哪些？

（2）自创型无形资产的重置成本由哪些要素构成？

5. 计算题

（1）甲企业将一项专利使用权转让给乙企业，拟采用利润分成支付的方法。该专利技术是3年前自行研制的，账面成本为80万元，3年间物价累计上升了25%，该专利保护期为10年，剩余保护期为6年，专业人员测算认为该专利技术的成本利润率为400%，乙企业资产的重置成本为4 000万元，成本利润率为13%。专业人员通过对该专利技术的同类技术发展趋势进行分析，认为该专利的剩余经济使用年限为4年。通过对市场供求状况及生产状况进行分析得知，乙企业的年实际生产能力为20万件，成本费用为每件400元，未来4年期间的产量与成本费用变动不大，使用该专利技术后产品的性能提高，预计每件产品的售价在未来第1、2年为500元，第3、4年为450元。折现率为10%，所得税税率为25%。试确定该专利的评估价值。

（2）某企业为了整体资产转让需要进行评估。经过预测，该企业未来5年净利润分别为100万元、110万元、120万元、150万元、160万元，预计从第6年起每年收益处于稳定状态，即每年平均为160万元。该企业一直没有负债，其有形资产只有货币资金和固定资产，且其评估价值分别为100万元和500万元。该企业有一项尚可使用5年的非专利技术，该技术产品每件可获得超额利润10元，目前该企业每年生产产品8万件，经过综合生产能力和市场分析预测，在未来5年每年可生产10万件，折现率为6%。试评估该企业的商誉价值。

（3）甲企业将其注册商标通过许可使用合同许可给乙企业使用，使用时间为5年。双方约定乙企业将使用商标新增加利润的25%支付给甲企业。根据估测，乙企业使用该商标后，每件产品可新增加税前利润10元，预计5年内的生产销售量分别为40万件、45万件、55万件、60万件、65万件。假定折现率为14%，所得税税率为25%。试估算该商标的许可使用权价值。

（4）甲企业将一项专利使用权转让给乙企业使用5年，拟采用利润分成的方式收取转让费。该专利的开发研制成本为100万元，专利成本利润率为500%，乙企业的资产重置成本为3 000万元，成本利润率为15%。乙企业的实际年生产能力为20万件，每件生产成本为50元，预计未来5年的市场出售价格分别为90元、90元、85元、75元、75元。折现率为10%，所得税税率为25%。试确定该专利的使用权转让费。

第六章

1. 术语解释

（1）金融资产

（2）股票的内在价格

（3）股票的清算价格

（4）股票的市场价格

2. 单项选择题

（1）被评估债券为4年一次性还本付息债券，票面价值为100 000元，年利率为18%，不计复利，评估时债券的购入时间已经满2年，当年的国库券利率为10%，该企业的风险报酬率为2%，被评估债券的价值为（　　）元。

A. 137 117　　B. 172 000　　C. 118 000　　D. 153 380

（2）被评估企业拥有甲企业发行的5年期债券100张，每张面值1万元，债券利率每年为9%，按复利计息，到期一次还本付息。评估基准日至债券到期还有两年，若适用的折现率为15%，则被评估企业拥有甲企业债券的评估值最接近于（　　）万元。

A. 109　　B. 116　　C. 122　　D. 154

（3）某被评估企业拥有A公司面值共90万元的非上市普通股票，从持股期间来看，每年股利分派相当于票面价值的10%，评估人员通过调查，了解到A公司每年将把税后利润的80%用于股利分配，另20%用于公司扩大再生产，公司有很强的发展后劲，公司股本利润率保持在15%的水平上，折现率设定为12%，如运用红利增长模型评估被评估企业拥有的A公司股票，其评估值最有可能是（　　）万元。

A. 90　　B. 103　　C. 100　　D. 60

（4）上市公司股票的清算价格是（　　）。

A. 资产总额与总股数的比值

B. 资产总额与流通股数的比值

C. 净资产与上市流通总股数的比值

D. 净资产与总股数的比值

（5）对上市有价证券进行评估时，一般可按评估基准日的相关有价证券的（　　）计算评估值。

A. 最高价　　B. 最低价　　C. 中间价　　D. 收盘价

3. 多项选择题

(1) 债券具有的特点有(　　)。

A. 流动性　　B. 安全性　　C. 盈利性　　D. 投资风险较小

(2) 股票评估与股票的(　　)有关。

A. 内在价值　　B. 账面价值　　C. 市场价值　　D. 清算价格

E. 票面价格

(3) 非上市债券的评估类型可以分为(　　)。

A. 固定红利模型　　B. 红利增长模型

C. 定期支付利息到期还本型　　D. 分段式模型

E. 到期一次还本付息型

(4) 金融资产评估是对被投资方进行的(　　)。

A. 投资品评估　　B. 偿债能力评估

C. 获利能力评估　　D. 变现能力评估

E. 全部资产评估

4. 问答题

(1) 股票的投资特点是什么?

(2) 债券的投资特点是什么?

(3) 简述金融资产的评估特点。

(4) 普通股评估常见的四种模型是什么?

5. 计算题

(1) 甲企业持有乙企业发行的优先股200股，每股面值为500元，股利率为12%。当前的国库券市场利率为8%，乙企业的风险报酬率为2%。甲企业打算3年后将这些优先股出售，预计出售时市场利率将上升2个百分点。试评估该批优先股的价值。

(2) 评估机构于2020年1月对某公司进行评估，该公司拥有甲企业发行的非上市普通股100万股，每股面值为1元。经调查，由于甲企业产品老化，在评估基准日以前的几年内，该股票的收益率每年都在前一年的基础上下降2%，2019年度的收益率为10%，如果甲企业没有新产品投放市场，预计该股票的收益率仍将保持每年在前一年的基础上下降2%。已知甲企业正在开发研制一个新产品，预计2年后新产品即可投放市场，从投产当年起可使收益率提高并保持在15%左右，而且从投产后第3年起，甲企业将以净利润的75%发放股利，其余的25%用作企业的追加投资，净资产利润率将保持在20%的水平。若折现率为15%，求被评估公司所持甲企业股票2020年1月1日的评估值。

(3) 甲评估机构于2020年1月对A公司进行评估，A公司拥有B公司发行的非上市普通股200万股，每股面值为1元。经评估人员预测，评估基准日后该股票第1年每股收益率为5%，第2年每股收益率为8%，第3年每股收益率为10%，从第4年起，因生产、销售步入正轨，专利产品进入成熟期，因此每股收益率可达12%，而且从第6年起，B公司每年年终将把税后利润的80%用于股利分配，另20%用于公司扩大再生产，B公司净资产收益率将保持在 15%的水平上。如果无风险报酬率为 4%，风险报酬率为 6%，评估基准日为 2020 年 1 月 1 日，求 A 公司所拥有的 B 公司股票的评估值。（要求：最终结果以万元为单位，小数点后保留两位。）

第七章

1. 术语解释

（1）流动资产

（2）实物类流动资产

（3）债权类流动资产

（4）货币类流动资产

2. 单项选择题

（1）评估流动资产时有时会考虑其（　　）。

A. 经济性贬值
B. 功能性贬值
C. 实体性损耗
D. 各种贬值

（2）在用低值易耗品的评估一般采用（　　）。

A. 成本法
B. 市场比较法
C. 收益法
D. 清算价格法

（3）企业的 A 材料为一个月前从外地购进的，数量为 5 000 千克，单价为 200 元，当时付运杂费 500 元。评估时清查盘点尚有 1 500 千克 A 材料，则该材料的评估值为（　　）元。

A. 30 000
B. 300 150
C. 300 500
D. 以上都不对

（4）某低值易耗品原价 700 元，预计可使用 1 年，现已使用 6 个月。据调查，该低值易耗品的现行市价为 1 100 元，则其评估值为（　　）元。

A. 1 100　　B. 1 000　　C. 800　　D. 550

（5）采用成本法对在用低值易耗品进行评估时，成新率的确定应根据（　　）。

A. 已使用月数
B. 已摊销数额
C. 实际损耗程度
D. 尚未摊销数额

（6）某企业截止到评估基准日，经核实的应收账款余额为 200 万元，前 5 年有关资料如下：

年份	应收账款余额（万元）	坏账金额（万元）
第1年	30	0.25
第2年	35	0.5
第3年	60	0.8
第4年	90	8
第5年	105	20

根据上述资料，该企业应收账款的评估值应为（　　）元。

A. 200　　B. 190.45　　C. 181.6　　D. 175.5

（7）确定应收账款评估值的基本公式是：应收账款评估值等于（　　）。

A. 应收账款账面值－已确定坏账损失－预计坏账损失

B. 应收账款账面值－坏账准备－预计坏账损失

C. 应收账款账面值－已确定坏账损失－坏账损失

D. 应收账款账面值－坏账准备－坏账损失

（8）一般来说，应收账款评估后，账面上的“坏账准备”科目应为（　　）。

A. 零　　B. 应收账款的3‰～5‰

C. 按账龄分析确定　　D. 评估确定的坏账数字

（9）某企业向甲企业售出一批半成品，金额为500万元，约定半年后付款。双方采用商业承兑汇票结算。该企业6月10日开出汇票，并经甲企业承兑。汇票到期日为12月10日。现对该企业进行评估。评估基准日为8月10日，月折现率为5‰，则应收票据的评估值应为（　　）万元。

A. 500　　B. 490　　C. 510　　D. 495

（10）某企业3月初预付6个月的房屋租金90万元，当年5月1日对该企业评估时，该预付费用的评估值为（　　）万元。

A. 35　　B. 60　　C. 45　　D. 30

（11）将外币存款折算为人民币时，一般应按（　　）折算。

A. 月平均外汇牌价　　B. 年平均外汇牌价

C. 评估基准日外汇牌价　　D. 当年最低外汇牌价

（12）某企业当年1月31日预付未来一年的保险金12万元，至评估基准日2020年4月30日已摊销3万元。该预付费用的评估值为（　　）万元。

A. 9　　B. 3　　C. 12　　D. 10

（13）某企业有一张为期一年的票据，票面值为65万元，年利率为7.2%，截止到评估基准日，离付款期尚差两个半月的时间，该应收票据的评估价值为(　　)元。

A. 659 750　　B. 687 050　　C. 640 250　　D. 678 050

（14）某企业有一张期限为10个月的应收票据，本金为500 000元，月利率为1%，截止到评估基准日，离付款期尚差三个半月的时间，则该应收票据的评估值为（　　）元。

A. 532 500　　B. 500 000　　C. 517 500　　D. 523 500

（15）某企业于2018年10月购进1 000吨钢材，每吨价格为3 800元，2019年9月购进钢材500吨，每吨价格为4 000元，2019年10月有库存钢材700吨，该批库存钢材

2019 年 10 月的评估价值为（　　）万元。

A. 280　　B. 266　　C. 273　　D. 276

（16）某企业产成品实有数量 80 台，每台实际成本为 940 元，该产品的材料费用与工资费用的比例为 70∶30，根据有关资料，材料费用综合调整系数为 1.2，工资费用调整系数为 1.08。该产品的评估值为（　　）元。

A. 97 450　　B. 87 530　　C. 75 200　　D. 88 000

（17）流动资产评估无须考虑功能性贬值是因为（　　）。

A. 周转速度快　　B. 流动性强

C. 形态多样化　　D. 库存数量少

（18）某公司在 2018 年 1 月租赁一套临街房屋，租期为 4 年，租金为 4 万元（假定这里不考虑货币时间价值）。2020 年 1 月该公司又向保险公司交付火灾保险费 240 元。2020 年 6 月 30 日，该公司账簿上的房租已摊销 3 万元。该公司经房主同意，愿意在 2020 年 7 月转租房屋，若市场租金自 2018 年以来没有发生变动，其转租的客观租金应为（　　）元。

A. 15 120　　B. 12 150　　C. 20 120　　D. 20 220

（19）被评估企业已经正常营业 3 年，长期待摊费用账面余额为 120 万元，其中包括固定资产大修理费 85 万元，办公室装修费 15 万元，产品销售部房租 20 万元。经查，其中 20 万元的房租费为租期 5 年的租金总额，至评估基准日已经租用 1 年，企业尚未摊销，而大修理费和装修费均为按 10 年摊销的余额，则该长期待摊费用的评估值为（　　）万元。

A. 16　　B. 20　　C. 35　　D. 116

3. 多项选择题

（1）流动资产具有（　　）的特点。

A. 周转速度快　　B. 变现能力强

C. 形态多样　　D. 占用数量固定

（2）在产品的评估一般可以采用（　　）。

A. 成本法　　B. 市场比较法　　C. 收益法　　D. 清算价格法

（3）流动资产的实体性贬值可能会出现在（　　）上。

A. 在产品　　B. 应收账款

C. 在用低值易耗品　　D. 呆滞、积压物资

（4）产成品及库存商品的评估一般可采用（　　）。

A. 年金法　　B. 成本法　　C. 市场比较法　　D. 分段法

（5）对低值易耗品进行评估时，应考虑的因素主要有（　　）。

A. 市场价格　　B. 实体性损耗

C. 功能性损耗　　D. 经济性损耗

（6）对于购进时间长，市场已脱销，没有准确市场现价的库存材料评估，可以采用的评估方法有（　　）。

A. 通过寻找替代品的价格变动资料来修正材料价格

B. 在市场供需分析的基础上，确定该项材料的供需关系，并以此修正材料价格

C. 把材料的账面价值作为评估值

D. 通过市场同类商品的平均价格指数进行评估

（7）在预付费用的评估中，正确的说法是（　　）。

A. 预付费用在评估基准日前已经支付，但在评估基准日后才会产生效益的价值才能成为预付费用的评估值

B. 预付费用在评估基准日前已经支付，其产生的效益在评估基准日前已全部体现的，其预付费用的评估值应为零

C. 预付费用的评估应将核实后实际支付值作为其评估值

D. 对评估基准日前已经支付的预付费用的评估，应区分其在评估基准日之前和之后发生效益的情况，分别按零值和预留值（评估值）进行评定

（8）关于流动资产的评估，下列说法正确的有（　　）。

A. 实物类流动资产的评估方法通常采用市场比较法和成本法

B. 在通常情况下，货币类流动资产以账面原值作为评估值最为合理

C. 债权类流动资产按可变现净值进行评估

D. 评估流动资产一般不需考虑资产的功能性贬值因素

4. 计算题

（1）企业中某材料是两个月以前从外地购进的，数量为 300 千克，单价为 150 元，当时支付的运杂费为 1 500 元。根据原始记录和清查盘点，评估时库存尚有 100 千克这种材料。试评估该材料的价值。

（2）某企业要对其库存的某种钢材进行评估。该种钢材是分两批购进的，第一批购进时间是去年 10 月，购进 1 000 吨，每吨 3 800 元；第二批是今年 4 月购进的，数量为 100 吨，每吨 4 500 元。今年 5 月 1 日评估时，经核实去年购进的此种钢材尚存 500 吨，今年 4 月购进的尚未使用。因此，需评估的钢材数量是 600 吨，价格可采用每吨 4 500 元计算，试计算其评估价值。

（3）某企业向甲企业售出材料，价款为 1 000 万元，商议 9 个月后收款，采取商业承兑汇票结算，该企业于 3 月 10 日开出汇票并向甲企业承兑。汇票到期日为 12 月 10 日。现对该企业进行评估，评估基准日为 6 月 10 日。折现率为月利率 6‰，试评估该汇票的价值。

第八章

1. 术语解释

（1）企业价值　　（2）企业的资产价值
（3）企业的投资价值　　（4）企业的权益价值
（5）协同作用　　（6）加和法
（7）可比企业　　（8）市盈率
（9）股权自由现金流量　　（10）企业自由现金流量
（11）权益贝塔　　（12）资产贝塔

2. 单项选择题

（1）企业价值评估的一般前提是企业的（　　）。

A. 独立性　　B. 持续经营性
C. 整体性　　D. 营利性

（2）企业价值大小的决定因素是（　　）。

A. 独立性　　B. 持续经营性
C. 社会性　　D. 营利性

（3）评估人员选择适当的折现率对企业的息前净现金流量进行了资本还原，得到了初步评估结果。本次评估要求的是企业的净资产价值即权益价值。对初步评估结果应做的进一步调整是（　　）。

A. 减企业的全部负债　　B. 加企业的全部负债
C. 减企业的长期负债　　D. 减企业的流动负债

（4）证券市场上将企业价值评估作为进行投资重要依据的是（　　）。

A. 消极型投资者　　B. 保守型投资者
C. 市场趋势型投资者　　D. 价值型投资者

（5）在企业价值评估中，将企业资产划分为有效资产和无效资产的主要目的是（　　）。

A. 选择评估方法　　B. 界定评估价值类型

C. 界定评估具体范围　　D. 明确企业盈利能力

（6）会计上所编制的资产负债表中的各项资产的账面价值往往与市场价格大相径庭，引起账面价值高于市场价格的主要原因是（　　）。

A. 通货膨胀　B. 过时贬值　C. 组织资本　D. 应付费用

（7）企业（投资）价值评估模型是对（　　）根据加权平均资本成本进行折现。

A. 预期自由现金流量　　B. 预期股权现金流量

C. 股利　　D. 利润

（8）运用市盈率作为乘数评估出的是企业的（　　）。

A. 资产价值　B. 投资价值　C. 股权价值　D. 债权价值

（9）在企业被收购或变换经营者的可能性较大时，适宜选用（　　）模型进行估价。

A. 股利折现　　B. 股权现金流量

C. 预期自由现金流量　　D. 净利润

3. 多项选择题

（1）企业价值的表现形式有（　　）。

A. 企业的资产价值　　B. 企业的投资价值

C. 企业的权益价值　　D. 企业的债务价值

E. 企业的债权价值

（2）企业的投资价值是（　　）。

A. 企业所有的投资人所拥有的对于企业资产的索取权的价值总和

B. 企业的资产价值减去无息流动负债价值

C. 企业的资产价值减去负债价值，它代表了股东对企业资产的索取权

D. 权益价值加上付息债务价值

E. 企业所拥有的所有资产包括各种权益和负债的价值总和

（3）在下列情况中，可以从股权现金流量模型中得出更高估计价值的是（　　），可以从股利折现模型中得出更高估计价值的是（　　），从两个模型中得出的估计价值相同的是（　　）。

A. 企业支付的股利低于企业的股权自由现金流量，多余的现金储备投资于国债

B. 企业支付的股利低于企业的股权自由现金流量，多余的现金储备投资于对其他企业的收购

C. 企业支付的股利高于企业的股权自由现金流量，差额部分通过发行新股票弥补

D. 企业支付的股利高于企业的股权自由现金流量，差额部分通过发行新债券弥补

E. 企业支付的股利等于企业的股权自由现金流量

（4）企业进入稳定增长阶段的主要特征有（　　）。

A. 实际的销售增长达到均衡水平

B. 企业投资活动减少，只有对现有生产能力的简单更新、常规改进及升级

C. 实际的现金流量增长为零

D. 企业的资本结构定型

E. 企业的各种利润率保持不变

（5）在评估企业价值时，如果待评估企业与可比企业之间的资本结构有较大差异，则应选择（　　）。

A. 价值/重置成本比率

B. 市盈率

C. 价格/销售收入比率

D. 价格/账面价值比率

E. 价值/息税折旧摊销前利润比率

（6）运用（　　）作为乘数评估出的是企业的股权价值。

A. 价值/重置成本比率

B. 市盈率

C. 价格/销售收入比率

D. 价格/账面价值比率

E. 价值/息税折旧摊销前利润比率

4. 问答题

（1）企业价值评估有什么用途？

（2）如何确定企业价值评估的范围？

（3）用加和法评估企业价值有哪些不足？

（4）比较分析股权价值评估的股权现金流量模型和股利折现模型。

（5）现金流量预测应遵循什么原则？

（6）选择可比企业应注意什么问题？

（7）企业价值评估的市场比较法有哪些可供选择的乘数？

（8）权益贝塔和资产贝塔有何联系和区别？

5. 计算题

（1）某企业 2021 年支付的每股股利为 1.28 元，预期股利将永久性地每年增长 5%。股票的贝塔系数为 0.9，1 年期国债利率为 3.25%，市场风险补偿为 5%。估算该企业每股股票的价值。

（2）某企业 2021 年的财务报表显示每股收益为 2.5 元，支付的每股股利为 0.72 元。预期 2022—2026 年期间收益将每年增长 15%，这一期间的股利支付率保持不变。自 2027 年起收益增长率预计将保持在 5%的稳定水平，股利支付率会达到 70%。企业目前的贝塔系数为 1.42，2026 年以后的贝塔系数预计为 1.10，国债利率为 3.25%，市场风险补偿为 5%。2022 年 1 月 1 日的每股股权价值为多少？

（3）某企业 2021 年的销售额为 6 000 万元，预计 2022—2025 年以 6%的比率增长，自 2026 年起增长率保持在 3%。该企业的税前营业利润率为 20%，资本性支出等于年折旧费，营运资本占销售额的 20%。该企业未偿还的债务为 3 000 万元，利率为 10%，权益与全部资本的比率为 80%，贝塔系数为 1.25，国债利率为 3.25%，市场风险补偿为 5%。企业所得税税率为 25%。估算该企业 2022 年 1 月 1 日的企业价值和权益价值。

（4）某企业 2021 年的收入为 95 000 万元，预期 2022—2026 年每年增长 6%，以后每年增长 4%。2021 年每股收益为 2.50 元，预期 2022—2026 年期间每股收益年增长 10%，以后每年增长5%。2021年每股的资本性支出为2.20元，每股折旧为1.10元，2022—2026年期间预期增长速度与收益相同。营运资本保持在收入的5%水平上。企业当前的债务/全部资本比率为10%，贝塔系数为1.25，国债利率为3.25%，市场风险补偿为5%。目标债务比率为20%，自2027年企业资本结构基本稳定。企业已经发行有6 000万股股票。试估算企业的权益价值。

（5）根据下表估算乙企业的权益价值。为什么会有不同的估算结果？

项　目	甲企业	乙企业
1. 销售额	1 340 000 000元	620 000 000元
2. 税后收益	90 000 000元	46 000 000元
3. 权益账面价值	590 000 000元	207 000 000元
4. 发行股份	40 000 000股	
5. 股票价格	35元	

（6）试根据下表数据进行回归分析，找出价值被低估的股票。

企业	市盈率	预期增长率（%）	贝塔系数	股利支付率（%）
1	13.3	16.5	0.75	23
2	22.6	13.0	1.15	37
3	12.1	9.5	0.75	28
4	13.9	11.5	1.00	38
5	10.4	4.5	0.70	50
6	17.3	3.4	1.10	28
7	11.4	10.5	0.80	37
8	15.5	11.5	1.25	40
9	9.5	9.0	1.05	47
10	8.7	5.5	0.95	15
11	16.5	13.0	0.85	41
12	12.4	14.0	0.85	11
13	10.2	9.5	0.85	37
14	11.0	8.0	0.85	22

（7）预测某公司在评估基准日后3年的自由现金流量分别为1 100万元、1 150万元、1 190万元，预计该公司自第4年起的资本收益率保持在10%，再投资率保持在20%，公司未来资产负债率水平保持在40%，税前债务资本成本为8%，公司权益β为1.07，无风险利率为4%，风险溢价为6%，所得税税率为25%。评估基准日的公司付息债务为7 800万元，现评估该公司在评估基准日的股东全部权益价值。

（8）某公司未来3年可预测期内的前2年末的自由现金流量均为1 500万元，预计该公司第3年的*EBIT*为4 000万元，折旧额为1 000万元，追加营运资本为500万元，资本性支出增加额为1 500万元，所得税税率为25%；在不可预测期内（即从第4年起），公司自由现金流量将以3%的增长水平一直维持下去；公司未来整个期间资产负债率水平始终保持50%，税前债务资本成本为8%，公司权益β为1.2，无风险报酬率为4%，市场组合风险报酬率为8%。试用收益法评估该公司的整体价值。

第九章

计算题

（1）三周前你买了一份 100 股看涨期权合约。该看涨期权的到期日自今天算起还有五周。在那天，标的股票的价格将是 120 元或 95 元。两种状态的出现是等可能的。目前，该股票售价为 96 元；其执行价格是 112 元。你能够购买 32 股股票。你能以 10%的年利率借到钱。你的看涨期权合约的价值是多少？

（2）假设戴尔塔公司股票在从今天算起的一年后到期时只存在两种状态，到那天戴尔塔公司股票的价格将是 60 元或 40 元。今天戴尔塔公司股票以 55 元交易。看涨期权的执行价格是 50 元。你能以 9%的利率借款。你愿意为此看涨期权支付的款额是多少？

（3）现有普拉斯计算机公司股票的看涨期权。该期权将于从今天算起的一年后到期，执行价格是 35 元。无风险利率是 7%。普拉斯计算机公司股票正以每股 37 元出售，而你对股票收益方差的估计值是 0.004。

①利用布莱克-斯科尔斯模型为该看涨期权定价。

②你发现方差的估计值应该修改为 0.006 4。看涨期权的新价格应是多少？

③在公布该公司即将关闭其在加利福尼亚的三家工厂后，其股票价格跌至 35 元。利用②中的结果，该期权的新价格应该是多少？

（4）你已应顾客的要求确定他们将愿意为购买金斯利看涨期权而支付的最高价格。该期权的执行价格为 25 元，且在 120 天后到期。金斯利股票的现行价格是 27 元，无风险年利率是 7%，股票的估计方差是 0.057 6。预期在之后六个月期间没有任何股利被宣布。你的顾客应该支付的最高价格是多少？

（5）环球不动产合伙有限公司正在进行一个新项目。若该项目成功，一年后公司的价值将是 6.5 亿元，但若最终失败，公司将只值 2.5 亿元。公司的现有价值是 4 亿元。公司已公开发行的一年期债券的总面值为 3 亿元。短期国库券利率是 7%。权益的价值是多少？负债的价值是多少？

（6）假设上一题中的环球不动产合伙有限公司决定实施一个有较大风险的项目，一年后公司的价值要么是8亿元，要么是1亿元，这取决于计划是否成功。权益的价值是多少？负债的价值是多少？债权人更喜欢哪一个项目？

（7）某公司发行了5亿元的零息债券，5年后到期。公司近些年来的息税前收入约为4亿元（所得税税率为40%）。预计收入以每年5%的速度永续增长。公司不付红利。公司的股权成本为12%，加权资本成本为10%。可比公司价值波动的年标准差为12.5%（5年期国债利率为5%）。请你用折现现金流和期权定价两种方法计算该公司的股权资本的价值。

第十章

1. 术语解释

(1) 资产评估报告　　(2) 资产评估说明

(3) 资产评估明细表

2. 单项选择题

(1) 所有在资产评估报告中采用的汇率、税率、费率、利率和其他价格标准，均应采用(　　)的标准。

A. 提供报告日　　B. 评估基准日

C. 会计期初或期末　　D. 评估工作日

(2) 某项资产账面原价为300万元，账面净值为200万元，评估结果为250万元，该评估增值率为(　　)。

A. 20%　　B. 25%　　C. −10%　　D. 18%

(3) 资产评估结果有效期通常为一年，这一年是从(　　)算起的。

A. 提供报告日　　B. 评估基准日

C. 验证确认日　　D. 经济行为发生日

(4) 对于资产评估基准日后发生的重大事项，应当(　　)。

A. 在正文中列出，并做相应的说明

B. 在备查文件中附上相关内容

C. 根据事项的有关影响对正文的数据进行修改

D. 向有关当事人做口头汇报即可

(5) 资产评估报告摘要与资产评估报告具有的法律效力相比，(　　)。

A. 前者大于后者　　B. 后者大于前者

C. 二者等同　　D. 不可比较

(6) 评估报告尾部至少由(　　)名负责评估的资产评估师签名。

A. 一　　B. 二　　C. 三　　D. 四

（7）委托方在使用资产评估报告及有关资料时，合理合法的是(　　)。

A. 一份资产转让评估报告也可以作为资产出售的作价基础

B. 超出报告的有效期后，只要由评估机构重新调整相关数据，报告就仍是有效的

C. 有效期内资产评估数量发生较大变化时，需要按比例调整后才能使用

D. 涉及国有资产产权变动的资产评估报告及有关资料要经国有资产行政主管部门确认或授权确认后才可使用

（8）下列哪一项不属于资产评估管理机构对资产评估报告的运用？(　　)

A. 大体了解评估机构从事评估工作的业务能力和组织管理水平

B. 对资产评估结果质量进行评估

C. 为国有资产管理提供重要的数据资料

D. 征收管理费用的主要依据

（9）开达资产评估事务所于 2020 年 8 月 6 日至 2020 年 8 月 25 日，对洪利制衣厂的企业整体资产在 2020 年 6 月 30 日的市场价值进行了评估，评估报告于 2020 年 8 月 30 日提交给了委托人。该评估结果的有效时间截止到(　　)。

A. 2021 年 8 月 5 日　　B. 2021 年 8 月 24 日

C. 2021 年 8 月 29 日　　D. 2021 年 6 月 29 日

（10）资产评估报告书应当（　　）。

A. 按照委托方的要求编写

B. 按照资产占有方的要求编写

C. 按照资产接受方的要求编写

D. 按照评估行业有关规定编写

3. 多项选择题

（1）属于资产评估报告正文内容的有(　　)。

A. 评估基准日

B. 评估结论

C. 被评估单位提供的原始设备清单

D. 评估原则

E. 评估目的

（2）资产评估报告的主要内容是(　　)。

A. 评估立项申请

B. 评估结果成立的前提条件

C. 取得评估结果的主要过程

D. 取得评估结果的方法和依据

E. 评估委托合同或协议及其主要内容

（3）撰写资产评估报告应当注意(　　)。

A. 评估结论应尽可能满足委托方的要求

B. 评估口径前后保持一致

C. 对评估参数与评估结果进行复核

D. 评估参数的选取以委托方提供的资料为准

E. 严格遵循《资产评估执业准则——资产评估报告》

(4) 能够证明资产所有权的产权证明文件包括(　　)。

A. 专利证书　　B. 购买合同

C. 房产证书　　D. 商标注册证书

E. 版权许可证书

4. 问答题

(1) 编制资产评估报告应按照哪些工作步骤进行?

(2) 资产评估报告对资产评估的委托者有什么用途?

(3) 资产评估报告的作用主要体现在哪些方面?

(4) 简要叙述我国现行法律法规对资产评估报告的有关制度规定。

附　录

复利系数公式和复利系数表

1. 复利系数公式

各种复利系数公式如下：

(1) 整付复本利系数　　$(1+i)^n$

(2) 整付现值系数　　$(1+i)^{-n}$ 或 $\frac{1}{(1+i)^n}$

(3) 年金复本利系数　　$\frac{(1+i)^n-1}{i}$

(4) 基金年存系数　　$\frac{i}{(1+i)^n-1}$

(5) 年金现值系数　　$\frac{(1+i)^n-1}{i(1+i)^n}$ 或 $\frac{1}{i}\left[1-\frac{1}{(1+i)^n}\right]$

(6) 投资回收系数　　$\frac{i(1+i)^n}{(1+i)^n-1}$

从上述公式中，可以清楚地看出各种系数之间的关系。整付复本利系数和整付现值系数之间，年金复本利系数和基金年存系数之间，年金现值系数和投资回收系数之间，都存在着倒数关系。

2. 复利系数表

为了便于时间价值的换算，根据上述公式计算的复利系数表附后，请扫描二维码获取。

参考文献

1. 中国资产评估协会．资产评估基础．北京：中国财政经济出版社，2019.
2. 全国注册资产评估师考试用书编写组．资产评估．北京：经济科学出版社，2009.
3. 刘玉平．资产评估原理．北京：高等教育出版社，2015.
4. 朱萍．资产评估学教程．上海：上海财经大学出版社，1998.
5. 于鸿君．资产评估教程．北京：北京大学出版社，2006.
6. 柴强．房地产估价．10 版．北京：首都经济贸易大学出版社，2022.
7. 周诚．土地经济研究．北京：中国大地出版社，1996.
8. 黄贤金，等．不动产估价．北京：中国林业出版社，1998.
9. 乔志敏，俞明轩．房地产评估．北京：高等教育出版社，2015.
10. 尹尊声．国际技术转让价格．上海：上海人民出版社，1993.
11. 崔劲，等．无形资产评估的理论方法与实务．北京：中国物资出版社，1994.
12. 陈仲．无形资产评估导论．北京：经济科学出版社，1995.
13. 杨亚达，王明虎．资本结构优化与资本运营．大连：东北财经大学出版社，2001.
14. 陆正飞．财务管理．大连：东北财经大学出版社，2001.
15. 张鸣．投资管理．大连：东北财经大学出版社，2001.
16. 刘曼红，等．公司理财．2 版．北京：中国人民大学出版社，2009.
17. 刘志新．期权投资学．北京：航空工业出版社，2001.
18. 李一智．期货与期权教程．3 版．北京：清华大学出版社，2007.
19. 中国期货业协会．期货市场教程．北京：中国财政经济出版社，2001.
20. 房地产估价规范（GB/T 50291－2015）．北京：中国建筑工业出版社，2015.
21. 康纳尔．公司价值评估．北京：华夏出版社，2001.
22. 科普兰，等．价值评估．北京：中国大百科全书出版社，1998.
23. 哈瓦维尼，维埃里．经理人员财务管理．北京：机械工业出版社，2000.

24. 达摩达兰. 应用公司理财. 北京：机械工业出版社，2000.
25. 达摩达兰. 投资估价：第3版. 北京：清华大学出版社，2014.
26. 格雷戈里. 公司战略性估价：第2版. 北京：电子工业出版社，2002.
27. 巴伦. 怎样为盈利公司定价：第2版. 北京：经济科学出版社，2001.
28. 罗斯，威斯特菲尔德，杰富. 公司理财：第9版. 北京：机械工业出版社，2012.
29. 阿姆拉姆，库拉蒂拉卡. 实物期权. 北京：机械工业出版社，2001.
30. 海尔菲特. 财务分析技术. 北京：中国财政经济出版社，2001.
31. 美国评估促进会评估准则委员会. 美国资产评估准则. 北京：中国人民大学出版社，2020.

图书在版编目（CIP）数据

资产评估学教程/乔志敏，王小荣主编；孙会霞，陈思副主编．--8版．--北京：中国人民大学出版社，2024.1

高等学校经济管理类核心课程教材

ISBN 978-7-300-32253-7

Ⅰ.①资… Ⅱ.①乔… ②王… ③孙… ④陈… Ⅲ.①资产评估-高等学校-教材 Ⅳ.①F20

中国国家版本馆 CIP 数据核字（2023）第 192989 号

"十二五"普通高等教育本科国家级规划教材

高等学校经济管理类核心课程教材

资产评估学教程（第八版）

主　编　乔志敏　王小荣

副主编　孙会霞　陈　思

Zichan Pingguxue Jiaocheng

出版发行	中国人民大学出版社		
社　　址	北京中关村大街 31 号	**邮政编码**	100080
电　　话	010－62511242（总编室）		010－62511770（质管部）
	010－82501766（邮购部）		010－62514148（门市部）
	010－62515195（发行公司）		010－62515275（盗版举报）
网　　址	http：//www.crup.com.cn		
经　　销	新华书店		
印　　刷	北京昌联印刷有限公司	**版　　次**	2003 年 10 月第 1 版
开　　本	787 mm×1092 mm　1/16		2024 年 1 月第 8 版
印　　张	17 插页 1	**印　　次**	2025 年 4 月第 5 次印刷
字　　数	387 000	**定　　价**	45.00 元

教学支持说明

1. 教辅资源获取方式

为秉承中国人民大学出版社对教材类产品一贯的教学支持，我们将向采纳本书作为教材的教师免费提供丰富的教辅资源。您可直接到中国人民大学出版社官网的教师服务中心注册下载——http://www.crup.com.cn/Teacher。

如遇到注册、搜索等技术问题，可咨询网页右下角在线 QQ 客服，周一到周五工作时间有专人负责处理。

注册成为我社教师会员后，您可长期根据您所属的课程类别申请纸质样书、电子样书和教辅资源，自行完成免费下载。您也可登录我社官网的"教师服务中心"，我们经常举办赠送纸质样书、赠送电子样书、线上直播、资源下载、全国各专业培训及会议信息共享等网上教材进校园活动，期待您的积极参与！

2. 高校教师可加入下述学科教师 QQ 交流群，获取更多教学服务

经济类教师交流群：809471792

财政金融教师交流群：766895628

国际贸易教师交流群：162921240

税收教师交流群：119667851

3. 购书联系方式

网上书店咨询电话：010－82501766

邮购咨询电话：010－62515351

团购咨询电话：010－62513136

中国人民大学出版社经济分社

地址：北京市海淀区中关村大街甲 59 号文化大厦 1506 室　100872

电话：010－62513572　010－62515803

传真：010－62514775

E-mail：jjfs@crup.com.cn